汽车碰撞查勘定损与修复

顾惠烽　蔡勇　等　编著

化学工业出版社

·北京·

本书主要介绍汽车碰撞查勘估损与定损的基本知识以及修复技术，内容涵盖车辆识别技术、车身相关基础知识、车辆事故及损伤形式、事故现场查勘处理方法、汽车定损方法及注意事项、事故车修复技术和要领。结合具体案例进行介绍，实用性强。

本书可供初中级汽车查勘定损人员、汽车保险专员、汽车维修技术工人、各类职业技术院校汽车维修相关专业师生使用，也可作为汽车类培训机构的参考教材。

图书在版编目（CIP）数据

汽车碰撞查勘定损与修复/顾惠烽等编著.—北京：化学工业出版社，2020.8
ISBN 978-7-122-36741-9

Ⅰ.①汽⋯ Ⅱ.①顾⋯ Ⅲ.①汽车保险-理赔-中国②汽车-车辆维修 Ⅳ.①F842.634②U472.46

中国版本图书馆 CIP 数据核字（2020）第 077942 号

责任编辑：黄　滢　　　　　　　　　　　　文字编辑：冯国庆
责任校对：宋　玮　　　　　　　　　　　　装帧设计：王晓宇

出版发行：化学工业出版社（北京市东城区青年湖南街 13 号　邮政编码 100011）
印　　刷：三河市航远印刷有限公司
装　　订：三河市宇新装订厂
787mm×1092mm　1/16　印张 15½　字数 405 千字　2020 年 8 月北京第 1 版第 1 次印刷

购书咨询：010-64518888　　　　　　　　　售后服务：010-64518899
网　　址：http://www.cip.com.cn

凡购买本书，如有缺损质量问题，本社销售中心负责调换。

定　　价：88.00 元　　　　　　　　　　　　　　　　　　版权所有　违者必究

前 言

近年来,随着我国汽车市场的快速发展以及私家车的普及,汽车驾驶员的数量与日俱增,伴随而来的是汽车碰撞事故时有发生。而汽车碰撞的查勘估损和定损,对相关从业人员的专业知识与技术要求都较高,目前来看,汽车维修领域对这类人才的需求迫切,已经出现人员匮乏的现象。他们不仅归属于汽车检测、汽车维修与修复技术,而且与金融保险、理赔领域又相互交叉。

就目前国内图书市场而言,针对此类读者的相关书籍还较少,尤其是近几年的新书更少,满足不了日益增长的读者购书需求。由于缺少理论指导和系统培训,一些查勘定损人员对车身的系统结构、碰撞原理、损坏机理、汽车配件、修复措施等知识缺乏系统的认知,往往仅凭经验就进行操作,对工作难以胜任。

鉴于此,在化学工业出版社的组织下,我们编写了本书。

本书内容主要针对初中级汽车查勘定损人员、车险专员、汽车维修工以及各类职业技术院校汽车维修相关专业的师生,采用通俗易懂的语言,以图文并茂的形式进行编写。

本书共分七章,内容涵盖车辆识别技术、汽车车身基础知识、车辆事故及损伤形式、事故现场查勘、车辆定损、电子定损及事故车的维修。

全书以汽车碰撞查勘估损和定损后的修复为主线,按照由浅及深、循序渐进的原则设置各章节内容。编写过程中注重理论联系一线人员实际,结合具体案例阐述相关知识点。书中所选的案例贴合汽车碰撞估损维修工作实际,有助于提高汽车类应用型人才的专业水平并满足其实际操作能力的需求。

参加本书编写的人员有顾惠烽、蔡勇、罗永志、彭川、陈浩、李金胜、丘会英、周迪培、顾森荣、冼锦贤、冼绕泉、黄木带、陈志雄、冼志华、黄俊飞。在本书编写过程中,参考了相关的文献和厂家的技术资料,在此一并表示感谢。

限于笔者水平,书中疏漏之处在所难免,敬请广大读者批评指正。

编著者

目录

第一章　车辆识别技术 …………………………………………………… 1
第一节　常见汽车品牌及车型 …………………………………… 1
第二节　常见车辆类型 …………………………………………… 3
第三节　汽车车架号与铭牌的识别 ……………………………… 11
第四节　机动车牌照的识别 ……………………………………… 17
第五节　机动车驾驶证的识别 …………………………………… 19
第六节　机动车行驶证的识别 …………………………………… 21

第二章　汽车车身基础知识 ……………………………………………… 23
第一节　汽车车身及附件 ………………………………………… 23
第二节　车身分类和构成 ………………………………………… 26
第三节　承载式车身结构和车身板件 …………………………… 29
第四节　车架式车身结构和车身板件 …………………………… 39

第三章　车辆事故及损伤形式 …………………………………………… 42
第一节　常见的碰撞类型 ………………………………………… 42
第二节　整体式车身碰撞变形及类型 …………………………… 45
第三节　车架式车身碰撞变形及损伤类型 ……………………… 51
第四节　车身碰撞损伤的检查 …………………………………… 54
第五节　车辆其他主要部件的损伤形式 ………………………… 56
第六节　汽车碰撞损坏的影响因素 ……………………………… 62

第四章　事故现场查勘 …………………………………………………… 64
第一节　一般事故现场查勘 ……………………………………… 64
第二节　现场查勘技能 …………………………………………… 69
第三节　现场查勘流程和查勘报告写作要求 …………………… 79
第四节　现场查勘案例 …………………………………………… 82
第五节　车辆损伤鉴定 …………………………………………… 89
第六节　特殊事故现场查勘 ……………………………………… 102

第五章　车辆定损 ………………………………………………………… 110
第一节　机动车定损及注意事项 ………………………………… 110
第二节　维修费评估 ……………………………………………… 116
第三节　车辆钣金件的估损 ……………………………………… 121
第四节　机械电气部件及估损 …………………………………… 139

| 第五节 | 车辆全损和残值处理 | 154 |
| 第六节 | 制作估损报告 | 155 |

第六章　电子定损　158

第一节	电子定损系统及其功能介绍	158
第二节	电子定损系统使用方法	160
第三节	事故车定损实例	173

第七章　事故车的修复　185

第一节	机械系统原理和维修	185
第二节	电气/电子系统的原理和维修	198
第三节	约束系统的工作原理和维修	203
第四节	车身结构件的矫正	207
第五节	车身结构件的更换	211
第六节	焊接技术	219
第七节	金属板件的矫正	222
第八节	收缩金属和应力释放	226
第九节	车身的填补	228
第十节	喷漆和补漆	233
第十一节	塑料件的修理	238

参考文献　241

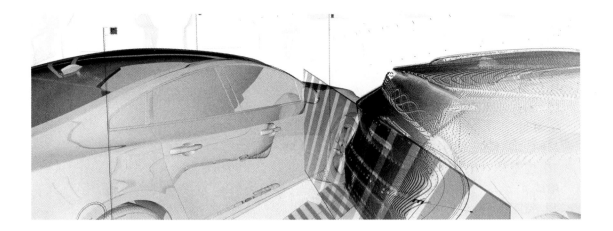

第一章
车辆识别技术

第一节 常见汽车品牌及车型

一、美国车系及车型

1. 凯迪拉克

ATS-L、XT5、XT4、CT6、XT6、XTS、SLS赛威、凯雷德、ATS、CTS。

2. 福特

福特汽车主要包含三款车系，即长安福特、进口福特以及江铃汽车。

长安福特当前在售车型包括福克斯、蒙迪欧、锐界、嘉年华、翼虎、翼搏、福睿斯七款车型。

进口福特当前在售车型包括FOCUSST、锐界、野马、探险者、FIESTAST五款车型。

江铃汽车当前在售车型包括福特新世代全顺、经典全顺两款车型。

3. 克莱斯勒

克莱斯勒300C、PT漫步者（停售）、大捷龙（进口）。

4. GMC

SAVANA、YUKON、SIERRA、TERRAIN。

5. 吉普

自由侠、指南者、大指挥官、指挥官、自由光、牧马人、大切诺基。

6. 雪佛兰

爱唯欧、创酷、景程、科鲁兹、科帕奇、乐骋、乐风、乐风RV、迈锐宝、迈锐宝XL、迈锐宝XL混动、赛欧、赛欧3、探界者。

7. 别克

昂科拉、昂科威、别克、GL6、GL8、君威、君威混动、君越、君越混动、凯越、林荫大道、VELITE5、威朗、阅朗、英朗、昂科雷。

8. 悍马
悍马 H2、悍马 H3。

9. 林肯
MKC、MKX、航海家、领航员、MKZ、大陆。

10. 道奇
酷威。

11. 特斯拉
ModelX、ModelS、Model3（进口）。

二、日本车系及车型

1. 丰田
（1）一汽丰田　皇冠、花冠、卡罗拉、卡罗拉（双擎）、柯斯达、兰德酷路泽、普拉多、普锐斯、RAV4 荣放、锐志、威驰、威驰 FS、亚洲龙、亚洲龙（双擎）。

（2）广汽丰田　丰田 C-HR、汉兰达、凯美瑞、凯美瑞（双擎）、雷凌、雷凌（双擎）、YARiSL 致享、YARiSL 致炫、雅力士、逸致。

（3）进口丰田　埃尔法、FJ 酷路泽。

2. 日产
（1）东风日产　劲客、楼兰、楼兰（混动）、蓝鸟、骊威、玛驰、骐达、奇骏、天籁、逍客、西玛、轩逸、轩逸（纯电）、颐达、阳光。

（2）进口日产　碧莲、贵士、350Z、370Z、GT-R、途乐。

（3）郑州日产　纳瓦拉、帕拉丁、帕拉骐、D22、NV200、途达、奥丁、俊风、锐骐、帅客、御轩。

3. 本田
（1）广汽本田　奥德赛、奥德赛（锐·混动）、缤智、飞度、锋范、冠道、歌诗图、凌派、雅阁、雅阁（锐·混动）。

（2）东风本田　艾力绅、CR-V、CR-V（锐·混动）、UR-V、XR-V、哥瑞、INSPIREINSPIRE（锐·混动）、杰德、竞瑞、思铂睿、思铂睿（锐·混动）、思域、思域（新能源）。

4. 斯巴鲁
傲虎、驰鹏、力狮、BRZ、XV、森林人、森林人（混动）、翼豹 WRX。

5. 马自达
（1）长安马自达　马自达 3 昂克赛拉、CX-5、CX-8。

（2）一汽马自达　阿特兹、CX-4。

（3）进口马自达　CX-3、MX-5。

6. 三菱
（1）进口三菱　格蓝迪、欧蓝德 EX、帕杰罗、帕杰罗劲畅、伊柯丽斯。

（2）广汽三菱　劲炫 ASX、欧蓝德、帕杰罗、帕杰罗劲畅。

（3）东南三菱　戈蓝、君阁、蓝瑟、翼神。

7. 五十铃
mu-X 牧游侠、D-MAX、皮卡、瑞迈。

8. 铃木

维特拉、奥拓、雨燕、启悦、北斗星、吉姆尼（进口）。

9. 雷克萨斯

NX、ES、RX、CT、LX、IS。

10. 英菲尼迪

QX30、QX50、Q50L、QX80、Q70L、QX70。

三、韩国车系及车型

1. 现代

胜达、名图、北京现代ix35、瑞纳、领动、北京现代ix25。

2. 起亚

K2、K3、K4、K5、KX5、智跑。

3. 双龙

蒂维拉、雷斯特W、爱腾、享御。

四、欧洲车系品牌

劳斯莱斯、宾利、路虎、捷豹、奔驰、宝马、奥迪、迈巴赫、大众、欧宝、法拉利、保时捷、玛莎拉蒂、兰博基尼、菲亚特、标致、雪铁龙、雷诺、沃尔沃、萨博、阿尔法、阿斯顿马丁。

五、国内车系品牌

中国一汽、奔腾、东风、荣威、北京汽车、广汽传祺、奇瑞、瑞麒、威麟、开瑞、吉利、全球鹰、华普、英伦、宝骏、长安、海马、江淮、中华、启辰、理念、长安（商用）、五菱、长城、众泰。

第二节 常见车辆类型

出于不同的需要，对汽车有很多不同的分类方法，例如可以从用途、大小、所使用的燃料、结构形式以及驱动方式等多方面来区别不同种类的汽车。不同的方法反映了汽车不同的属性，由此而产生了汽车各种不同的习惯称谓。

一、国标对汽车的分类

我国根据国家标准《汽车与挂车类型的术语和定义》（GB/T 3730.1—2001）对汽车进行分类，按照中国汽车技术研究中心负责修订，于2002年3月1日实施的国家标准规定，汽车可以按用途分为乘用车和商用车两大类。

1. 乘用车

在其设计和技术特性上主要用于载运乘客及其随身行李和/或临时物品的汽车，包括驾驶员座位在内最多不超过9个。它也可牵引一辆挂车。根据汽车拥有的外观特征，乘用车又可细分如下。

（1）普通乘用车　车身为封闭式，侧窗中柱有或无。车顶（顶盖）为固定式，硬顶。有的顶盖一部分可以开启。座位4个或4个以上，至少2排。后座椅可折叠或移动，以形成装载空间。车门为2个或4个，可有一个后开启门（图1-2-1）。

图1-2-1　普通乘用车

（2）活顶乘用车　车身为具有固定侧围框架的可开启式。车顶（顶盖）为硬顶或软顶，至少有两个位置：封闭；开启或拆除。可开启式车身可以通过使用一个或数个硬顶部件和/或合拢软顶将开启的车身关闭。座位4个或4个以上，至少2排。车门2个或4个。车窗4个或4个以上（图1-2-2）。

图1-2-2　活顶乘用车

（3）高级乘用车　车身为封闭式，前后座之间可以设有隔板。车顶（顶盖）为固定式，硬顶。有的顶盖一部分可以开启。座位4个或4个以上，至少2排。后排座椅前可安装折叠式座椅。车门4个或6个，也可有一个后开启门。车窗6个或6个以上（图1-2-3）。

图1-2-3　高级乘用车

（4）小型乘用车　车身为封闭式，通常后部空间较小。车顶（顶盖）为固定式，硬顶。有的顶盖一部分可以开启。座位 2 个或 2 个以上，至少 1 排。车门 2 个，也可有 1 个后开启门。车窗 2 个或 2 个以上（图 1-2-4）。

图 1-2-4　小型乘用车

（5）敞篷车　车身为可开启式。车顶（顶盖）可为软顶和硬顶，至少有 2 个位置：第 1 个位置遮覆车身；第 2 个位置车顶卷收或可拆除。座位 2 个或 2 个以上，至少 1 排。车门 2 个或 2 个以上（图 1-2-5）。

图 1-2-5　敞篷车

（6）舱背乘用车　车身为封闭式，侧窗中柱可有可无。车顶（顶盖）为固定式，硬顶。有的顶盖一部分可以开启。座位 4 个或 4 个以上，至少 2 排。后座椅可折叠或移动，以形成装载空间。车门 2 个或 4 个，车身后部有一个开启门（图 1-2-6）。

图 1-2-6　舱背乘用车

（7）旅行车　车身为封闭式，车尾外形按可提供较大的内部空间设计。车顶（顶盖）为固定式，硬顶。有的顶盖一部分可以开启。座位4个或4个以上，至少2排。座椅的1排或多排可拆除，或装有向前翻倒的座椅靠背，以提供装载平台。车门2个或4个，并有一个后开启门。车窗4个或4个以上（图1-2-7）。

图1-2-7　旅行车

（8）多用途乘用车　除上述7种车辆以外的，只有单一车室载运乘客及其行李或物品的乘用车。但是，如果这种车辆同时具有下列两个条件，则不属于乘用车而属于货车（图1-2-8）。

一是除驾驶员以外的座位数不超过6个；只要车辆具有可使用的座椅安装点，就应算座位存在。

二是满足

$$P-(M+N\times 68)>N\times 68$$

式中　P——最大设计总质量；

M——整车整备质量与1位驾驶员质量之和；

N——除驾驶员以外的座位数。

图1-2-8　多用途乘用车

（9）短头乘用车　一种乘用车，它一半以上的发动机长度位于车辆前挡风玻璃最前点以后，并且方向盘的中心位于车辆总长的前1/4部分内。

（10）越野乘用车　在其设计上所有车轮同时驱动（包括一个驱动轴可以脱开的车辆），或其几何特性（接近角、离去角、纵向通过角、最小离地间隙）、技术特性（驱动轴数、差速锁止机构或其他形式机构）和它的性能（爬坡度）允许在非铺装道路上行驶的一种乘用车。

（11）专用乘用车　运载乘员或物品并完成特定功能的乘用车，它具备完全特定功能所需的特殊车和/或装备，如旅居车、防弹车、救护车、殡仪车等。

2. 商用车

商用车分为客车、货车和半挂牵引车。其中，客车有8种类型，分别是小型客车、城市客车、长途客车等；货车有 6 种，分别是普通货车、多用途货车、全挂牵引车等（图 1-2-9）。按规定，这是国标对汽车行业的"通用性分类"，适用于一般概念、统计、牌照、保险、政府政策和管理的依据。

图 1-2-9　货车

二、我国生活中对汽车的分类

除了国家标准对汽车类型作出权威和科学的分类定义外，由于长期的历史原因，形成了许多生活中对汽车不同的分类，主要表现在下列几种。

1. 按用途分类

（1）普通运输汽车

① 轿车：用于载送人员（2～9 人）及其随身物品且座位布置在两轴之间的车辆（表 1-2-1）。

表 1-2-1　汽车分类

类别	发动机排量/L
微型轿车	<1
轻级轿车	1～1.6
中级轿车	1.6～2.5
中高级轿车	2.5～4
高级轿车	>4

② 客车：具有长方形车厢，主要用于载送人员（9 人以上）及其随身行李物品的车辆。客车按照长度可划分为微型客车、小型客车、中型客车和大型客车（图 1-2-10）。

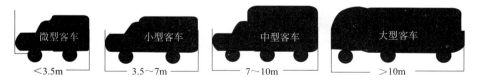

图 1-2-10　客车的分类

③ 货车：主要用于运送货物的车辆。

（2）专用汽车　专用汽车是指在汽车上安装各种特殊设备进行特定作业的汽车，包括救护车、消防车、环卫车、电视广播车、机场作业车、市政建设工程作业车等（图 1-2-11）。

图 1-2-11　专用汽车的分类

2. 按动力装置类型

（1）活塞式内燃机汽车　此类汽车发动机使用的是内燃机，往复式内燃机运动要通过曲轴连杆机构或凸轮机构、摆盘机构、摇臂机构等，转换为功率输出轴的转动。目前绝大部分的汽车都属于内燃机汽车（图 1-2-12）。

（2）电动汽车　以蓄电池和电动机为动力装置，经机械式传动系统驱动车轮的车辆称为电动汽车（图 1-2-13）。

图 1-2-12　活塞式内燃机汽车

图 1-2-13　电动汽车

（3）混合动力汽车　混合动力汽车（Hybrid Electric Vehicle，HEV）是指车辆驱动系统由两个或多个能同时运转的单个驱动系统联合组成的车辆，车辆的行驶功率依据实际的车辆行驶状态由单个驱动系统单独或共同提供。因各个组成部件、布置方式和控制策略的不同，形成了多种分类形式（图 1-2-14）。

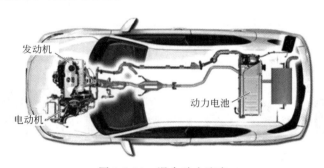

图 1-2-14　混合动力汽车

混合动力汽车多半采用传统的内燃机和电动机作为动力源，通过混合使用热能和电力两套系统驱动汽车。也有的发动机经过改造使用其他替代燃料，例如压缩天然气、丙烷和乙醇燃料等。使用的蓄电池有铅酸电池、镍锰氢电池和锂电池，将来还可使用氢燃料电池。

根据在混合动力系统中，电动机的输出功率在整个系统输出功率中占的比重，也就是常说的混合度不同，混合动力系统还可以分为以下四类。

一是微混合动力系统。代表车型是 PSA 集团的混合动力版 C3 和丰田的混合动力版 Vitz。这种混合动力系统在传统内燃机上的启动电机（一般为 12V）上加装了皮带驱动启动电机（也就是常说的 Belt-alternator Starter Generator，BSG）。该电机为发电、启动（Stop-Start）一体式，用来控制发动机的启动和停止，从而取消了发动机的怠速，降低了油耗和排放。从严格意义上讲，这种微混合动力系统的汽车不属于真正的混合动力汽车，因为它的电机并没有为汽车行驶提供持续的动力。在微混合动力系统里，电机的电压通常有两种，即 12V 和 24V，其中 24V 主要用于柴油混合动力系统。

二是轻混合动力系统。代表车型是通用的混合动力皮卡车。该混合动力系统采用了集成启动电机（也就是常说的 Integrated Starter Generator，ISG）。与微混合动力系统相比，轻混合动力系统除了能够实现用发电机控制发动机的启动和停止外，还能够实现以下功能。

① 在减速和制动工况下，对部分能量进行吸收。

② 在行驶过程中，发动机等速运转，发动机产生的能量可以在车轮的驱动需求和发电机的充电需求之间进行调节。轻混合动力系统的混合度一般在 20% 以下。

三是中混合动力系统。本田旗下混合动力的 Insight、雅阁和思域都属于这种系统。该混合动力系统同样采用 ISG 系统。与轻度混合动力系统不同，中混合动力系统采用的是高压电机。另外，中混合动力系统还增加了一个功能：在汽车处于加速或者大负荷工况时，电机能够辅助驱动车轮，补充发动机本身动力输出的不足，从而更好地提高整车的性能。这种系统的混合程度较高，可以达到 30% 左右，技术已经成熟，应用广泛。

四是完全混合动力系统。丰田的 Prius 和 Estima 属于完全混合动力系统。该系统采用了 272～650V 的高压启动电机，混合程度更高。与中混合动力系统相比，完全混合动力系统的混合度可以达到甚至超过 50%。技术的发展将使得完全混合动力系统逐渐成为混合动力技术的主要发展方向。

（4）太阳能汽车　太阳能汽车是以太阳能为动力源的汽车，这种车辆上装有太阳能吸收装置和光电转换装置。目前，太阳能汽车尚处于试验阶段（图 1-2-15）。

图 1-2-15　太阳能汽车

3. 按驱动方式分类

驱动方式是指发动机的布置方式以及驱动轮的数量、位置形式，可分为前置前驱、前置后驱、前置四驱、后置后驱、中置后驱（表 1-2-2）。

表 1-2-2　按驱动方式分类

分类	缩写	使用车型	特点	示意图
前置前驱	FF	小型轿车	直线行驶稳定性非常好，动力损耗较小。高速制动下沉，转弯半径较大	
前置后驱	FR	高级豪华轿车	拥有较佳的操控性能和行驶稳定性	
前置四驱	4WD	越野车	行驶稳定，越野性能好	
后置后驱	RR	跑车	起步加速性能好	

分类	缩写	使用车型	特　点	示意图
中置后驱	MR	高级跑车	转向灵敏准确,制动时不会出现头沉尾翘。直线稳定性较差,空间小	

4. 按轿车封闭空间数量分类

按轿车封闭空间的数量可分为三厢轿车和两厢轿车。三厢轿车的发动机舱、乘员舱、后备厢全部被分隔开,并且是固定、不可逆转的。两厢车的后备厢没有突出车体,实际上乘员舱和后备厢是一体的,只是借助后排座椅等分隔开（图1-2-16）。

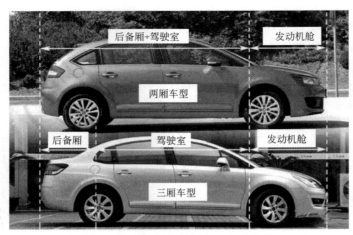

图1-2-16　按轿车封闭空间数量分类

三、国外汽车的分类

1. 德国汽车分类规则

德国汽车分类标准,轿车的主要级别为 A00、A0、A、B、C、D（表1-2-3）。

表1-2-3　德国汽车分类规则

分类	轴距/m	排量/L	级别	常见车型
A00	2~2.2	<1	微型轿车	Smart、QQ、Spark、熊猫、奥拓等
A0	2.3~2.45	1~2.6	微型轿车	POLO、威驰、飞度、爱唯欧等
A	2.45~2.65	1.6~2.0	小型轿车	宝来、高尔夫、卡罗拉、速腾、骐达等
B	2.6~2.75	1.8~2.4	中档轿车	帕萨特、迈腾、奥迪A4、凯美瑞、雅阁等
C	2.7~3.8	2~3.0	高档轿车	奥迪A6、奔驰E级、宝马5系等
D	≥2.8	>3.0	豪华轿车	奥迪A8、奔驰S级、宝马7系等

2. 美国车分类规则

美国汽车分类如下。

Mini 级：一般指排量为 1L 以下的轿车。

Small 级：一般指排量为 1.0~1.3L 的轿车,处于我国普通轿车级别的低端。

Low-med 级：一般指排量为 1.3~1.6L 的轿车。

Inter-med 级：与德国的低端 B 级车基本吻合。
Pp-med 级：涵盖 B 级车的高端和 C 级车的低端。
Large/Lux 级：与国内的高级车相对应，涵盖 C 级车的高端和 D 级车。

第三节 汽车车架号与铭牌的识别

一、概述

现在世界各国汽车公司生产的汽车大都使用汽车车架号（Vehicle Identification Number，VIN）识别车辆。

VIN 码的常见位置如图 1-3-1 所示。VIN 码由一组字母和阿拉伯数字组成，共 17 位，又称 17 位识别代号编码。它是识别一辆汽车不可缺少的工具。

图 1-3-1　VIN 码的常见位置

VIN 码的每位代码代表汽车某一方面信息参数。按照识别代号编码顺序，从 VIN 码中可以识别出该车的生产国家、制造公司或生产厂家、车的类型、品牌名称、车型系列、车身形式、发动机型号、车型年款（属哪年生产的年款车型）、安全防护装置型号、检验数字、装配工厂名称和出厂顺序号码等。

二、VIN 码的作用

17 位代号编码经过排列组合的结果可以使车型生产在全世界 30 年之内不会发生重号现象。

就像我们的身份证号码一样，不会产生重号错认，故又称为"汽车身份证"。现在车型生产年限缩短，一般 8~12 年就停产淘汰，所以 17 位识别代号编码已足够应用。

各国车管部门办理牌照时，可以将车辆的 17 位编码输入计算机，以备需要时调用（如处理交通事故、保险索赔、被盗车辆报案/归还等）。

随着汽车修理逐步实现计算机管理和故障诊断，在各种测试仪表和维修设备中存储汽车 VIN 码数据，可作为汽车修理的依据和记录。

VIN 码在配件的经营管理上起着重要作用。比如在查找零件目录中的汽车零件之前，首先确认 17 位识别代号的车型年款，以免误购、错装零配件。

在汽车评估时，通过车辆的 VIN 码，不仅可以获得车辆的车型年款、发动机型号、车身形式等必要的技术资料，而且可以查询其故障维修记录。

利用 VIN 码可以鉴别出拼装车、走私车。

三、VIN 码的组成

VIN 码由 3 个部分组成：第 1 部分，世界制造厂识别代号（WMI）；第 2 部分，车辆说明部分（VDS）；第 3 部分，车辆指示部分（VIS）。如图 1-3-2 所示。

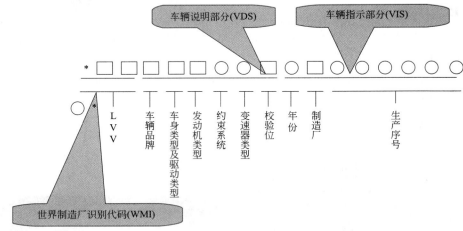

图 1-3-2　VIN 码的组成

1. 第 1 部分

第 1 部分为世界制造厂识别代号，必须经过申请、批准、备案后才能使用。

① 第 1 位码：标明地理区域，如非洲、亚洲、欧洲、北美洲和南美洲。

② 第 2 位码：标明一个特定地区内的一个国家。

美国汽车工程师协会（SAE）负责分配国家代码，第 1、2 位码的组合保证国家识别标志的唯一性。

③ 第 3 位码：标明某个特定的制造厂，由各国的授权机构负责分配。

如果某制造厂的年产量少于 500 辆，其识别代码的第 3 个位码就是阿拉伯数字 9。

第 1~3 位码的组合可以保证汽车制造厂识别标志的唯一性。

以下是几家国内汽车制造厂的 WMI 编号。

LSV——上海大众，LFV——一汽大众，LDC——神龙富康，LEN——北京吉普，LHG——广州本田，LHB——北汽福田，LKD——哈飞汽车，LS5——长安汽车，LSG——上海通用，LB3——吉利汽车，北汽福田——LVA、LVB、LVC、LVD，LTV——天津丰田，LVS——长安福特，LBE——北京现代，LZU——广州五十铃，LJU——上海华普，LJW——江铃汽车，LVV——奇瑞汽车，LZW——上汽通用五菱。

中国汽车技术研究中心是国家发改委指定的车辆识别代号（VIN）工作机构，承担着企业世界制造厂识别代号（WMI）的申请、批准、备案等工作。

2. 第 2 部分

车辆说明部分由 6 位码组成，如果制造厂不用其中的一位或几位码，应在该位置填入制造厂选定的字母或数字占位。此部分应能识别车辆的一般特性，其代号顺序由制造厂决定。

3. 第 3 部分

车辆指示部分由 8 位码组成，其最后 4 位码应是数字。图 1-3-2 中的第 10～17 位表示如下。

① 第 1 位（即 VIN 码第 10 位）：指示年份，30 年循环。

② 第 2 位（即 VIN 码第 11 位）：可用来指示装配厂。若无装配厂，制造厂可规定其他的内容。

③ 如果车辆制造厂生产的完整车辆和/或非完整车辆年产量≥500 辆，此部分的第 3～8 位码（即 VIN 码的第 12～17 位）用来表示生产顺序号。如果车辆制造厂生产的完整车辆和/或非完整车辆年产量＜500 辆，则此部分的第 3～5 位字码（即 VIN 码的第 12～14 位）应与第 1 部分的 3 位码一同表示一个车辆制造厂，第 6～8 位码（即 VIN 编码的第 15～17 位）用来表示生产顺序号。

车型年份对应的代码见表 1-3-1。

表 1-3-1　车型年份对应的代码

年份	代码	年份	代码	年份	代码	年份	代码
2001 年	1	2011 年	B	2021 年	M	2031 年	1
2002 年	2	2012 年	C	2022 年	N	2032 年	2
2003 年	3	2013 年	D	2023 年	P	2033 年	3
2004 年	4	2014 年	E	2024 年	R	2034 年	4
2005 年	5	2015 年	F	2025 年	S	2035 年	5
2006 年	6	2016 年	G	2026 年	T	2036 年	6
2007 年	7	2017 年	H	2027 年	V	2037 年	7
2008 年	8	2018 年	J	2028 年	W	2038 年	8
2009 年	9	2019 年	K	2029 年	X	2039 年	9
2010 年	A	2020 年	L	2030 年	Y	2040 年	A

四、国产汽车编号规则

1988 年国家颁布了国家标准《汽车产品型号编制规则》（GB 9417—88）。汽车型号应能表明汽车的厂牌、类型和主要特征参数等。该项国家标准规定，国家汽车型号均应由汉语拼音字母和阿拉伯数字组成（图 1-3-3）。

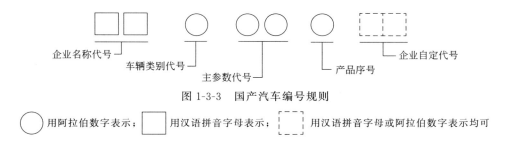

图 1-3-3　国产汽车编号规则

汽车型号包括如下三部分。

（1）首部　由 2 个或 3 个汉语拼音字母组成，是识别企业名称的代号。例如 CA 代表第一汽车制造厂，EQ 代表第二汽车制造厂等。

（2）中部　由 4 位阿拉伯数字组成。左起首位数字表示车辆类别代号，中间 2 位数字表示汽车的主要特征参数，末位是由企业自定的产品序号（表 1-3-2）。

表 1-3-2　汽车型号中 4 位阿拉伯数字代号的含义

首位数字表示车辆类型		中间 2 位数表示各类汽车主要特征参数	末位数字表示
1	载货汽车	表示汽车的总质量(t)×数值	企业自定产品序号
2	越野汽车		
3	自卸汽车		
4	牵引汽车		
5	专用汽车		

（3）尾部　分为两部分，前部分由汉语拼音字母组成，表示专用汽车分类代号，例如 X 表示厢式汽车，G 表示罐式汽车等；后部分是企业自定代号，可用汉语拼音字母或阿拉伯数字表示。

基本型汽车的编号一般没有尾部，其变型车（例如采用不同的发动机、加长轴距、双排座驾驶室等）为了与基本型区别，常在尾部加 A、B、C 等企业自定代号。

五、车辆铭牌

1. 型式

制造厂可采用自己选定的字体及颜色，背景与字体颜色应保证标牌内容清晰美观，易于辨认。标牌分 2 个区域：上部是"规定区"，下部为"自由区"（图 1-3-4）。

图 1-3-4　车辆铭牌形式

2. 尺寸

道路车辆产品标牌的尺寸可由制造厂根据产品的具体形式及固定位置确定，应满足明显、清晰、易于识别阅读的要求（图 1-3-5）。

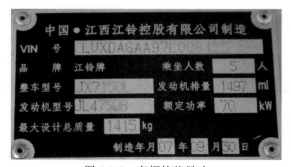

图 1-3-5　车辆铭牌尺寸

3. 标牌的位置

① 每一辆车都应具有标牌。车辆标牌应位于车辆前进方向的右侧；如受结构限制，也可放在便于接近和观察的其他位置。

例如：半承载式车身、非承载式车身结构的车辆标牌在右纵梁上；一厢式车身的车辆标牌在车身内部右侧；两厢式车身、三厢式车身的车辆标牌在发动机舱内右侧。

② 对于经过两个或两个以上阶段制造完成的车辆，中间制造厂、最后阶段制造厂应负责编制相应的车辆标牌，标牌应固定在其制造或改装的部件上。

③ 此位置应是不易磨损、替换、遮蔽的部位。

④ 如果制造厂愿意，也可在车辆某处标示标牌。

⑤ 至少有一处标牌的固定位置应在产品说明书中标明。

4. 标牌的固定

① 车辆标牌应永久性地固定在不易拆除或更换的车辆结构件或部件上，如车架、底盘或其他类似的结构件上。

② 标牌应牢固地、永久地固定，不损坏则不能拆卸。

③ 应保证标牌不能被完整地拆下移作他处使用。

5. 标牌的内容

标牌的内容由两部分组成。第一部分标示在规定区内，其内容应满足规定区的要求；第二部分标示在自由区内，其内容应满足自由区的要求。

（1）规定区的内容要求

① 应标示出车辆制造厂或装配厂合法的厂标或商标或品牌的文字或图案。

② 应标示出车辆制造厂合法全称以及备案的识别代号（WMI）。

③ 如果车辆通过了形式认证，则应标示出形式认证编号。

④ 应标示出备案的车辆识别代号（VIN）。

如果车辆仅是经过一个阶段制造完成的，则标牌上的 VIN 码应是制造厂按照 GB/T 16736 的要求编制的，并且经过备案的 VIN 编码。如果制造厂愿意，可以按照 GB/T 18410 的规定标示条形码 VIN 码。

如果车辆是在非完整车辆的基础上制造、改装完成的，则标牌上的 VIN 码应是完整抄写原有的非完整车辆的 VIN 码。

⑤ 应标示出车辆制造厂编制的车辆的产品型号。

⑥ 应标示出车辆使用的发动机型号、最大净功率或排量（半挂车、全挂车除外）。

⑦ 应标示出车辆的主要参数。

货车——标示出最大设计总质量、最大设计装载质量、座位数。

客车——标示出最大设计总质量、额定载客人数。

乘用车——标示出最大设计总质量、座位数。

⑧ 应标示出车辆产品的生产序号。

⑨ 应至少标示出车辆产品的生产年月。

（2）自由区的内容要求

① 如果车辆是在非完整车辆的基础上制造完成的，车辆制造厂应在自由区内标示"车辆是在★★★★生产的☆☆☆☆型号的非完整车辆的基础上进行制造"（图 1-3-6）。

② 如果车辆是在无车身的非完整车辆的基础上制造完成的，车辆制造厂应在自由区内对车身类型加以描述。

③ 车辆制造厂还可以根据实际情况的需要在标牌的自由区内标示经过本厂制造完成的

```
┌─────────────────────────────────────────┐
│                                         │
│                 规定区                   │
│        ─────────────────────            │
│                                         │
│ 车辆是在★★★★生产的☆☆☆☆型号的非完整车辆的基础上进行制造 │
└─────────────────────────────────────────┘
```

图 1-3-6　自由区的内容要求

"★★★★"处填写制造所购车辆的非完整车辆制造厂名称全称；
"☆☆☆☆"处填写非完整车辆的车辆型号

有关车辆的其他信息。

④ 无内容标示时，标牌上也可不设自由区。

6. 其他要求

① 标牌上所用的汉字及阿拉伯数字、罗马字母的字高应不小于 4mm。若将标牌内容直接打印在车辆部件上，则打印字高不小于 7mm。

② 出口车辆的标牌，可将汉字与外文并列标注，也可根据使用国的要求制作标牌。

7. 汽车铭牌示例

（1）载货汽车　上海汽车工业（集团）总公司生产的某一型号的大通牌载货汽车的标牌如图 1-3-7 所示。

```
┌─────────────────────────────────────────┐
│         上海汇众汽车制造有限公司  制造      │
│              LSHA12A29XA00████           │
│         (如果车辆通过了形式认证,标示出形式认证编号) │
│                                         │
│   品牌：大通牌           型号：           │
│   发动机型号：                           │
│   发动机最大净功率：kW   最大设计总质量：kg │
│   最大设计装载质量：kg   座位数：         │
│   生产序号：             生产日期：□□□□年□□月 │
│                                         │
│       (此处同时还可以增加有关车辆的一些技术参数)  │
└─────────────────────────────────────────┘
```

图 1-3-7　载货汽车标牌示例

（2）客车　上海汽车工业（集团）总公司生产的某一型号的浦江牌客车标牌示例如图 1-3-8 所示。

```
┌─────────────────────────────────────────┐
│             上海电车厂    制造            │
│              LSKAOIB19WBO████            │
│         (如果车辆通过了形式认证,标示出形式认证编号) │
│                                         │
│   品牌：浦江牌           型号：           │
│   发动机型号：                           │
│   发动机最大净功率：kW   额定载客人数：    │
│   最大设计总质量：kg                      │
│   生产序号：             生产日期：□□□□年□□月 │
│                                         │
│       (此处同时还可以增加有关车辆的一些技术参数)  │
└─────────────────────────────────────────┘
```

图 1-3-8　客车标牌示例

（3）乘用车　上海大众汽车有限公司生产的某一型号的桑塔纳牌乘用车标牌示例如图 1-3-9 所示。

```
              上海大众汽车有限公司   制造
              LSVBCGC26XC00□□□□
            (如果车辆通过了形式认证，标示出形式认证编号)

    品牌：桑塔纳牌              型号：
    发动机型号：
    发动机最大净功率：kW         座位数：
    最大设计总质量：kg
    生产序号：                  生产日期：  □□□□年 □□月

            (此处同时还可以增加有关车辆的一些技术参数)
```

图 1-3-9　乘用车标牌示例

第四节
机动车牌照的识别

机动车牌照表面应当清晰、整齐、着色均匀，不得有皱纹、气泡、颗粒、杂质及漆层薄厚不一现象，反光材料或漆层与基材附着应牢固。金属材料号牌应具有耐柴油、汽油等腐蚀和防水性能，号牌识别腐蚀和防水性能的方法：浸入 30min，取出擦干 1h 后，表面无剥落、软化、变色、失光。金属材料号牌在受一般外力冲击和弯曲时，不应有折裂、脱漆等损坏现象。

从机动车牌照油漆光色上来说，伪造号牌底板的油漆由于品种和质量的不同，制作出的号牌表面上看与真的没有什么区别，但在太阳光和灯光照射下则会表现出差异。真牌在太阳光直射下不反光，但在灯光直射下会强烈反光；假牌在太阳底下站在一定的角度看会发光，在灯光直射下会发暗光。从字体的颜色看假牌的颜色比真的要蓝。真的外籍车牌带有荧光粉微粒，仔细一看就可以看出里面有反光的微粒；而假的就没有反光，它是一种漆一种颜色。

真牌照：部颁标准制成的牌照（图 1-4-1）：四角弧度一致；边缘光滑，边框线与基板边线平行。

图 1-4-1　真牌照（一）

第一章　车辆识别技术

假牌照：四角弧度不一致，有凸角，四边为锋口；手摸有刺痛感且材料偏薄（图1-4-2）。

图1-4-2　假牌照（一）

真牌照：部颁标准使用的是反光膜，脱落后出现基板——铝（图1-4-3）。

图1-4-3　真牌照（二）

假牌照：凸现字符使用的往往是白色油漆，脱落后出现蓝色（图1-4-4）。

图1-4-4　假牌照（二）

真牌照：固封螺钉孔大小一致、上下平行、端点垂直，左右为弧形的变形长方形。其长边与基板边线、牌照边框线平行，边缘流畅无块口（图1-4-5）。

图1-4-5　真牌照（三）

假牌照：固封螺钉孔大小不一致、上下不平行、端点不垂直、边缘毛糙有块口（图1-4-6）。

重点数字特征说明：小型车牌照和大型车牌照数字中的"2、3、5、6、9"，其弧形端开口处均为斜口（图1-4-7），若为平口，则为假牌照。

图 1-4-6　假牌照（三）

图 1-4-7　数字特征

英文字母"C、J、S、G"弧形开口处为平口（图1-4-8）。

图 1-4-8　英文字母

第五节
机动车驾驶证的识别

2004年5月起全国驾驶证基本统一版式（图1-5-1）。

图 1-5-1　驾驶证

驾驶证的识别从以下几个方面着手。

① 发证机关章：正本上的红色方章，即××省或××市公安局（厅）交（巡）警支（总）队或交管局（北京、天津、武汉、南京等），还有××县（市）交（巡）警大队。现在驾驶证的发证机关章都是套红印刷的，而假证的红章一般都是打印出章或刻章盖。

② 内容的打印方式：新版驾驶证都是采用公安部统一设置的防伪针式打印格式，在专用打字机上采用针式技术，打出来的字体必定有针孔，用手能摸出来。

特别是数字 0 和 5 很明显，0 当中有一短曲线，5 上面一横也是一短曲线，假证的字体达不到这种要求。

③ 日期：日期上也设置了防伪，如 2017-12-04 中的连接符"—"，真证的是中偏下，而假证是在中间，因为这也是防伪设计，假证无法打印或只能通过手工添加。

④ 字体特点：除了上述的 0 和 5 的特殊设计外，真证的"0"为尖头，"4"为斜向上的一横，不是水平的；2、3、6、8 为小头大身体。

⑤ 准驾车型的英文字母与数字为同一字体。

真证：针式打印（图 1-5-2）。

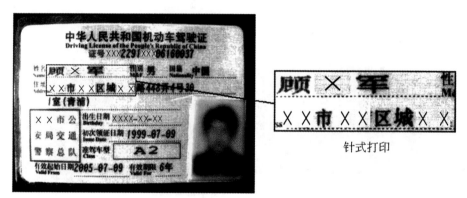

图 1-5-2　针式打印

假证：喷墨打印（图 1-5-3）。

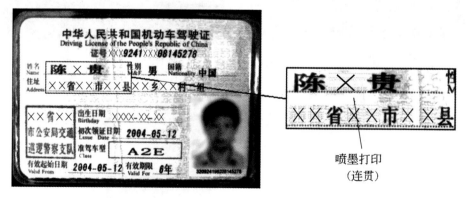

图 1-5-3　喷墨打印

假证：字迹糊化（图 1-5-4）。

真假证件对比及常见造假位置如图 1-5-5 所示。

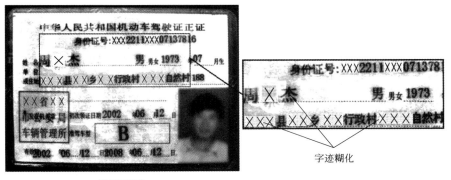

假证(旧版)　　　　　字迹糊化

图 1-5-4　字迹糊化

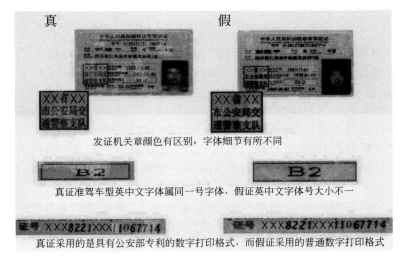

图 1-5-5　真假证件对比及常见造假位置

第六节
机动车行驶证的识别

机动车行驶证如图 1-6-1 所示。

图 1-6-1　行驶证

第一章　车辆识别技术　21

证件专用章为正方形,规格为 20mm×20mm,框线宽为 0.5mm。证件专用章使用的汉字为国务院公布的简化汉字,字体为 10.5Pt 宋体。如图 1-6-2 所示。

印章文字自左向右横向多排排列(图 1-6-3)。证件专用章颜色为红色,使用红色紫外荧光防伪油墨印刷。紫外灯照射下,呈现红色荧光。

机动车行驶证证芯使用 $230g/m^2 \pm 5g/m^2$ 的专用纸张,有开窗式彩色金属线和荧光纤维。

图 1-6-2　证件专用章　　　　　　图 1-6-3　印章文字

证芯主页和副页正面左右两侧底纹颜色为 GB/T 3181—1995 中规定的 PB10 天(铁)蓝色,中间底纹颜色为渐变红色。证芯主页和副页背面底纹颜色为 GB/T 31811995 中规定的 PB10 天(铁)蓝色。

主页正面文字颜色为黑色。"中华人民共和国机动车行驶证"字体为 12pt 黑体,位置居中。"号牌号码""车辆类型""所有人""住址""使用性质""品牌型号""车辆识别代号""发动机号码""注册日期""发证日期"等文字为 7.5pt 宋体。英文"Vehicle License of the People's Republic of China"字体为 7pt 罗马字体,位置居中;其他英文的字体为 6pt 罗马字体。

副页正面文字颜色为黑色。"号牌号码""档案编号""核定载人数""总质量""整备质量""核定载质量""外廓尺寸""准牵引总质量""备注""检验记录"等文字为 7.5pt 宋体。

证芯序列号由 13 位阿拉伯数字组成,用一维条码表示。

外观版面印刷干净,无明显脏迹。文字和底纹清晰完整,无花、糊,无缺笔道等现象。

假证数字字母明显倾斜(图 1-6-4)。

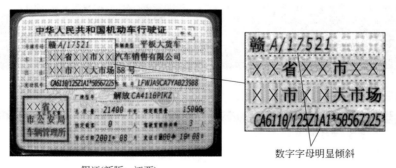

假证(新版、江西)

图 1-6-4　数字字母明显倾斜(假证)

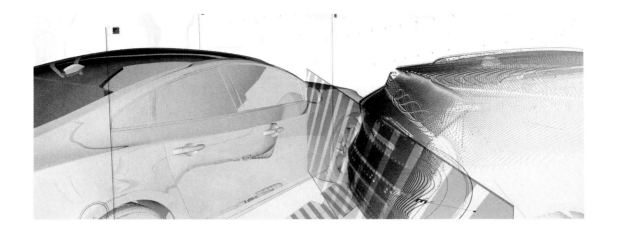

第二章
汽车车身基础知识

第一节
汽车车身及附件

1. 汽车的基本构成

汽车通常由车身及其附件、动力总成、转向系统、悬架系统、制动系统、电气系统等几大部分组成（图 2-1-1）。

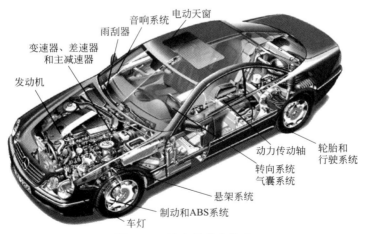

图 2-1-1　汽车的基本构成

2. 汽车车身及附件

车身指的是车辆用来载人装货的部分，也指车辆整体。有的车辆的车身既是驾驶员的工作场所，又是容纳乘客和货物的场所。车身包括车窗、车门、驾驶舱、乘客舱、发动机舱和后备厢等。车身的造型有厢形、鱼形、船形、流线形及楔形等几种，结构形式分单厢、两厢和三厢等类型。车身造型结构是车辆的形体语言，其设计好坏将直接影响到车辆的性能。

汽车车身（图 2-1-2）的作用主要是保护驾驶员以及构成良好的空气动力学环境。好的车身不仅能带来更佳的性能，也能体现出车主的个性。汽车车身结构从形式上说，主要分为非承载式和承载式两种。

图 2-1-2 汽车车身

车身附件指安装于车身本体，提供辅助功能装置的总和，大致包括照明装置、喇叭、风窗玻璃、风窗刮水器、除霜装置、空气调节装置等设备。

车身及其附件除了为乘员提供舒适的乘坐环境外，更重要的是能够保护乘员的人身安全。因此，现代车身在结构和材料上使前后两端的刚度相对较小，以便在碰撞中能够吸收一些碰撞能量，而将乘员舱的刚度设计得相对较大一些，确保其在碰撞中变形量尽可能小，以充分保护乘员的安全。同时，在车身内部装备了安全气囊、安全带、可溃缩式转向柱、膝部保护、座椅头枕等多种保护装置，车身外部的保险杠上还增加了吸能装置，纵梁上设计了吸能区等。

3. 动力总成

动力总成（图 2-1-3）指的是车辆上产生动力，并将动力传递到路面的一系列零部件组件。广义上包括发动机、变速箱、驱动轴、差速器、离合器等，但通常情况下，动力总成一般仅指发动机、变速器、以及集成到变速器上面的其余零件，如离合器/前差速器等。它们是汽车的动力之源，发动机的动力通过离合器（装载自动变速器的车辆是液力变矩器）传递给变速器，由变速器降速增扭之后传递给主减速器（对于后轮驱动车辆，要经过传动轴），主减速器进一步降速增扭之后再传递给差速器，最后由差速器输出到半轴，由半轴驱动车轮转动。目前，大多数汽车发动机都采用往复活塞式内燃机，它是由曲柄连杆机构、配气机构、燃料供给系统、冷却系统、润滑系统、点火系统（柴油发动机没有点火系统）、启动系统等部分组成。传统的变速器是手动变速器，现在越来越多的车辆装备了自动变速器。自动变速器结构相对比较复杂，一般由行星齿轮结构、液压系统和电控系统组成。

4. 转向系统

用来改变或保持汽车行驶或倒退方向的一系列装置称为汽车转向系统（图 2-1-4）。汽车转向系统的功能就是按照驾驶员的意愿控制汽车的行驶方向。汽车转向系统对汽车的行驶安全至关重要，因此汽车转向系统的零件都称为保安件。

它主要由转向盘、转向机、转向传动机构、转向助力装置、液压助力管路和助力油等部件组成。

图 2-1-3　动力总成

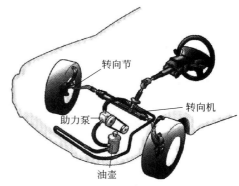

图 2-1-4　转向系统

5. 悬架系统

悬架系统（图 2-1-5）是汽车的车架与车桥或车轮之间的一切传力连接装置的总称，其功能是传递作用在车轮和车架之间的力和力矩，缓冲由不平路面传给车架或车身的冲击力，并衰减由此引起的振动，以保证汽车平顺行驶。

悬架系统应有的功能是支持车身，改善乘坐的感觉，不同的悬架设置会使驾驶者有不同的驾驶感受。外表看似简单的悬架系统综合多种作用力，决定着汽车的稳定性、舒适性和安全性，是现代汽车十分关键的部件之一。

它主要由悬架摆臂、减振器、横向稳定杆等部件组成。现代轿车的四轮定位参数会受到悬架系统的状况影响，在事故车维修理赔中通常要对悬架的安装情况进行检查。

6. 行驶系统

行驶系统（图 2-1-6）是将发动机的驱动力传递到路面，由此产生路面对汽车的反向作用力，驱动车辆在路面上行驶。它主要由车轮、轮毂等部件组成。

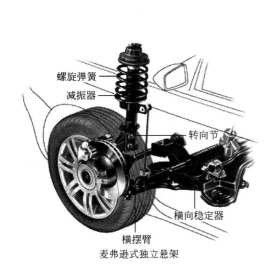

图 2-1-5　悬架系统

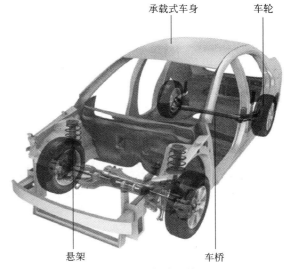

图 2-1-6　行驶系统

7. 制动系统

（1）制动系统的功用　为了在技术上保证汽车的安全行驶，提高汽车的平均行驶速度，

第二章　汽车车身基础知识　25

汽车上都设有专用的制动系统（图 2-1-7），使行驶中的汽车减速或在最短距离内停车，并使汽车可靠地停放在原地（包括在坡道上）保持不动。

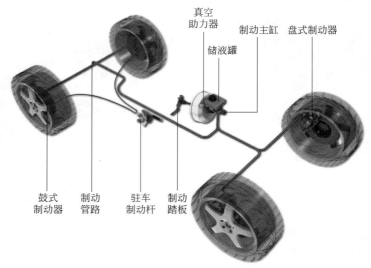

图 2-1-7 制动系统

（2）制动系统的组成　汽车制动系统主要由以下各部分组成。

① 供能装置——包括供给、调节制动所需能量以及改善传能介质状态的各种部件。其中产生制动能量的部分称为制动能源，人的肌体也可作为制动能源。

② 控制装置——包括产生制动动作和控制制动效果的各种部件，如制动踏板、制动阀等。

③ 传动装置——包括将制动能量传输到制动器的各个部件，如制动主缸和制动轮缸等。

④ 制动器——产生制动摩擦力矩的部件。

8. 电气系统

汽车上传统的电气设备用于发动机的启动、点火、内部和外部照明、信号装置以及各种仪表等，主要包括蓄电池、启动和充电系统、点火系统、照明装置、转向和制动信号装置、车速里程表等各种仪表，现代汽车还装备了空调系统、音响系统、中控门锁和防盗系统、风窗雨刮和清洗系统、电动门窗和天窗、电动和加热座椅、除霜除雾系统、计算机控制和CAN 总线系统、GPS 系统等电子电气系统，这些装置大大提高了汽车的安全性和舒适性。我国汽车电气系统大多采用 12V 蓄电池电压，负极搭铁。

第二节　车身分类和构成

一、车身分类

按汽车车身的承载情况，车身结构主要有两种类型：有车架的非承载式结构和无车架的承载式结构。除此之外，还有一种介于两者之间的半承载式车身结构。

1. 非承载式车身（图 2-2-1）

非承载式车身又称为车架式车身，其典型特征是在车身下面有一个车架结构，车身壳体通过螺栓安装在车架上，发动机、变速器、悬架等大总成也安装在这个车架上。这些大总成的质量和地面冲击力主要由高强度的车架承载，而不是直接作用在车身上。在发生碰撞事故时，碰撞力可能会先作用在车架上，然后再向车身传递。为了降低路面噪声，缓冲振动，提高舒适性，往往在车架与车身之间、车架与发动机和变速器之间安装一些橡胶衬垫。当前，非承载式车身在轿车上已很少应用，而主要用在一些SUV、大客车和载货车上。

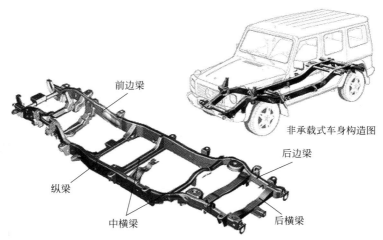

图 2-2-1 非承载式车身

2. 承载式车身（图 2-2-2）

承载式车身的典型特征是没有车架，发动机、变速器、悬架等大总成直接安装在车身结构上，它们的质量和路面载荷主要由车身结构承载。在发生碰撞事故时，碰撞力也直接作用在车身构件上，并沿着车身传播。

图 2-2-2 承载式车身

在承载式车身结构中，车身板件、横梁和纵梁通过点焊或激光焊焊接在一起或粘接在一起，形成一个整体的车身厢体结构，这种结构既轻便又结实。乘员舱的刚度比非承载式车身更大，在碰撞中，汽车的前部和后部可以按照受控的方式溃缩，而乘客舱则得到最大限度的保护。

承载式车身结构需要更复杂的装配工艺，采用了一些新材料和新技术，如厚重的冷轧钢被更轻、更薄的高强度钢或铝合金所替代。因此，在维修事故车时也应当采取完全不同的修理方法，需要采用新的处理、矫直和焊接工艺。

目前，承载式车身因轻便安全、节能环保、技术成熟而在轿车上得到了广泛的应用。估损和维修人员应当系统掌握这种车身的碰撞损坏分析和维修技术。

3. 半承载式车身

半承载式车身又称为平台式车架结构，其特征是在车身的前后部有几根厚重的短纵梁，它们用螺栓连接，便于拆卸。这些纵梁不但是底盘机械件的安装基础，而且增强了碰撞时的车身强度。这种结构同时具备承载式结构和车架式结构的一些优点，但应用不是很广泛，主要用在一些轻型卡车上。

二、车身的构成和车身板件

1. 车身的构成

为了便于理解，我们将车身结构分成三个车身段来讲解，即前段、中段和后段（图2-2-3）。估损人员应当了解每段中包含哪些零件，它们是如何建造的。

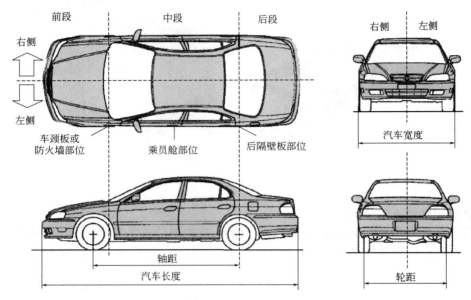

图 2-2-3　车身的构成

（1）前段　前段又称为车头部分，包括前保险杠和前围板之间的所有部件，如保险杠、进气格栅、水箱支架、前纵梁、前横梁、发动机支座、前翼子板、前悬架拱形座等构件。

（2）中段　中段又称为中间部分，包括构成乘员舱的所有车身构件，如地板、车顶、车颈板、挡风玻璃、车门、A柱、B柱、C柱等。

（3）后段　后段又称为尾段或后尾，包括后挡风玻璃到后保险杠之间的所有布局，如后侧围板（后翼子板）、后备厢、后地板、后纵梁、后备厢盖、后保险杠等构件。

在进行事故勘察，制作查堪报告和定损单时，经常要说明是车辆的左侧还是右侧受损，是维修左侧还是右侧的哪个零部件，在查阅配件信息和专业的估损资料时，也要区分左右两侧的配件。为避免混淆，行业中对车辆的左右侧规定如下：驾驶员坐在驾驶席上，其左手侧为车辆左侧，右手侧为车辆的右侧。

2. 车身板件

车身板件（图2-2-4）包括金属板件（又称为钣金件）和塑料板件，一般是通过冲压或模制而成的。一辆汽车用到的板件有很多，通常它们的名称就说明了其位置和主要功能。例如，发动机舱盖是发动机舱上面的盖板，后备厢盖是后备厢上面的盖板，前翼子板是车身前段两侧的板件，车顶板是车辆顶部盖板。

在工厂里，这些形状复杂的板件大部分是用金属薄板在大吨位冲压机上冲压出来的。为了获得精确的形状和尺寸,冲压时要用到很多模具。但在对事故车进行钣金维修时,不可能按生产环境用这些模具对钣金件进行校正。因此,经过钣金维修的板件在形状和尺寸上总是有误差的。

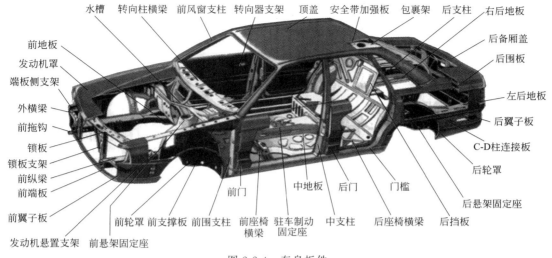

图 2-2-4 车身板件

第三节
承载式车身结构和车身板件

一、车身材料

车身前段需要承载动力总成,一般多采用一些高强度钢。乘客舱需要有很高的强度,一般多采用高强度或超高强度钢。而覆盖件或吸能区多采用低强度或中强度钢,有时甚至采用玻璃纤维或特质塑料(图 2-3-1)。

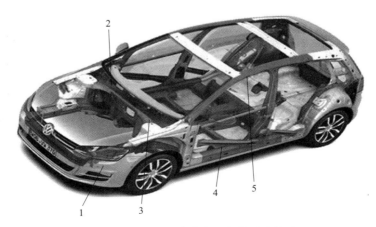

图 2-3-1 承载式车身中的钢材强度情况

1—普通钢板(≤140MPa);2—高强度钢板(180~240MPa);3—超高强度钢板(260~300MPa);
4—特高强度钢板(320~420MPa);5—热成形钢板(≥1000MPa)

二、抗扭箱形结构

承载式车身在中段与前、后段的接合处布置了一些抗扭箱形结构（图 2-3-2）。它们在车辆发生严重碰撞时会按照预先设计的方式发生扭曲和挤压变形，以减少碰撞力对车身其他部位的损坏。同时，它们还为车辆中段提供了更大的连接表面，有助于将乘客舱固定到车架纵梁上。

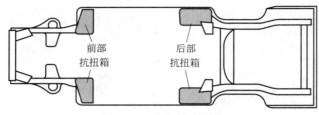

图 2-3-2　抗扭箱形结构

三、应力车身设计

承载式车身的设计理念来自飞机，其结构类似于鸡蛋壳。我们知道，鸡蛋壳虽然很薄，但如果沿着其长轴线方向加压，它却能够承受很大的压力，这是因为蛋壳的结构特点有利于将压力向整个蛋壳有效地传递和分散，大大减小了每一处的应力。承载式车身就采用了类似蛋壳的"应力车身结构"，大大增加了其碰撞强度。

四、变形吸能区

承载式车身中设置了一些变形吸能区，这些部位特意做得比较薄弱，在发生碰撞事故时能够按照预先设计的方式首先产生溃缩变形，吸收碰撞能量，阻止碰撞力通过纵梁、翼子板等构件直接传递到乘客舱和车身其他部位而造成二次损坏，保护乘客舱的安全（图 2-3-3）。

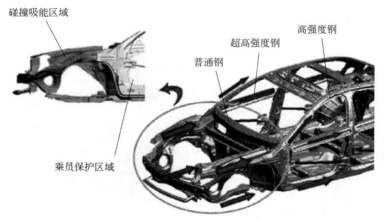

图 2-3-3　吸能区及碰撞力的传递路径

五、承载式车身的基本特征

承载式车身是将车架和车身合为一体，具有以下主要特征。

承载式车身是用点焊或激光焊接的方式，将形状各异的冲压薄板连接在一起，构成了一个整体结构。这种结构质量轻，刚性大，具有较强的抗弯曲或扭曲变形能力。

与车架式车身相比，省去了车架，不但减轻了质量，而且增大了有效承载空间，使汽车更加轻便和紧凑。

动力传动系统和底盘各系统的振动和噪声直接传递到车身底板上，而承载式车身就像一个大音箱，具有放大噪声的作用。因此，在承载式车身内增加隔声材料显得格外重要。如果隔声材料安装不当，将会使乘客舱内有很大的噪声。

车身的金属薄板与路面很接近，容易受到水、盐等污物的沾染和腐蚀。而这些底盘钣金件又属于结构件，严重锈蚀会影响车辆安全。因此，在车辆制造和修理过程中，必须对底盘钣金件进行有效防腐处理。

在发生碰撞时，承载式车身结构中相对较硬的部位会将冲击能量传播到整个车辆，造成远离碰撞点的部位也产生变形。有些构件虽然在碰撞中通过变形吸收了部分碰撞能量，但可能在其变形之前就向相邻部位传递了部分冲击力。这些间接损伤在事故勘察中很容易被忽略，如果没有得到妥善修复，可能会对车辆的操纵性能和行驶安全造成不良影响。

承载式车身的前段一般结构较复杂，不但有保险杠、车灯、翼子板、发动机舱盖等外覆件，还包含前悬架、转向系统、发动机、变速器和驱动桥等大总成。为了保护乘客舱，需要车身前段能够吸收大量碰撞能量。但为了保证转向和动力系统的正常工作，确保车轮定位参数不因变形过大而失准，车身前段的关键支撑部位又要有很好的刚性。

侧面车身与车身前段和车顶板相连，一起构成了乘客舱。这些板件可以将车辆底部承受的载荷分散到车身顶部，在侧面碰撞时防止左右两侧发生弯曲。另外，车身侧面构件还有支撑车门的作用，在翻车事故中可以保护乘客舱的完整性。车身侧面由于有多个大门洞而使其强度被大大削弱，因此，侧面构件通常由内板和外板连接在一起构成坚固的箱形结构。

六、承载式车身板件

承载式车身构件按照其功能和强度可分成结构件和非结构件，结构件通过点焊或激光焊接工艺连接在一起，构成一个高强度的整体式车身箱体，这就是车体焊接总成。对于损坏极其严重的事故车，有时可以通过更换车体焊接总成进行修复。非结构件是指车身面板、内饰件和外饰件等，它们通过螺栓、粘接、铰接或焊接等方式覆盖在车体外面，起到密封车身、减小空气阻力、美化车辆的作用，通常也称它们为车身覆盖件。在事故车维修中，非结构件通常可以单独更换（图2-3-4）。

车体焊接总成是整车的基础结构件，整车的动力性、经济性、可靠性和操作性能都与它有着密切的关系。在汽车制造过程中，先用金属薄板冲压成各种形状的车体构件，然后用点焊或激光焊接工艺将这些钣金件连接在一起，形成一个完整的车体结构（图2-3-5）。这种结构不仅质量轻，而且还具有很高的强度，在碰撞中能够有效抵抗弯曲和扭曲变形。

1. 前段车身

（1）结构件　前段车身的主要结构件有前纵梁、横梁、车颈板、减振器塔座、前横梁和散热器支架等，它们构成一个封闭的箱体结构，为发动机、变速器等动力总成提供承载空间，同时也提供了承载这些大总成的强度。另外，汽车的转向系统、前悬架机构也安装在前段车体上，因此这里的受力形式非常复杂（图2-3-6）。

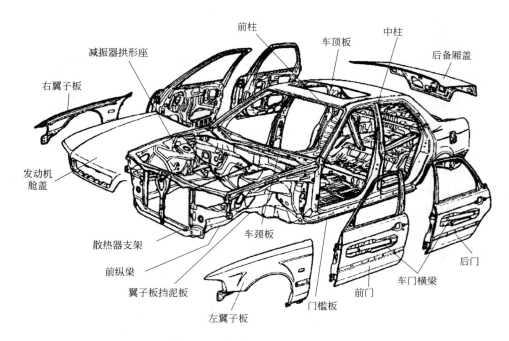

图 2-3-4 车身结构件和非结构件

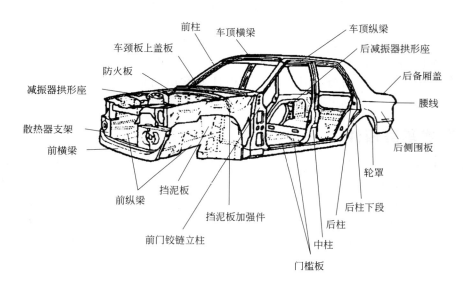

图 2-3-5 组成车体总成的各主要构件

① 前纵梁：通常以点焊焊接在防火板前面、翼子板挡泥板的下面，车身左右两侧各有一根，通常是箱形构件，是承载式车身上强度最大的构件。

在奔驰、宝马、沃尔沃等一些高档轿车上，经常采用渐变型纵梁设计，即前纵梁内侧钢板的厚度是渐变的，靠近保险杠的一端较薄，靠近驾驶舱的一端较厚，如同两个楔块。在受到碰撞外力时，纵梁可以呈逐级线性渐变形，从而达到吸收碰撞能量的作用。

② 横梁：焊接在两侧纵梁之间，用于固定发动机和变速器总成，增大车身的横向强度。

③ 散热器支架：是一个相对独立的框架，位于车体结构的最前端，用来固定发动机散

图 2-3-6 组成前段车体的主要结构件

热器，通常用螺栓固定或焊接在纵梁和内翼子板之间。

④ 翼子板挡泥板：有时也称为内翼子板或翼子板裙板，包围在车轮上方，通常用螺栓或焊接在纵梁和防火板上，车身左右两侧各有一个。对于增大前段车体强度具有重要作用。

⑤ 减振器塔座：有时也称为减振器拱形座或支柱塔，用来固定前悬架系统的减振器支柱和螺旋弹簧，它的变形可能会影响车轮定位参数，因此强度要求很高。通常与翼子板挡泥板一起加工成形。

⑥ 防火板：有时也称为前围板或前壁板，介于发动机舱和乘客舱之间，是车身前段和中段的分界线。通常以焊接方式固定，对于保护车内乘员安全作用重大。

⑦ 车颈板：位于前风挡的正前方，防火板的上方，由上盖板和两侧盖板构成。

（2）非结构件　前段车身的非结构件主要包括保险杠总成、格栅、翼子板、发动机舱盖等（图 2-3-7）。

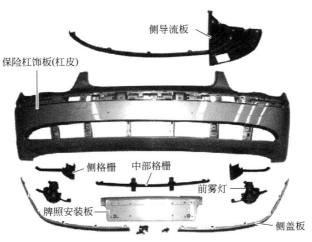

图 2-3-7　前保险总成的主要零部件

① 保险杠总成：是车身前段重要的安全部件，也是车辆保险估损中最常遇到的部件，主要由杠皮、杠体、吸能装置、卡子等组成。通常用螺栓或卡子安装在前段车体上。它的作用是在碰撞时产生变形，吸收部分能量，保护后面的车体不受损坏。

现代轿车上广发采用了吸能型保险杠，能够更有效地减少碰撞力进一步向车身构件传递。保险杠的吸能器有多种类型，比较常用的有橡胶隔垫式（图 2-3-8）、充气或充液式（图 2-3-9）、弹簧式（图 2-3-10）三种。橡胶隔垫式吸能器的工作原理如同发动机的橡胶垫，在发生碰撞时，橡胶隔垫在碰撞力的作用下产生压紧变形，从而吸收碰撞能量。在碰撞力消失时，橡胶隔垫将恢复到其原来的形状（除非它被碰撞力损坏），使保险杠恢复到原来的位置。充气或充液式吸能器的工作原理很像悬架系统中的减振器，在发生碰撞时，填满惰性气体的活塞被压向充满液压油的油缸，在压力作用下，液压油通过一个小孔流到活塞中。这种受控制的液压油的流动吸收了碰撞能量。随着液压油流进油缸，它将挤压浮动活塞，对惰性气体产生压缩作用。在碰撞力消失之后，压缩的惰性气体将把液压油挤出油缸，使保险杠恢复到原来的位置。弹簧式吸能器是通过弹簧而不是压缩气体将保险杠恢复原位。

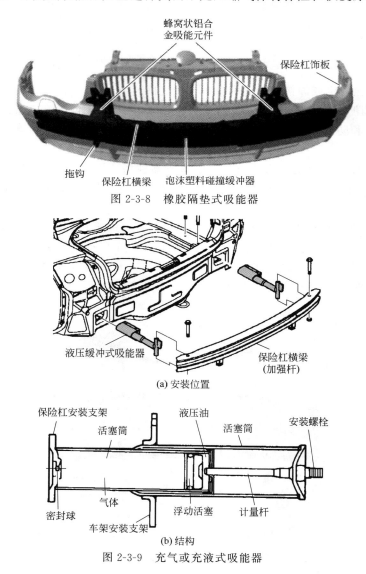

图 2-3-8　橡胶隔垫式吸能器

(a) 安装位置

(b) 结构

图 2-3-9　充气或充液式吸能器

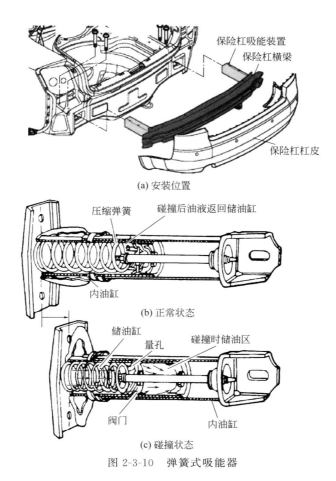

图 2-3-10 弹簧式吸能器

② 格栅:也称为进气格栅,是散热器支架的中心盖板。格栅上的百叶窗用于让气流通过,以便帮助散热器散热。一般轿车格栅上还带有厂家的徽标。

③ 翼子板:是包在前悬架和挡泥板外面的盖板,从前保险杠一直延伸到前车门处,遮盖在前车轮外面,因旧式车身上该部件的形状和位置类似鸟翼而得名,通常用螺栓固定在车体上。翼子板在事故中经常容易受损,能够单独更换。按照安装位置分为前翼子板和后翼子板。

④ 发动机舱盖:是发动机舱的上盖板,通常用铰链连接在车颈板上。发动机舱盖通常由内、外两块金属板焊接或粘接而成,中间夹着隔热材料。内板主要起增强发动机舱盖强度的作用,其几何形状不定,但基本上都是骨架形式,这种发动机舱盖钣金修复的难度较大。发动机舱盖的开启方式有两种,即向后翻转或向前翻转。对于向后翻转的发动机舱盖,为了避免碰到前挡风玻璃,其安装位置在设计时设定了一个规定的角度,使它们之间至少能够保持 10cm 的距离。另外,为防止发动机舱盖在行驶中由于振动而自动开启,其前端都装有锁止装置,该锁止装置的拉手一般都安装在乘客舱内的仪表板左下方。

2. 中段车身

(1) 结构件 中段车身的主要结构件有底板、门槛板、立柱、车顶纵梁、车顶横梁等构件(图 2-3-11),它们焊接在一起构成乘客舱,为乘员提供安全、舒适的乘坐空间,在事故中可以有效保护乘员安全。

① 车身底板：车身底板是乘客舱底部的主要结构，通常是一整块冲压成形的大钢板。车身底板是全车焊接的基础件，是与各大总成连接的重要构件。它承受和传递汽车质量（自身质量、载质量）、地面反作用力、牵引力、制动力、惯性力、离心力、侧向力等各种交变冲击力，因此对强度要求很高。

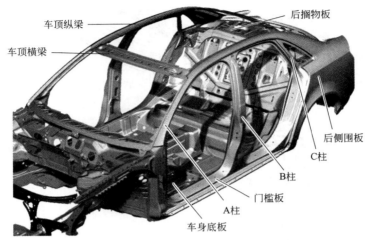

图 2-3-11 构成车身中段的主要构件

② 立柱：对于常见的四门轿车，左右两侧各有三根立柱，分别称为前柱或 A 柱、中柱或 B 柱、后柱或 C 柱。前柱是从车顶向下一直伸到车体底部的钢制箱形构件，有时内部还装有加强件，所以非常坚固，一方面为前门提供铰接安装点；另一方面起到保护乘客的作用。中柱在前后车门之间，一方面支撑着车顶支撑；另一方面为后门提供铰接安装点，在侧面受到碰撞时还起到保护乘员作用，因此强度要求很高，一般在箱型构件中间装有加强件。后柱从后侧围板向上一直伸到车顶，用以固定车顶后部和后窗玻璃，其形状因车身形式的不同而有所不同。

③ 门槛板：又称为脚踏板，是装在车门框底部的加强梁。它通常焊接在地板和立柱、踢脚板或后侧围板上，通常由内、外板件组成，对汽车底板和车身侧面具有加强作用，在侧面碰撞时能够对乘客进行保护。通常与中柱连接。

④ 车顶纵梁：焊接在前柱、中柱和后柱之间，为车顶板提供支撑。在翻滚事故中对乘客起到保护作用。

⑤ 车顶横梁：焊接在两侧车顶纵梁之间，为车顶提供支撑。在翻滚事故中对乘客起到保护作用。另外，因为前后挡风玻璃对车身强度起着重要作用，通常也视为结构件。

（2）非结构件　中段车身的非结构件主要有后搁物板（窗台板）、车门、车顶板、仪表板等。

① 后搁物板：又称为窗台板，是后座与后挡风玻璃之间的一块薄板，通常装有一对音响扬声器。

② 车门：通常由门皮、门内骨架、门板、内饰等零件组成，门皮、门内骨架和门板常用点焊或蜷曲粘接的方式接合在一起。为加强侧面抗碰撞强度，门内通常还设有防撞杆。车门上通常还装有车窗玻璃、玻璃升降器、门锁及相关电控装置、按钮和开关等，可见，车门是一个非常复杂的总成。车门通过铰链与门柱相连，车门铰链通过螺栓或焊接方式固定在立柱和门框上（图 2-3-12）。

③ 车顶板：是乘客舱顶部的盖板。对于承载式车身的整体刚度而言，车顶板不是关键

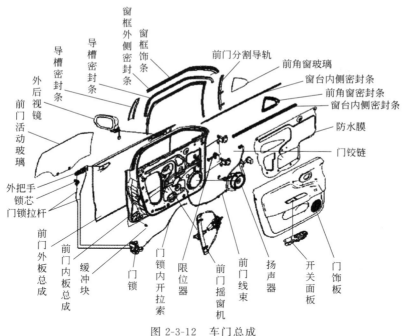

图 2-3-12 车门总成

部件,所以有些车型在车顶板上开设天窗。带天窗的车型在车顶板上设有一个天窗开口。车顶板通常焊接在立柱上。车顶板底部一般都装有隔垫和内衬,起到隔热、隔声和美化的作用。

④ 仪表板:又称为仪表盘,是一个非常复杂的总成(图 2-3-13),除了有仪表台板、组合仪表、收放机(CD 播放机)、暖风和空调控制面板、通风口等零件之外,仪表板下面通常还装有安全气囊、电控单元、线束等电气器件,一些高级轿车还带有驾驶员信息显示屏。仪表台板一般是塑料件,质地较软,在碰撞事故中不会对乘员造成二次伤害。如果在事故中安全气囊膨开,仪表板就会遭到损坏,需要更换新的。

图 2-3-13 仪表总成

3. 后段车身

后段车身的很多构件与前段车身相似,如纵梁、后减振器塔座、后翼子板、后备厢盖、后保险杠等（图 2-3-14）。

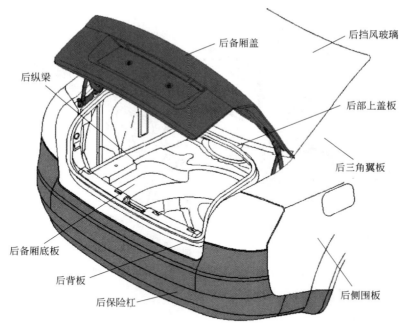

图 2-3-14 后段车身的主要构件

（1）结构件 后段车身的结构件通常有后纵梁、后备厢地板、后减振器塔座等。

① 后纵梁：焊接在后段车身底部，通常是箱形构件，非常坚固，为车辆的后部提供足够的强度。

② 后备厢底板：通常由一整块钢板冲压而成，焊接在后纵梁、后轮罩内板和后背底板之间，构成后备厢的底部。大多数轿车的后备厢地板上还冲压出一个备胎坑，用于安装备胎。

③ 后减振器塔座：也称为后减振器拱形座，与后轮罩内板和外板焊接在一起，用于固定后悬架减振器的顶部。后减振器塔座不但承受来自地面的冲击载荷，而且它的刚度和形状会影响后轮定位参数，因此强度和精度要求比较高。

除以上构件外，后挡风玻璃对后部车身刚度也起着非常重要的作用，因此也视为结构件。

（2）非机构件 后段车身的非结构件主要有后备厢盖、后背板、后部上盖板、后翼子板、后保险杠等，对于两厢轿车、MPV 和 SUV，车身尾部还有一个后舱门。

① 后备厢盖：是后备厢上盖板，结构比较复杂，通常由外板和内板、内衬、锁闩隔板、支架盖锁内饰板等构成（图 2-3-15）。为了提高后备厢盖的强度和吸能效果，在后备厢内板上装有加强筋。后备厢盖的内外板件结构形式加大了钣金维修的难度，如果在事故中严重损坏，一般只能更换内外板件。后备厢盖以铰接方式连接在上部后盖板上。后备厢盖上通常留有安装后牌照的位置，有时还安装部分尾灯。

② 后背板：是焊接在后备厢后面、左右后翼子板之间的一块板件。

③ 后部上盖板：是后窗与后备厢盖之间的一块板件，用于安装后备厢盖铰链。

④ 后翼子板：又称为后侧围板，是后段车身两侧的大块板件，从后车门向后一直延伸到后保险杠位置，构成后段车身的侧面。后翼子板通常以焊接方式固定，是后段车身中的重

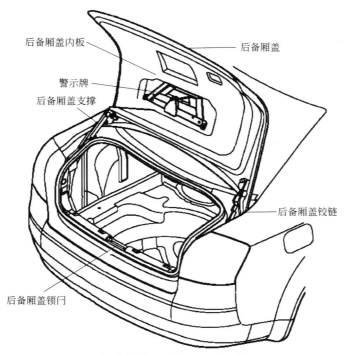

图 2-3-15 后备厢盖的构成

要构件。

⑤ 后舱门：也称为尾门或背门，用于两厢车，是一整块冲压板件，以铰接方式安装在车顶板上。后舱门上通常还有玻璃窗、玻璃升降器、雨刮器、门锁等零部件，也是一个复杂的总成。

第四节 车架式车身结构和车身板件

1. 车架式车身结构

车架式车身又称为非承载式车身，是传统的汽车车身结构。在这种结构中，车架是整个车辆的结构基础，车身壳体通过螺栓安装在车架上，发动机、变速器、悬架等大总成也安装在车架上。车架必须有足够的强度，才能承载各大总成的质量，并保证在碰撞中汽车的主要部件的固定位置不会产生较大的变动。车架通常是由高强度槽钢或箱形构件制成的，上面固定了一些横梁、支架和拉杆，用于安装汽车底盘部件，横梁、支架和拉杆通常是焊接、铆接或用螺栓连接到车架纵梁上的。

与承载式车身相比，车架式车身具有以下特点。

① 车架式车身结构的承载能力通常比承载式车身高，因此车架式车身主要应用在SUV、皮卡、大客车和大货车上。

② 采用车架式车身的车辆离地间隙相对较大一些，而且车身底板下面有厚重的车架保护着，因此适用于越野车。

③ 车架有吸收路面振动的作用，而且车身与车架之间通常安装了一些橡胶衬垫，因此乘坐起来更加平稳、安静和舒适。

④ 在发生碰撞事故时，大部分碰撞能量将由车架吸收，因此可有效保护乘员安全，车身损伤相对较小一些。

但是，车架式车身因为采用了厚重的车架，车辆总重一般比承载式车辆重很多，影响了车辆的动力性和燃油经济性。

车架式车身有梯形车架、周边式车架和 X 形车架三种。

梯形车架是由两根纵梁与几根横梁组成的，两根纵梁可能是平行的，也可能是不平行的，整个车架看上去像一个梯子。梯形车架现在应用较少。

周边式车架在结构上与梯形车架类似，其特点是两根纵梁在车身底部基本上沿着周边布置，并在前轮后部和后轮前部分别设计了阶跃变形部位，以形成抗扭箱形结构。这种车架结构可以在侧面碰撞中更好地保护乘员安全。在受到正面碰撞时，车架的前部可以吸收大部分能量。在后端受到碰撞时，纵梁的后部通常会向上拱起，从而吸收大量冲击能量。为了防止车辆在碰撞中发生扭曲，在关键部位用横梁进行强化（图 2-4-1）。

X 形车架的特点是中间窄，前后宽，具有较高的抗扭曲性，但现在已经基本不再使用。

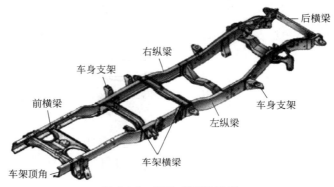

图 2-4-1 周边式车架示意

2. 车架式车身板件

（1）前段车身 主要零部件与承载式车身相似，但连接方式却有很大不同，如散热器支架、前翼子板、前挡泥板通常都是用螺栓固定的，维修时比较容易拆装（图 2-4-2）。

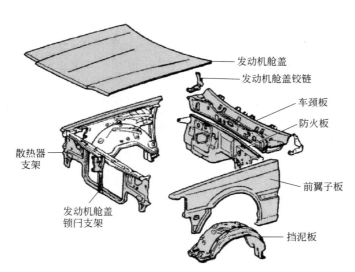

图 2-4-2 车架式车身前段的主要构件

散热器支架一般是由上、下、左、右四根支架焊接起来的一个整体结构。而翼子板的上端和后端与内板通过点焊连接，这样不仅增大了翼子板的强度和刚度，还有利于降低振动和噪声，在侧面碰撞时保护悬架和发动机不受损坏。

（2）车架式主车身　车架式主车身可分为乘客舱和后备厢两大部分。它主要由前围板、仪表板、底板、车顶板、立柱、车门、后翼子板、后备厢盖等部件组成。各个部件的结构与承载式车身中的相应结构类似。但车身本体是以车架为安装基础的，不是主要的承载部分，所以各个构件的连接方式可能与承载式车身不同（图 2-4-3）。

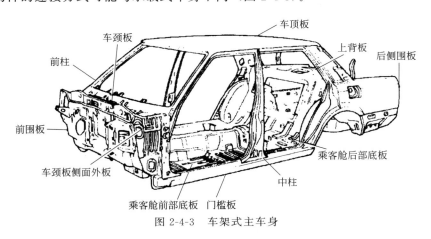

图 2-4-3　车架式主车身

第三章
车辆事故及损伤形式

第一节 常见的碰撞类型

汽车碰撞事故是指汽车与汽车或汽车与物体之间发生相互碰撞,从而造成车辆损坏、被撞物损坏甚至人员伤亡等各种损失。按照碰撞方向和事故所导致的后果,可将车辆事故分为正面碰撞、侧面碰撞、尾部碰撞和翻车等几种类型。

1. 正面碰撞

主要受损部位为保险杠面罩及保险杠、格栅、两侧前照灯、散热风扇、空调冷凝器、冷却液水箱及其支架等,严重时损坏部位会扩大至发动机舱盖、翼子板、纵梁、前悬架机构,甚至导致气囊膨开(图3-1-1)。

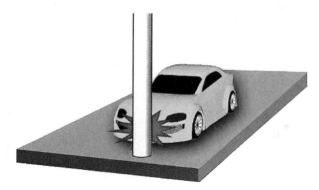

图 3-1-1 正面碰撞

2. 正面一侧碰撞

主要受损部位为保险杠面罩及保险杠、格栅、一侧前照灯、一侧翼子板。严重时损坏部位会扩大到空调冷凝器、发动机水箱及其支架、发动机舱盖、一侧纵梁、一侧悬架机构、一侧气囊膨开（图3-1-2）。

图 3-1-2　正面一侧碰撞

3. 正面一侧刮碰

两车均为正面一侧面受损，一侧的后视镜、前后门、前后翼子板刮伤，严重时前挡风玻璃破碎和框架变形，一侧包角、前门立柱、前照灯等损坏（图3-1-3）。

4. 斜角侧面碰撞发动机舱位置

一车为侧面碰撞受损，另一车为前部碰撞受损（图3-1-4）。侧面受损车辆主要表现在一侧前翼子板、前悬架机构、侧面转向灯等损坏，严重时一侧前翼子板报废，发动机舱盖翘曲变形、前门立柱变形、发动机移位等。前部受损车辆表现在前保险杠面罩及转角部、前翼子板、一侧前照灯等损坏，严重时一侧翼子板将严重损坏，并会导致一侧前悬架、轮胎、空调冷凝器、干燥器、高压管、发动机水箱及其支架等部件受损，气囊膨开、发动机舱盖变形。

5. 斜角侧面碰撞前门位置

A车为侧面碰撞受损，B车为前部碰撞受损，A车前门、前柱、中柱、后门轻微变形、门窗玻璃破损，严重时损坏程度会扩大至仪表板、门槛板、车顶板、一侧翼子板和一侧前悬架机构。B车前保险杠面罩及转角部、前翼子板、一侧前照灯等损坏，严重时损坏范围会扩大至空调冷凝器、干燥器、发动机水箱及其支架、高压管、发动机舱盖等部件，气囊膨开（图3-1-5）。

图 3-1-3　正面一侧刮碰

图 3-1-4　斜角侧面碰撞发动机舱位置

图 3-1-5　斜角侧面碰撞前门位置

6. 斜角侧面碰撞后门位置

A 车为侧面碰撞受损，B 车为前部碰撞受损。A 车后门、中柱变形、门窗玻璃破损，严重时前后门不能开启、后侧围变形以及前后门框、门槛板变形等（图 3-1-6）。B 车前保险杠面罩及转角部、前翼子板、一侧前照灯等损坏，严重时损坏范围会扩大至一侧前悬架、一侧翼子板、空调冷凝器、干燥器、高压管、发动机水箱及其支架、发动机舱盖等部件，气囊膨开。

图 3-1-6　斜角侧面碰撞后门位置

7. 两车斜角侧面碰撞后备厢位置

一车为侧面碰撞受损，另一车为前部碰撞受损。侧面碰撞车辆后侧围变形，严重时后侧围板严重损坏，后门框、后窗框、后柱、后轮及后悬架等部件受损，后备厢盖变形等。前部碰撞车辆前保险杠面罩及转角部、前翼子板、一侧前照灯等损坏，严重时一侧前悬架和一侧翼子板严重损坏，空调冷凝器、干燥器、高压管、发动机水箱及其支架、发动机舱盖等部件受损，气囊膨开。

8. 两车垂直角度碰撞

一车是侧面受损，另一车是正面受损。侧面受损车辆中柱呈凹陷变形，前后车门框及门槛板变形，前后车门翘曲变形，严重时损坏会扩大至车底板、车顶板甚至车身整体变形、轴距缩短、门窗玻璃破碎等。正面受损车辆保险杠面罩及保险杠、格栅、两侧前照灯损坏等，严重时损坏范围会扩大至发动机水箱及其支架、空调冷凝器、高压管、发动机舱盖、翼子板、纵梁等，甚至发动机后移，气囊膨开。

9. 两车正面追尾碰撞

A 车为后部碰撞受损，B 车为前部碰撞受损。A 车后保险杠面罩及保险杠，后车身板、后备厢盖等变形，两侧尾灯损坏，严重时会导致两侧围板变形、后备厢底板变形、后悬架机构位置变形等。B 车保险杠面罩及保险杠、格栅、两侧前照灯损坏等，严重时会导致发动机水箱及其支架、空调冷凝器和相关部件损坏，发动机舱盖、翼子板变形，发动机后移，纵梁损坏等。

10. 两车正面一侧追尾碰撞

一车是尾部一侧受损，另一车是前部一侧受损。尾部碰撞车辆尾部一侧保险杠面罩及保险杠、一侧尾灯、侧围板变形，严重时损坏范围会扩大至后备厢盖、后备厢底板等。前部碰撞车辆保险杠面罩及保险杠、格栅、一侧前照灯、翼子板损坏，严重时会导致水箱及其支架、空调冷凝器、发动机舱盖、一侧翼子板和悬架机构损坏，甚至一侧气囊膨开。

11. 翻车（汽车顶部全面触地）

易造成车身整体变形，局部严重损坏。顶板横梁、纵梁变形，顶板塌陷，车身前柱、中柱、后柱均会变形，翻滚过程中可能会造成车身侧面损坏，如车门、翼子板、后侧围板等。

严重时会使整体车身变形。

12. 汽车正面与面积较大的物体碰撞

碰撞面积较大，损坏程度相对小一些，保险杠面罩及保险杠、格栅、两侧翼子板轻微变形，严重时两侧翼子板会严重变形，前照灯、空调冷凝器、发动机水箱及其支架、发动机舱盖甚至车门、挡风玻璃、纵梁会损坏，气囊会膨开。

13. 汽车正面与面积较小的物体碰撞

碰撞面积较小，损坏程度相对大一些，保险杠面罩及保险杠、格栅、空调冷凝器、发动机水箱及其支架、发动机舱盖损坏，严重时两侧翼子板严重变形，前悬架机构甚至扩大到后悬架机构受损。

除上述情况外，以下几种因素对事故车的损坏程度影响较大。

① 事故车辆的结构、大小、形状和质量。
② 被撞物体的大小、形状、刚度和速度。
③ 发生碰撞时的车辆速度。
④ 碰撞的位置和角度。
⑤ 事故车辆中的乘员或货物的质量和分布情况。

第二节　整体式车身碰撞变形及类型

一、整体式车身碰撞变形

1. 概述

整体式车身通常设计得能够很好地吸收碰撞时产生的能量。整体式车身的碰撞损伤可以用圆锥图形法来进行分析（图 3-2-1）。

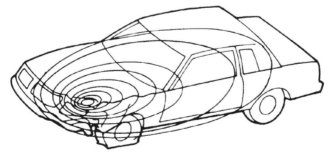

图 3-2-1　圆锥图形法分析

由薄钢板连接成的车身壳体，在碰撞中能吸收大部分振动。其中一部分碰撞能量被碰撞区域的部件通过变形吸收掉，另一部分能量会通过储藏室的刚性结构件传递到远距离的区域，这些被传递的振动波引起的影响称为二次损坏。

为了控制二次损坏变形，汽车在前部和后部设计了吸能区（图 3-2-2）。

2. 碰撞力对车辆变形的影响

在事故中，车辆的直接损坏是由碰撞力引起的。碰撞力的大小和方向不同，对事故车造成的损坏也不同。

碰撞力越大，对车辆的损坏就越大，这是不言而喻的。车辆与被撞物体的相对速度越

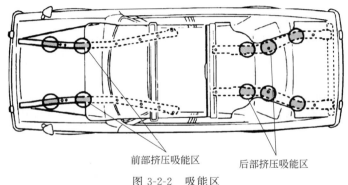

图 3-2-2 吸能区

大、被撞物的刚度越大、接触面积越小,产生的碰撞力就越大,对事故车造成的损坏就越大。

另外,碰撞力的方向对事故车的损坏程度也有很大的影响。在实际事故中,因为驾驶员在碰撞前的本能反应是躲让碰撞物和紧急制动,所以碰撞力的方向一般不会与车身的 X 轴(纵向)、Y 轴(横向)和 Z 轴(竖向)平行,而是有一个偏角。可以将碰撞力沿着车辆的 X 轴、Y 轴和 Z 轴三个方向分解成三个分力,X 轴方向的分力使车辆纵向产生挤压变形,Y 轴方向的分力使车辆横向产生挤压和弯曲变形,Z 轴方向的分力使车辆产生向上或向下的拱曲或凹陷变形。

3. 承载式车身的变形倾向

(1)车身前部碰撞变形　前端碰撞的冲击力取决于汽车的质量、速度、碰撞范围及碰撞物。

碰撞程度比较轻时保险杠会被向后推,前纵梁、保险杠支架、前翼子板、散热器支座、散热器上支撑和机罩锁紧支撑等也会折曲(图 3-2-3)。

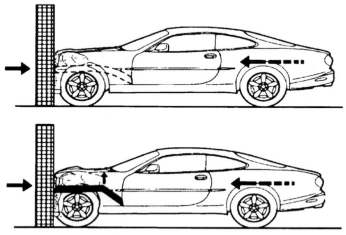

图 3-2-3　撞击力度比较轻

如果碰撞的程度剧烈,那么前翼子板就会弯曲而触到前车门,发动机罩铰链会向上弯曲至前围上盖板,前纵梁也会折弯到前悬架横梁上并使其弯曲。

如果碰撞力量足够大,前挡泥板及前车身立柱(特别是前门铰链上部装置)将会弯曲,并使车门松垮掉下(图 3-2-4)。前纵梁会发生褶皱,前悬架构件、前围板和前车门平面也会弯曲（图 3-2-5）。

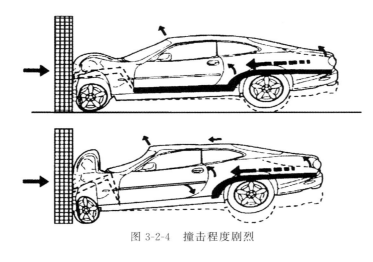

图 3-2-4 撞击程度剧烈

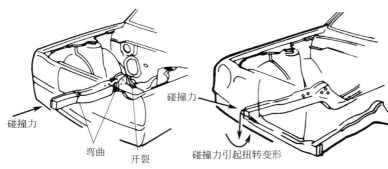

图 3-2-5 前纵梁褶皱

前车身损伤分类如下。

① M 形损伤。保险杠加强梁中部受损时，左、右前侧梁易受到弯曲损伤（图 3-2-6）。

② 一侧受损。一侧的骨架钢板受力时，发生压缩变形，同时通过前保险杠加强梁使得另一侧骨架钢板被拉拽变形（图 3-2-7）。

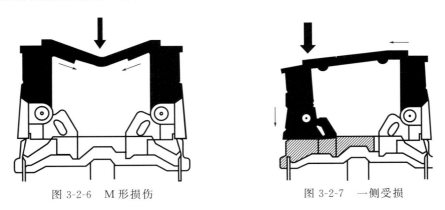

图 3-2-6 M 形损伤　　　　　　图 3-2-7 一侧受损

③ 摆头损伤。车辆前部受到斜向撞击力时，通过前保险杠加强梁推压另一侧骨架钢板变形（图 3-2-8）。

(2) 车身中部碰撞变形　面碰撞时，车门、前部构件、车身中立柱以及地板都会变形。吸能线路如图 3-2-9 所示。

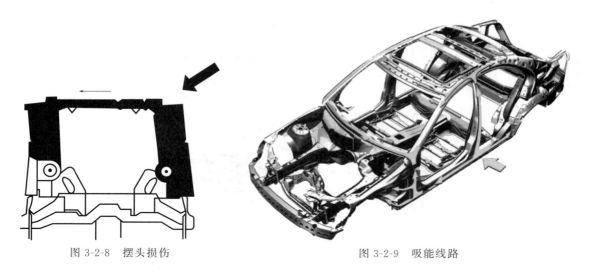

图 3-2-8　摆头损伤　　　　　　　　　图 3-2-9　吸能线路

中部侧面碰撞比较严重时，车门、中柱、车门槛板、顶盖纵梁都会严重弯曲，甚至相反一侧的中柱和顶盖纵梁也朝碰撞相反方向变形。

随着碰撞力的增大，车辆前部和后部会产生与碰撞力相反方向的变形，整个车辆会变成弯曲的香蕉状（图 3-2-10）。

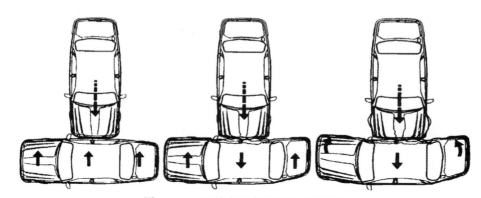

图 3-2-10　碰撞力越大车辆变形越严重

(3) 车辆后部碰撞变形　汽车后部碰撞时，其受损程度取决于碰撞面的面积、碰撞时的车速、碰撞物及汽车的质量等因素（图 3-2-11）。

如果碰撞力小，后保险杠、后地板、后备厢盖及后备厢地板可能会变形（图 3-2-12）。

如果碰撞力大，相互垂直的钢板会弯曲，后顶盖顶板会塌陷至顶板底面。而对于四门汽车，车身中立柱也可能会弯曲。

在汽车的后部由于有吸能区，碰撞时一般只在车身后部发生变形，保护中部乘客室的完整和安全（图 3-2-13）。

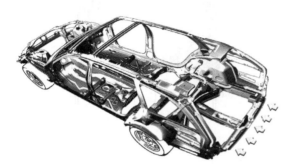

图 3-2-11　车辆后部吸能线路

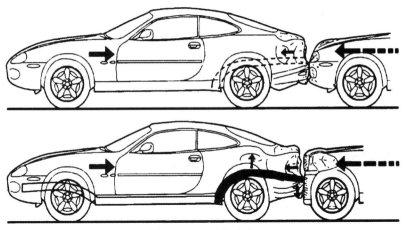

图 3-2-12 碰撞力小

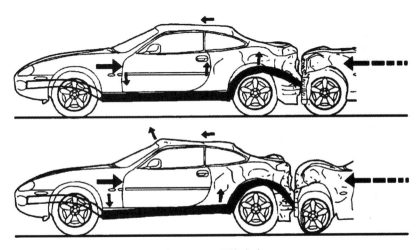

图 3-2-13 碰撞力大

（4）车辆顶部碰撞变形　当坠落物体碰到汽车顶部时，除车顶钢板受损外，车顶纵梁、后顶盖侧板和车窗也可能同时被损伤（图 3-2-14）。

图 3-2-14 车辆顶部碰撞变形

在汽车发生翻滚时，车的顶部顶盖、立柱，车下部的悬架会严重损伤，悬架固定点的部件也会受到损伤（图 3-2-15）。

如果车身立柱和车顶钢板弯曲，那么相反一端的立柱同样也会损坏。由于汽车倾翻的形式不同，车身的前部及后部部件的损伤也不同。

汽车损伤程度可通过车窗及车门的变形状况来确定。

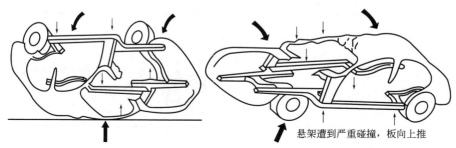

图 3-2-15　汽车发生翻滚

二、整体式车身碰撞损伤类型

整体式车身结构的碰撞损伤是按弯曲变形、断裂变形、增宽变形和扭转变形的顺序进行的。

（1）弯曲变形　在碰撞的瞬间，由于汽车结构具有弹性，使碰撞振动传递到较远距离的大部分区域，从而引起中央结构向横向及垂直方向的变形（图 3-2-16）。

左右弯曲通常通过测量宽度或对角线来判断，上下弯曲通常通过测量车身部件的高度是否超出配合公差来判断。

与车架式车身结构的弯曲变形相似，这一变形可能只发生在汽车的一侧。

（2）断裂变形　在碰撞过程中，碰撞点会产生显著的挤压，碰撞的能量被结构的折曲变形吸收，以保护乘员舱（图 3-2-17）。

而较远距离的部位则可能会褶皱、断裂或松动。测量车身部件长度是否超出配合公差来判别是否为断裂变形。

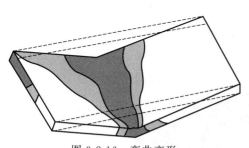

图 3-2-16　弯曲变形

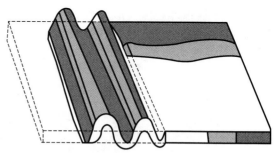

图 3-2-17　断裂变形

（3）增宽变形　增宽变形与车架式车身上的左右变形相似，可以通过测量车身高度和宽度是否超出配合公差来判别（图 3-2-18）。

对于性能良好的整体式车身来说，碰撞力会使侧面结构偏向外侧弯曲，偏离乘客，同时纵梁和车门缝隙也将变形。

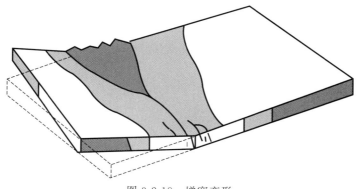

图 3-2-18 增宽变形

（4）扭转变形 整体式车身的扭转变形与车架式车身的相似，可以通过测量其高度和宽度是否超出配合公差进行判断（图 3-2-19）。

由于扭转变形是碰撞的最后结果，使最初的碰撞直接作用在中心点上，但在此时冲击还是能够产生扭转力引起汽车结构的扭转变形。

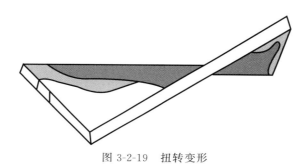

图 3-2-19 扭转变形

第三节
车架式车身碰撞变形及损伤类型

一、车架式车身碰撞变形

车架式车身由车架及围接在其周围的可分解的部件组成，车身的前部和后部具有上弯的结构（图 3-3-1）。

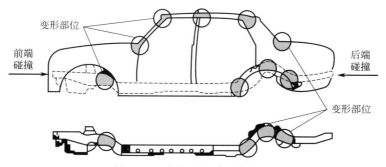

图 3-3-1 车架式车身碰撞变形

碰撞时会变形，但可保持车架中部结构的完整，图 3-3-1 中圈出的部位为车架式车身上较弱的部位，主要用来缓冲冲击。

车身与车架之间有橡胶垫间隔，橡胶垫能减缓从车架传至车身上的振动效应。

1. 左右弯曲变形

观察被撞一侧钢梁的内侧及另外一侧钢梁的外侧是否有皱曲，车门长边上有无裂缝和短边是否有褶皱，被撞一侧是否有明显的碰撞损伤，车身和车顶盖是否有错位，可确定是否有左右弯曲变形（图 3-3-2）。

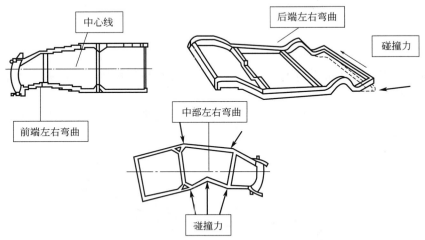

图 3-3-2　车架前部、中部和后部的左右弯曲变形

2. 上下弯曲变形

车身外壳表面会比正常位置低，结构上也有后倾现象，这就发生了上下弯曲变形（图 3-3-3）。

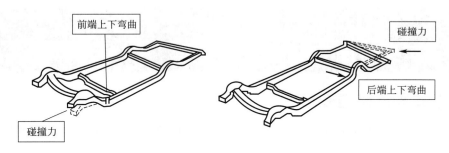

图 3-3-3　上下弯曲变形

直接撞到汽车的前部或后部，会引起在汽车上一侧或两侧发生上下弯曲。

从翼子板与车门之间的缝隙是否在顶部变窄、在下部变宽，车门在撞击后是否下垂，判别出是否有上下弯曲变形。

大多数车辆碰撞损伤中都会有上下弯曲变形，即使车架上看不出褶皱和扭曲。严重的上下弯曲变形也能破坏车架上车身钢板的准直。

3. 断裂变形

发动机罩前移或后车窗后移；车身上的某个部件或车架元件的尺寸小于标准尺寸；车门可能吻合得很好，但挡板、车壳或车架的拐角处褶皱或有其他严重变形（图 3-3-4）。

车架在车轮挡板圆顶处向上提升,引起弹性外壳损坏和保险杠会有一个非常微小的垂直位移,这些都表明车身上发生了断裂变形。

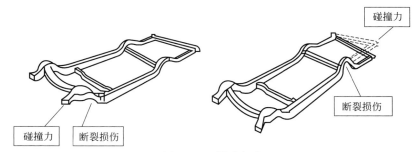

图 3-3-4　断裂变形

4. 菱形变形

菱形变形是整个车架的变形,可以明显看到发送机罩及后备厢盖发生错位;在接近后轮罩的相互垂直的钢板上或在垂直钢板接头的顶部可能出现褶皱;在乘客舱及后备厢地板上也可能出现褶皱和弯曲(图 3-3-5)。

菱形变形还会附加有许多断裂及弯曲的组合损伤,但菱形变形很少会发生在整体式车身上。

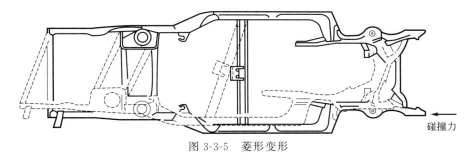

图 3-3-5　菱形变形

5. 扭曲变形

当汽车撞击到路缘石或路中隔离栏或车身后侧角端发生碰撞时,就可能发生扭曲变形。汽车的一角会比正常情况高,而相反的一角则会比正常情况低;汽车的一角会前移,而临近的一角很可能被扭曲向下。若汽车的一角下垂接近地面,就应对汽车进行扭曲损伤检查。扭曲变形往往隐藏在底层,也有可能在钢板表面检查看不出任何明显的损伤(图 3-3-6)。

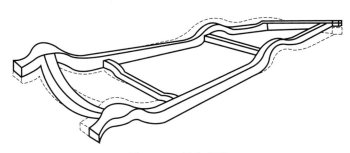

图 3-3-6　扭曲变形

二、车架式车身损伤类型

车架式车身上各类损伤发生的次序为：左右弯曲、上下弯曲、断裂变形、菱形变形和扭曲变形。

车身或车架修复最重要的准则是颠倒方向和次序。

校正汽车的碰撞损伤时对损伤部位的拉或推操作必须按照与碰撞相反的方向进行。

大多数的碰撞及事故结果是以上所述损伤类型的混合。

左右弯曲和上下弯曲变形几乎同时发生，碰撞力的分力还作用在车架的横梁上。

在汽车侧翻事故中，由于发动机质量会使其支撑横梁受到推或拉而变形，造成上下弯曲，由于横梁会影响车辆整个修复工作的效果，因此不管横梁的损伤程度怎样，都必须对其校正。

第四节 车身碰撞损伤的检查

一、车身上容易识别的损伤变形的部位

1. 碰撞力扩散的路径

在碰撞中碰撞力通过车身刚性的部件的传递，如车身前立柱（A柱）、车顶纵梁、地板纵梁等箱形截面梁，最终传递深入至车身部件内并损坏薄弱部件。因此，要找出汽车损伤，必须沿着碰撞力扩散的路径，按顺序一处一处地进行检查，确认出变形情况（图 3-4-1）。

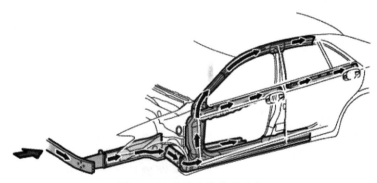

图 3-4-1　碰撞力扩散的路径

2. 板件的连接部位

加固材料（如加固件、盖板、加强筋、连接板）上的缝隙，各板件的连接点等部位（图 3-4-2）在碰撞中容易发生变形。

钢板和穿孔接合部位的变形如图 3-4-3 所示。

车身密封脱的断裂如图 3-4-4 所示。

形状改变部位的变形如图 3-4-5 所示。

3. 零件的棱角和边缘

车架部件（如侧边构件）的损伤程度，可以从其凹面上严重的凹痕或扭结形式来判断（图 3-4-6），而不是以部件凹面的另一面出现翘曲变形来确定。

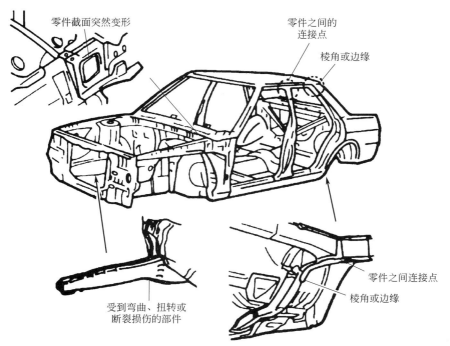

图 3-4-2 板件的连接部位

图 3-4-3 钢板和穿孔接合部位的变形

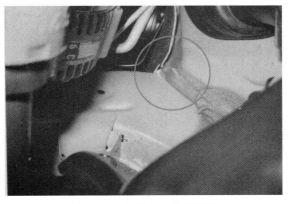

图 3-4-4 车身密封脱的断裂

第三章 车辆事故及损伤形式

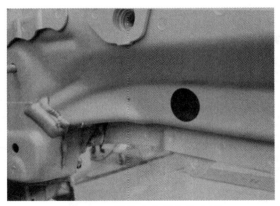

图 3-4-5　形状改变部位的变形

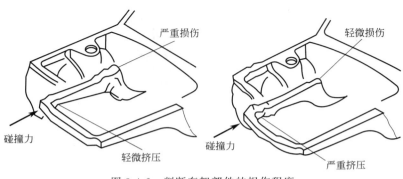

图 3-4-6　判断车架部件的损伤程度

二、检查车身部件的间隙和配合

① 车身上的车门、翼子板、发动机罩、后备厢盖与车灯之间的配合间隙都有一定的尺寸要求，通过观察和测量它们之间间隙的变化可以判定发生了哪些变形。

② 对比左右翼子板与发动机罩的间隙情况。翼子板是安装在翼子板骨架上的，这就可以通过简单地观察翼子板与车门的间隙来确定车身是否受到损伤。

第五节
车辆其他主要部件的损伤形式

车身板件和结构件在事故中的主要损伤形式是变形，如弯曲、凹陷、褶皱、菱形等各种变形形式，这些直接或间接碰撞造成的损伤应当属于事故理赔范围。而一般的腐蚀、锈蚀等非事故原因造成的损伤则不在事故保险理赔范围内。车身内饰件及其附件，如座椅、仪表板等主要是由惯性力或二次碰撞造成的损伤，其损伤原因也比较容易判别。车辆的其他系统和部件，如发动机、变速器、动力传动系统、悬架系统、制动系统、转向系统等部件的损坏原因则相对复杂一些，它们可能是在事故中损坏的，也可能是因为正常磨损或不当使用造成的，在估损时应当仔细辨别损坏原因，确认其修复费用是否属于保险理赔范围。

1. 发动机的损伤情况

车辆发生碰撞、倾翻等交通事故，车身因直接承受撞击力而造成不同程度的损伤，同时由于波及、诱发和惯性的作用，发动机和底盘各总成也存在着受损伤的可能。但由于结构的原因，发动机和底盘各总成的损伤往往不直观，因此，在车辆定损查勘过程中，应根据撞击力的传播趋势认真检查发动机和底盘各总成的损伤。

在一般的轻度碰撞事故中，发动机本体基本不会受到损伤，最多是车辆前端的散热器及其支架可能受到影响。但在比较严重的碰撞事故中，车身前部变形较严重时，发动机的一些辅助装置及覆盖件会受到波及和诱发的影响而损坏，如空气滤清器总成、冷却风扇、发动机正时盖罩、油底壳等，发动机支座也可能产生变形或移位。对于目前的轿车，发动机舱内部都布置得十分紧凑，在碰撞事故中产生的关联损伤可能更大，例如蓄电池、发电机和起动机、空调压缩机、转向助力泵、皮带轮及皮带、风窗清洗装置等总成、管路和支架可能受到损伤。更严重的碰撞事故会波及发动机的气缸盖、进排气歧管、凸轮轴、曲轴等零部件，致使发动机缸体的薄弱部位破裂，甚至致使发动机报废。

在对发动机损伤进行检查时，应注意详细检查有关支架以及发动机缸体部位有无损伤，因为这些部位的损伤不易发现。发动机的辅助装置和覆盖件损坏，能直接观察到，可以采用就车拆卸、更换或修复的方法。若发动机支撑、正时盖罩和基础部分损坏，则需要将发动机拆下进行维修。当怀疑发动机内部零件有损伤或缸体有破裂损伤时，需要对发动机进行解体检验和维修。必要时应进行零件隐伤探查，但应正确分析零件形成隐伤的原因（图 3-5-1 和图 3-5-2）。

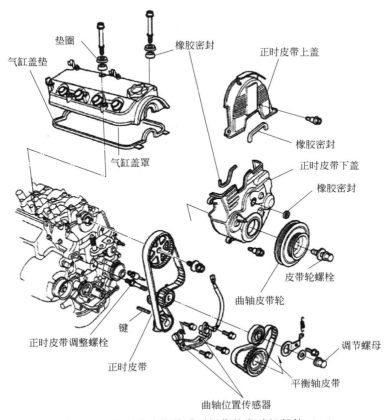

图 3-5-1 在事故中容易受到损伤的发动机部件（一）

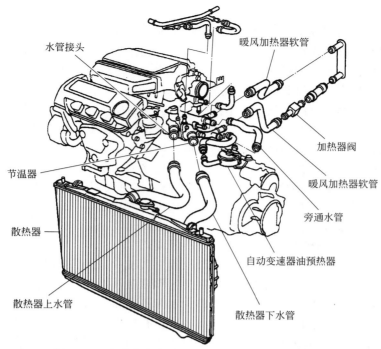

图 3-5-2 在事故中容易受到损伤的发动机部件（二）

2. 悬架系统的损伤情况

悬架系统是车架（或承载式车身）与车桥（或车轮）之间的连接和传力装置，其主要构件有减振器、控制臂、弹簧或扭杆等（图 3-5-3）。它使车轮可以随着路面的起伏而上下运

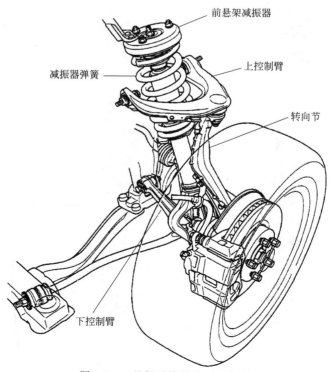

图 3-5-3 悬架系统的主要零部件

动,但传递到车身上的振动却很小。悬架系统各个机构的正确固定确保了车轮的正确定位参数,维持车辆正常的操纵性能。因此,悬架机构一旦在碰撞中受到损伤,往往会导致车辆产生跑偏、摆动等症状。

由于悬架直接连接着车架(或承载式车身)与车桥(或车轮),其受力情况十分复杂,而且其安装位置也决定了它在碰撞事故中很容易受损。在碰撞时,悬架系统由于受车身或车架传导的撞击力,悬架弹簧、减振器、悬架上支臂、悬架下支臂、横向稳定器、纵向稳定杆以及球头等零部件会受到不同程度的变形和损伤。对于承载式车身,翼子板裙板作为悬架的上支座也可能产生变形,影响悬架的定位参数。悬架系统部件的变形和损伤往往不易直接观察到,在对其进行损伤鉴定时,应借助必要的测量仪器及检验设备。这些元件的损伤一般不宜采用修复方法修理,应换新件,在车辆定损时应引起注意。

3. 转向系统的损伤情况

转向系统通过转向机和连杆机构将转向盘的转动力传递给转向车轮(一般是前轮),使转向车轮产生转动。转向系统的核心部件是转向机,其他重要部件有转向盘、转向柱、转向轴、转向横拉杆等,如图 3-5-4 所示。转向系统的技术状况直接影响着行车安全,而且由于转向系统的部件都布置在车身前部,在前部碰撞中可能会受到损伤。在较轻的碰撞事故中,撞击力一般不会波及转向系统的零部件。但当发生较严重的碰撞事故时,碰撞力可能会传递到转向系统零部件上,造成转向传动机构和转向机的损伤。值得一提的是,现在的车辆上转向管柱都是可溃缩式的,在严重碰撞事故中,转向管柱可能发生溃缩而需要更换。

转向系统容易受损伤的部件有转向横拉杆、转向梯形机构、转向助力储油罐、转向助力油管、转向管柱、转向机、转向节等。

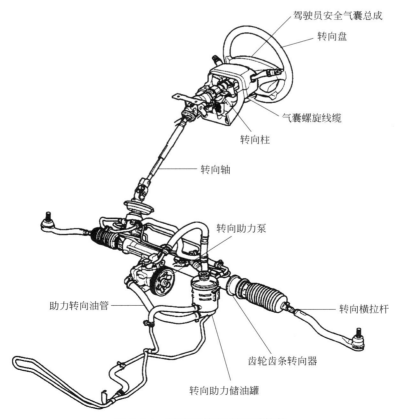

图 3-5-4 转向系统的主要零部件

转向系统部件的损伤不太容易直接查看到,在车辆定损鉴定时,应配合拆检进行,必要时做探伤检验。

4. 制动系统的损伤情况

制动系统通过制动蹄与制动鼓(鼓式制动器)的摩擦或者制动钳与制动盘的摩擦(盘式制动器)降低车速。驾驶员脚踩制动踏板的力通过制动主缸传递给制动管路中的制动液,再通过制动液传递到各个车轮的轮缸,轮缸利用液压推动制动蹄或制动钳,产生制动力。制动系统的主要零部件有制动主缸、制动助力器、制动管路和软管、制动钳或制动蹄、制动盘或制动鼓等(图3-5-5)。

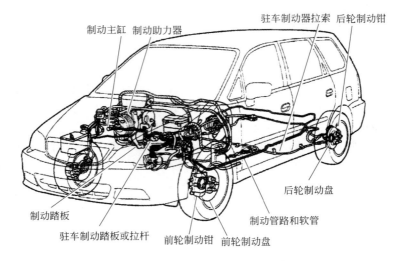

图 3-5-5 制动系统的主要零部件

现在的很多车辆上都装有制动防抱死装置(ABS系统),ABS电脑根据轮速传感器信号判断车轮是否即将达到抱死状态,通过液压调节器控制制动液压,从而使车轮在制动中不至于抱死,提高了制动稳定性和制动效能。

制动性能的降低会导致交通事故,造成车辆损失。而车辆发生碰撞事故时,也可能会造成制动系统部件的损坏。

对于普通制动系统,在碰撞事故中,经常会造成车轮制动器的元器件及制动管路损坏。这些元器件的损伤程度需要进一步拆解检验。对于装用ABS系统的制动系统,在进行车辆损失鉴定时,除了查看制动元器件、ABS轮速传感器、ABS液压调节器、ABS电脑及相关电路是否有外观损坏之外,还要借助解码器等诊断设备对ABS系统进行电子诊断,查看是否存在故障码。

5. 变速器和离合器的损伤情况

变速器有手动变速器、自动变速器和CVT(无级变速)几种,虽然结构不同,但都起到降速增扭的作用,主要是采用齿轮传动或带传动的方式传递动力。变速器在低挡时可以为车辆提供较大的转矩,在高挡时可以提供较高的转速和较好的燃油经济性,在空挡时切断发动机的动力传输,为发动机启动和怠速停车提供条件。手动变速器主要由输入轴、中间轴、输出轴、各个轴的轴承、各个挡位的齿轮、换挡机构等组成。自动变速器主要由行星齿轮机构、液压系统和电子控制系统组成。手动变速器的主要零部件如图3-5-6所示,自动变速器的主要零部件如图3-5-7所示。

离合器用于切断和接合发动机与手动变速器之间的动力传递,主要零部件有压盘、从动

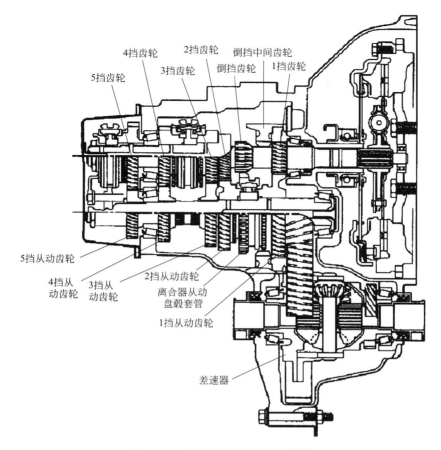

图 3-5-6　手动变速器的主要零部件

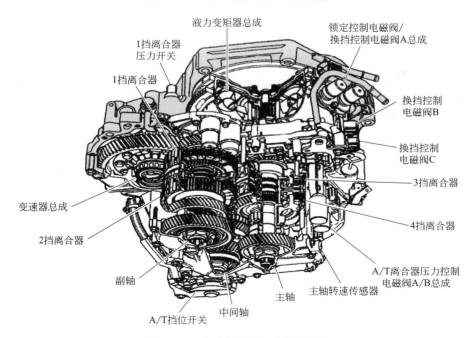

图 3-5-7　自动变速器的主要零部件

第三章　车辆事故及损伤形式　61

盘、膜片弹簧、摩擦片等（图3-5-8）。自动变速器和CVT车辆上没有离合器，取而代之的是液力变矩器。

图 3-5-8　离合器的主要零部件

对于典型的发动机前置前轮驱动型汽车，变速器（有时称为变速驱动桥）和离合器（或液力变矩器）总成与发动机组装在一起，并作为发动机的一个支撑点固定于车架（或承载式车身）上，变速器及离合器的操纵机构都布置在车身底板上。因此，当车辆发生严重碰撞事故时，由于碰撞力的传递，可能会造成变速器及离合器的操纵机构受损，变速器支撑部位壳体损坏，飞轮壳开裂等。在对这些损伤进行评估鉴定时，有时需要将发动机拆下进行检查。

在实际事故中，车辆上除了车身、发动机、变速器、转向系统、制动系统、悬架系统等主要总成可能会受到损伤之外，还有很多其他部件也可能受到损伤，比较常见的损伤有车灯损坏、后视镜脱落、轮胎爆裂、挡风玻璃和车窗玻璃破碎、气囊膨开、仪表损坏、座椅错位、内饰件损坏等。

第六节
汽车碰撞损坏的影响因素

1. 碰撞位置高低对碰撞损坏的影响

当碰撞点在汽车前部较高部位，就会引起车身和车顶后移和后部下沉（图3-6-1）。
碰撞点在汽车前部下方，因惯性力使汽车后部向上变形、车顶被迫上移，在车门的前上

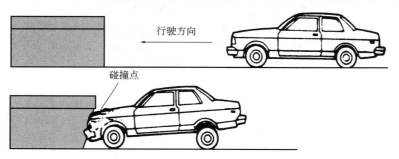

图 3-6-1　碰撞点在汽车前部较高部位

方与车顶板之间形成一个极大的裂口，车顶板会产生凹陷变形（图 3-6-2）。

图 3-6-2　碰撞点在汽车前部下方

2. 碰撞物面积不同对碰撞损坏的影响

汽车撞上墙壁，碰撞面积大，损坏程度较轻；撞上电线杆，因碰撞面积较小，其碰撞损坏程度就严重（图 3-6-3）。

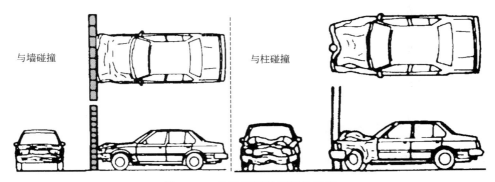

图 3-6-3　碰撞面积对车辆的影响

3. 行驶方向对碰撞损坏的影响

纵向行驶汽车的中部会产生弯曲变形，而横向行驶的汽车有压缩变形和被纵向行驶汽车引起的弯曲变形（图3-6-4）。

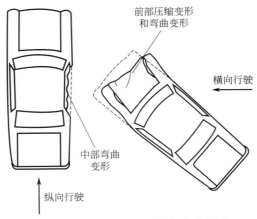

图 3-6-4　行驶方向对碰撞损坏的影响

第四章
事故现场查勘

第一节 一般事故现场查勘

一、现场查勘的目的及意义

对汽车碰撞事故进行现场查勘是道路交通事故处理过程中的一项法定程序，同时也是处理机动车辆保险理赔案件过程中的一项法定程序。现场查勘工作的目的就是查明事故的真实原因，认定责任，给保险理赔提供事实依据，并为日后可能引发的相关诉讼案件提供有效证据。在竞争日趋激烈的机动车辆保险市场中，事故理赔工作能否及时地完成，车辆估损能否让客户满意，这些服务已经成为各大保险公司重要的竞争筹码，也日益得到各大公司更广泛的关注。要使保险理赔工作做得周全而顺利，被保险人及时获得应有的经济补偿，同时又能维护保险人的利益，做到公平合理，就应对事故现场进行认真的勘查和复勘，以取得有效的证据，保证保险人和被保险人的利益公平。有效的证据必须能够体现事故的真实性、客观性和合法性，为此，现场查勘工作的性质就是调查取证，是对保险事故进行定性、定责、定损。可见，事故现场查勘对于控制保险公司的经营风险，维护客户利益，保证机动车保险市场的健康发展，创建和谐社会具有十分重要的意义。

二、典型的事故车查勘定损工作流程

典型的事故车查勘定损工作流程如图 4-1-1 所示。

1. 查看保单信息和历史出险记录

在确认保险车辆的基本信息后，要认真查看保单及相关批单。例如，所保车辆与出险车辆是否一致，当事驾驶员与保单指定驾驶员是否一致，所保车辆的责任免赔系数等相关信息。历史出险记录是保险车辆过去出险情况的记录，有完整的定损清单与损失照片。为了防止道德风险的存在，更好地为优质保户服务，应认真查看出险记录。将以前事故的损失部

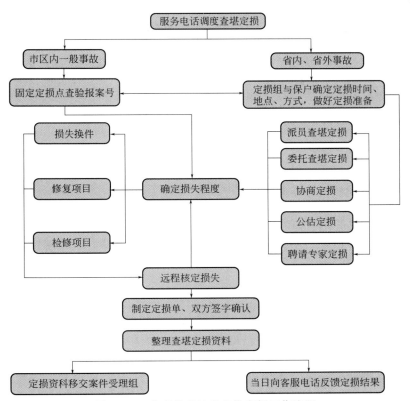

图 4-1-1 典型的事故车查勘定损工作流程

位、损失金额等信息与当前事故进行对比,核查是否有可疑之处,为案件进入下一环节做好前期工作。

2. 填写相关信息

查勘员是车损案件第一接触人,对案件掌握第一手资料,对相关信息也是最直接的确认。对于事故类型、是否指定驾驶员、驾驶证号码、车架号(VIN 码)等都要逐一核对,认真填写。

3. 检查证件及相关证明

首先应对事故车辆的行驶证、驾驶员的驾驶证进行认真检查,查看是否年审,是否有体检证明。认真查看交通违法裁定书(交裁),查看交裁的真伪性,查看事故车辆与所保车辆是否相符。查看当事驾驶员与保单载明指定驾驶员是否相符。交警所注明的事故状况与报案信息是否相符。交警所判定的责任是如何划分的等。

4. 照片拍摄

按照拍摄要求,依次为左前、右前、左后、右后拍事故现场及事故车外貌,尽量反映出损失部位。拍摄细目照片,可以按照以下方法:将车辆分为外观、底盘、内部、内饰,或者分为车头、车尾、车左侧、车右侧、车底等几个部分分别拍摄。原则是这些照片能够清晰、明确地将事故情况反映给后台,让审核人员通过照片就能够弄清楚事故状况和车辆的损伤情况。

5. 主车查勘

核对保单,了解该车所上的险种和保险范围。对受损车辆与保单进行核对,看是否属于所保车辆,包括核对车型、车牌号、车架号(VIN 码)、发动机号等。然后查看撞击位置,分析撞击力度及车辆损失情况并记录。

6. 三者车的查勘

与主车查堪一样，应仔细查看三者车证件，与受损车辆进行比对，查看痕迹是否相符，查看三者车的保单，比如，是哪家保险公司承保的，所保险种是什么等，将查勘信息录入案件中。

三、现场查勘的工作内容

现场查勘的主要工作就是利用合适的方法尽可能地获取翔实的事故现场资料，然后利用这些资料进行综合分析，最后认定事故的性质。对于每个事故案件，这些程序都应认真履行。更具体地说，现场查勘的主要工作内容如下。

1. 查明真实的出险时间和地点

对此项工作内容要特别注意几点：对于出险时间在保险单有效期开始后一周的案件，需要特别核实真实的出险时间。对于没有加保我国境内险的案件，需特别核实真实的出险地点。对于保险单快到期的事故也要认真核查。

核查真实的出险时间的目的是为了防止投保前已发生的车损事故被纳入保险责任范围，致使保险人的利益受到损害。核查真实的出事地点是依法按保险合同条款进行保险理赔工作需要。例如，在中国太平洋保险（集团）股份有限公司机动车辆保险条款中，针对出事地点就有明确的"指定行驶区域特约条款"，规定如下。

特约了此条款的保险车辆，投保人可在投保时与保险人在下列范围内约定行驶区域，作为本保险合同的保障范围，保险人仅当保险车辆行驶于约定区域内发生保险事故时进行赔偿，行驶出约定区域时，无论发生任何事故，保险人均不负赔偿责任。

（1）出入境　是指保险车辆的行驶范围超出了中华人民共和国（不含香港、澳门、台湾）境内。

（2）境内　是指保险车辆仅在中华人民共和国（不含香港、澳门、台湾）境内行驶。

（3）省内　是指保险车辆仅在合同约定的省、自治区、直辖市内行驶。

（4）指定区域　是指保险车辆不在公路、城市街道和胡同（里巷），以及公共广场、公共停车场等供车辆、行人通行的地方行驶，仅在工地、机场、工厂及码头等固定范围内使用。

2. 查明真实的出险原因和经过

真实的出险原因是准确认定保险事故是否属于保险责任的重要条件。而核实出险经过是认定出险原因是否真实的依据。真实的出险原因为准确判定事故是否属于保险公司的赔偿范围提供可靠的材料。在机动车保险合同中，保险责任条款和责任免除条款对出险原因都作出了明确规定。例如，在中国人民保险集团股份有限公司车辆损失保险的保险责任条款中，对出险原因是否属于保险责任的规定如下。

各条款的保险责任一般均包括以下内容。

① 被保险人或其允许的驾驶员在使用保险车辆过程中，因下列原因造成保险车辆的损失，保险人负责赔偿。

　　a. 碰撞，倾覆，坠落。

　　b. 外界物体坠落，倒塌。

　　c. 暴风、龙卷风。

　　d. 雷击、雹灾、暴雨、洪水、海啸。

　　e. 地陷、冰陷、崖崩、雪崩、泥石流、滑坡。

f. 载运保险车辆的渡船遭受自然灾害（只限于有驾驶员的随车照料者）。

② 发生保险事故时，被保险人为防止或者减少保险车辆的损失所支付的必要的、合理的施救费用，由保险人承担，最高不超过保险金额的数额。

在责任免除条款中对出险原因的规定：保险车辆的下列损失和费用或在下列情况下，无论任何原因造成保险车辆损失，保险人不负责赔偿。

各条款均包括以下各项内容。

a. 地震、战争、军事冲突、恐怖活动、暴乱、扣押、罚没、政府征用。
b. 竞赛、测试，在营业性维修场所修理、养护期间（拖拉机损失险中无竞赛一项）。
c. 利用保险车辆从事违法活动。
d. 驾驶员饮酒、吸食或注射毒品、被药物麻醉后使用保险车辆。
e. 保险车辆肇事逃逸。
f. 自然磨损、朽蚀、故障、车胎单独损坏。
g. 人工直接供油、高温烘烤造成的损失。
h. 遭受保险责任范围内的损失后，未经必要修理继续使用，致使损失扩大的部分。
i. 因污染（含放射性污染）造成的损失。
j. 因市场价格变动造成的贬值、修理后因价值降低引起的损失。
k. 在淹及排气筒或进气管的水中启动，或被水淹后未经必要处理而启动车辆，致使发动机损坏。
l. 被盗窃、抢劫、抢夺以及因被盗窃、抢劫、抢夺受到损坏或车上零件部件、附属设备丢失。
m. 被保险人或驾驶员（特种车辆损失险中还包括操作人员）的故意行为造成的损失。
n. 其他不属于保险责任范围内的损失和费用。

3. 查明被保险的机动车辆在事故中的责任

保险合同条款中规定了"按责任赔偿"，若无责任，则保险公司不负责赔偿。认定此项工作需要特别注意的是"按责赔偿，若无责任"只存在于某些比较特殊的附加险条款中。例如，在中国太平洋保险（集团）股份有限公司机动车辆的附加险中对"交通事故精神损害赔偿险"中作出的规定如下：

（1）保险责任 投保了本保险的机动车辆在使用过程中，因发生交通事故，致使第三者或本车上人员的伤残、死亡或怀孕妇女意外流产，受害方据此提出精神损害赔偿请求，依照法院判决应由被保险人承担的精神损害赔偿责任，保险人按合同约定在赔偿限额内负责赔偿。

（2）责任免除 在下列情况下，被保险人承担的精神损害赔偿，保险人不负责赔偿。

① 驾驶员在交通事故中无过错责任。
② 保险车辆未发生碰撞事故，仅由惊恐引起，造成第三者或车上人员的行为不当所引起的伤残、死亡或怀孕妇女意外流产。
③ 法院调解书中确定的应由被保险人承担的精神损害赔偿。
④ 其他不属于保险责任范围内的损失和费用。

4. 查明被保险车辆的使用性质

此项工作的重点是为了防止在保险理赔中出现两种有违保险合同规定和有违相关法律规定的现象：一是营运车辆按非营运车投保；二是非营运车辆非法营运（载客或载货）。防止营运车辆按非营运车辆投保是指：在车辆损失保险的保险责任条款中，规定了非营运汽车损失险包括爆炸、自燃，而营运汽车损失险中不包括火灾、爆炸、自燃。另外，按合同中规定的费率计算方法也是不同的，按可保风险的内容不同，两者之间的费率差值很大。因此，在查勘工作中应核查车辆使用性质，若发现营运车按非营运车投保，可以确认为不存在保险利益，违背了最大诚信原则，也不存在理赔，所签订的保险合同同时作废。防止非营运车辆非法营运是指：营运车和非营运车的使用性质在道路交通安全法规中已作出了严格的界定，各保险公司依据这个界定，在机动车保险合同中已明确了不同的承保对象。所以，在核查使用性质时，若发现是非营运车非法营运而引发的事故，由公安交通管理机关处理，保险公司可不承担任何赔偿责任。

5. 查明被保险人对保险车辆有无保险利益

在保险合同中对有无保险利益作出的规定：如被保险的车辆转卖、转让、赠送他人，改装或加装设备，被保险人应当事先书面通知保险人，并办理申请批改手续，未办理批单的，保险人不承担赔偿责任。例如，在中国人民保险集团股份有限公司机动车辆保险"合同变更和终止"的条款中明确规定：保险合同的内容如需变更，须经保险人与投保人书面协商一致；在保险期限内，保险车辆转卖、转让、赠送他人，被保险人应书面通知保险人并办理批改手续，未办理批改手续的，保险人不承担赔偿责任。

6. 查勘出险驾驶员（当事人）与被保险人的关系

查勘出险驾驶员（当事人）在中国人民保险集团股份有限公司机动车辆保险的"保险责任"条款中，第一项规定：被保险人或其允许的驾驶员在使用保险车辆过程中发生意外事故，致使第三者遭受人身伤亡或财产直接损毁，依法应当由被保险人承担的经济赔偿责任，保险人负责赔偿。

本条款解释如下。

① 被保险人允许的合格驾驶员：这句话中含有两层含义，一是"被保险人允许的驾驶员"即持有驾驶证的被保险人、配偶及其直系亲属或雇员；二是"合格"，即驾驶被保险车辆的驾驶员必须持有有效驾驶证，并且所驾车类型与驾驶证规定的准驾车型相符。只有"允许"和"合格"两个条件同时具备时，被保险车辆发生事故造成损失时，保险人才予以赔偿。

② 使用车辆过程：保险车辆作为交通工具被使用的整个过程，包括行驶和停放。

7. 查明出险车辆的现场情况及受损部位

无论是单方事故还是双方事故，都要确定现场是否被移动，以及移动后的现场详细地点，以便需要时进行回勘。确定车辆的受损部位，核对碰撞痕迹，以防止出现假现场、假案件。在查勘理赔时，还须特别注意违约的事故现场，一般常见的违约现场有如下类型。

① 酒后、吸食或注射毒品、被药物麻醉。

② 违反装载规定。

③ 改变车辆使用性质。

④ 车辆未经检验合格。

⑤ 无驾驶证或车审过期后驾车。

⑥ 不是被保险人允许的驾驶员。

⑦ 标的车进厂修理期间出险。

⑧ 被保险人失去保险利益后的标的车出险。

⑨ 非亲属或家庭共同生活成员借用被保险人车辆出险。

⑩ 标的车在进行违法活动车辆出险，在查勘现场时还需警惕欺诈现场，常见的欺诈现场有：人为故意制造的假事故现场；顶替肇事司机承担责任的现场；套牌车辆发生事故后出

险的现场。

8. 查明第三者财产损失情况

查明第三者财产损失情况：仔细清点现场的第三者财物损失，确定受损财产的数量、面积、规格型号、品种，并列出清单，要求事故当事人（双方）签名确认。有路产损失的，需要有当地路政部门出具的核损报价表，并报警处理。注意：只要涉及第三者赔付的，必须有交警的事故调解书（这样也可以使核赔人有正常的判断，节约公司的部分赔款支出）。

第二节 现场查勘技能

一、现场查勘中的痕迹物证

汽车碰撞事故是一种纯物理现象。由碰撞事故造成的痕迹物证不但能反映出造型客体与承受客体之间的作用过程，同时还能印证痕迹的形成。汽车碰撞事故也是造型客体与承受客体之间相互作用。碰撞事故发生后，两客体都会发生不同程度的变形并留下碰撞痕迹。

汽车碰撞事故现场痕迹概念如下。

（1）广义痕迹　广义痕迹是指由于事故而引发现场范围内被破坏的原始状况所反映的形象。广义痕迹是根据遗留在事故现场的分布情况、痕迹形态、痕迹之间的相互关系进行调查，因此广义痕迹涉及的范围比较大。广义痕迹形成的原因和过程，足以说明事故原因和性质。

（2）狭义痕迹　狭义痕迹是指碰撞事故中造型客体作用于承受客体，而引发两客体同时发生形态变化所留下的反映形象。狭义痕迹具有外部结构形象，即几何形状尺寸大小，可以从承受客体上痕迹反映造型客体结构形象。狭义痕迹大都是具有同一认定的特性。所以，对狭义痕迹进行的勘验，具有重要的证据意义。

（3）车物结构形象　痕迹车物结构形象痕迹的形成，是造型客体与承受客体在力的作用下发生相互接触形成的。作用力的大小、方向和角度，决定了痕迹的完整程度和外表结构形象。作用力大，形成的痕迹明显，面积大，凹陷程度深，有立体感；反之，痕迹不明显，不完整。当作用力从垂直方向作用时，形成的痕迹比较完整、真切。而作用角度大于或小于90°时痕迹特征都会发生较大变化。造型客体与承受客体相比，造型客体硬度、强度较大，它能把自身的形体特征及分泌物、分离物、附着物遗留在承受客体上，能把承受客体接触处部分结构的物质粘去，破坏其形状特征。承受客体则能够保留造型客体结构形状特征的痕迹，它具有吸附、渗透、可塑、变形等特点。

（4）平面痕迹　平面痕迹是造型客体与承受客体相互接触时，承受客体受造型客体的作用，使表面介质的微粒物增加、减少或色调改变，但客体自身没有发生塑性变形，只呈现出造型客体接触面的外表结构。平面痕迹只有轮廓而无深度。当承受客体的硬度大于造型客体时，或者其硬度虽然相等或较小，但造型客体作用力较小，不足以造成承受客体变形，两客体表面的黏合力、吸附力使两客体表面分泌物增减，平面痕迹又分为加层痕迹与减层痕迹。平面加层痕迹的形成，是造型客体把自身固有的物质或分泌物、附着物遗留在承受客体表面，在承受客体表面形成一个附加层。如汽车在硬路面上紧急制动时形成的轮胎印迹。平面减层痕迹的形成，是两客体相互接触摩擦过程中，造型客体将承受客体表面的细微物质带走，在造型客体表面形成一层附着物。如小轿车和中型客车发生剐擦事故时，中型客车表面的油漆附着在小轿车车身上。

（5）立体痕迹　立体痕迹是造型客体与承受客体发生碰撞事故时，造型客体施加于承受客体上碰撞力，使之形成与造型客体接触面外部形状相对应的有凹凸变化的痕迹。它反映了造型客体接触面在三维空间的立体形象特征。立体痕迹形成条件是，造型客体的硬度大于承受客体，且承受客体具有一定的可塑性，作用力大于承受客体的抗压强度时，使承受客体产生变形形成立体痕迹。例如雪地、松软的土路上的轮胎印痕；人和汽车相撞，人的头部在汽车的翼子板、机盖上形成的人头形状的印迹。

（6）凹陷痕迹　凹陷痕迹的认定结论应符合以下标准：造型客体的遗留部位具备形成现场痕迹的条件是痕迹与样本的形状、大小、凹凸度应吻合一致，质量好的特征位置、形态、相互关系、方向、角度、数量等要一致。差异点应得到科学的解释。凹陷痕迹的否定结论应具备如下条件：痕迹形状、大小、凹凸度不吻合，缺少质量好的特征，少数特征符合具有偶然性。线条状痕迹要满足如下标准：造型客体具备形成现场痕迹的条件，稳定可靠的凹凸线特征吻合，剐擦痕迹横断面的凹凸趋势一致，少数特征的差异应得到科学的解释。

（7）静态与动态痕迹　两者的区别在于两客体相互接触时，接触面是否发生了滑移。静态痕迹是指两客体发生碰撞时，由于作用力垂直或接近垂直，接触面各点处于相对静止状态，没有平面上的相对移动。例如汽车迎面撞在树或电线杆上，在汽车的保险杠或前部形成的树或电线杆的痕迹。动态痕迹是指两客体发生接触时，由于作用力的方向呈锐角，两客体发生碰撞的同时接触面存在相对滑移形成的痕迹。例如，车辆发生同向或相向的剐擦事故及斜角碰撞事故。动态痕迹的形态主要有凹凸线束表现。静态痕迹与动态痕迹是相对而言的，两类痕迹通常是相互联系在一起的，鉴别时应引起注意。

二、痕迹的分别检验法

痕迹的分别检验是对痕迹进行逐个查勘，以发现和确定各自痕迹反映出来的形态、特征和结构等。勘测的正确顺序：先痕迹后客体。分别检验的目的：确定痕迹种类及形成过程，分析形成痕迹和客体条件及接触部位，根据痕迹的性质和结构分析确定痕迹特征，充分利用附着物和遗留物确定造痕部位。

（1）形象痕迹对比法　该法是根据两客体接触部位反映形象痕迹的特征，逐一进行对比鉴别，直接确定接触部位的数据。通过比较检验，分析确定勘测中发现的特征，并查找新的特征。通过对所有特征的对比，确定特征的符合和差异点，分析确定特征的可靠程度。

（2）特征对比法　利用现场周围建筑物、树木、交通设施、电线杆、桥梁等痕迹特征，与车辆损伤部位的痕迹特征进行对比，确定两者特征的形态、位置、大小、方向、角度、间隔及相互关系是否一致。

（3）特征接和法　根据双方肇事车辆痕迹的形态、面积、距地面的高度，借助立体和显微镜、痕迹照片进行对比，观察两者线条的粗细、流向、凹凸、形态、分布等特征是否一致。

（4）特征重叠法　利用现场路面或伤亡人员外衣上遗留的轮胎花纹印痕，与提取的轮胎花纹图案进行比，确定车辆行驶路线及碾轧人体位置。主要用于比较完整、轮廓清晰、没有明显变形的痕迹。进行对比检验时，应着重于两客体接触部位形象痕迹的特征状态，边棱直线、曲线、弧线的长短与角度，凹凸结构状态、缺损、卷边的大小、锐利程度，线条的宽窄、深浅、条线间隔、分布等各痕迹间的相互关系。

三、掌握现场查勘中的照相技术

1. 交通事故照相目的

① 完整客观地反映事故现场环境及状况。照相技术最大的特点是纪实性，它能把影像真实无误地记录下来。由于交通事故现场的特定条件，容易受环境和人为的影响而破坏，影响交通畅通。因此为避免现场受到破坏，在查勘工作开始之前，要用相机迅速记录事故现场的情况，恢复交通。在查勘过程中，要针对各种痕迹物证进行照相，保证证据的效力。照相的真实性与可信性是其他技术不可比拟的，照片的表现力，可以使没有到过现场的人，通过照片即可辨认出发生了什么类型的事故。

② 具体表现现场形态。通过照相将文字记录和现场测绘图不能形象反映的现场真相反映出来，照片应能够把现场的道路环境、路幅宽度、交通设施状况、肇事车辆的型号和号牌、停车位置、视野视距条件、制动距离、尸体位置以及相互关系反映出来。

③ 利用照相技术把事故现场路面和车辆上的痕迹物证完好无缺地拍摄下来，特别是那些不易保存、易消失的痕迹物证。拍摄时要注意表现痕迹的部位、形状特征，供事故分析研究使用。

④ 真实记录车辆的损伤情况。通过照相技术，将车辆的损伤部位和损伤零件的情况记录下来，为确定财产损失和赔偿提供依据。

2. 照相的要求

因为现场照片要作为公正客观地认定事故责任的依据，作为车辆理赔的依据，甚至可能要作为刑事或民事诉讼的证据，所以对现场照相有严格要求，主要有以下几点。

① 现场照相的内容应当与道路交通事故现场查勘笔录和现场测绘图的有关记载相一致。现场照片、现场查勘笔录和现场测绘要能够相互印证、相互补充，有力地证明交通事故的客观情况。

② 现场照相不得有艺术夸张，要客观、真实、全面地反映被摄对象。照片影像要清晰，反差适中，层次分明，客观反映现场的原始状态物体的本来面貌。

③ 拍摄时要求使用标准镜头，以增强真实感。

3. 照相的基本知识

交通事故发生的地点、车辆类型及肇事经过往往不尽相同，现场状况也千差万别，可以说没有完全相同的事故现场。因此，现场查勘中可能会用到不同的照相方法及技术。但是，不管事故现场有多少差别，照相的基本顺序都是，首先拍摄现场的方位，其次拍摄现场概貌，然后拍摄现场的重点部位，最后拍摄现场的细微之处。

另外，根据交通事故现场的特点，在拍摄时应掌握下列原则：先拍摄原始状况，后拍摄变动状况；先拍摄现场路面痕迹，后拍摄车辆、物体痕迹；先拍摄易破坏、易消失的痕迹，后拍摄不易破坏和消失的痕迹。在实际拍摄过程中，要根据现场车辆的损失情况进行照相，并应注意真实性和完整性。

4. 事故现场照相的分类和方法

（1）**现场方位照相** 现场方位照相要求能够反映出事故现场的方位及周围环境的关系，可拍摄表现现场位置的物体，如界碑、里程碑、百米桩、电线杆等。周围环境反应的是，公路类型是城市、乡村或城区公路等；现场地形是山区、平原、桥梁、隧道、交叉路口等；道路线形是弯道、上坡、下坡等。现场拍摄涉及的范围比较广，为明确显示现场的方位，应采用俯视拍摄，可以采用高架梯或借助附近楼房，以表现全场概况。夜间拍摄时可采用大型照明设备，若不具备条件，可封闭道路，等白天拍摄。

(2) 现场概貌照相　现场概貌照片应能够反映出现场范围的大小，现场物体的种类和数量，道路宽度和路面性质，还能反映事故形态和事故损害的后果情况。与方位照相相比，仅限于事故现场的车和物，范围比较小。

根据实际情况，现场概貌的拍摄常用以下几种方法。

① 相向拍摄法：以被摄对象为中心，从相对的两个方向由外侧拍向现场中心，着重反映现场环境与物体痕迹的相互关系，如现场车辆、尸体与两侧路面上的各种痕迹物证。

② 多向拍摄法：以被摄对象为中心，从多个方向向现场中心拍摄，常用于一些重大交通事故，现场痕迹物证比较分散的情况。

③ 侧向位拍摄法：当事故现场范围较大时，即使使用广角镜头也不能拍摄现场全貌，可远距离架设相机，采用平行回转连续照相法拍摄场全貌。

(3) 现场中心照相　现场中心照相的目的是将现场上主要物体和重点部位的特征表现出来，如肇事车辆、接触部位、制动印迹、血迹、尸体等的相互关系。一般现场中心照相所反映的状态特征，随查勘的进行而深入。

(4) 现场细目照相　细目照相的目的是独立反映人、车、物的痕迹、形状、大小等个体特征的物证照相。

细目照相时，可以根据现场拍摄条件及要求移动被摄物体，以达到理想拍摄效果，使照片具有立体感、真实感和质感。拍摄时照相机光轴应与被摄物体垂直。

(5) 痕迹勘验照相　痕迹勘验照相是用来固定、记录现场和人、车、物体上遗留下的各种痕迹，为事故处理、刑事和民事诉讼提供重要证据。交叉运用现场中心照相和细目照相方式拍摄各种痕迹物证，拍摄时为了有效地表示痕迹的长度，应当在被摄物体一侧同一平面放置比例尺或卷尺。

(6) 碰撞痕迹照相　客体碰撞痕迹表现为凹陷、隆起、变形、断裂、穿孔、破裂等特征，拍摄时应根据情况而定。拍摄断裂痕迹时，特别注意断口特征，以区别是撞击断裂还是疲劳断裂。

拍摄破碎痕迹时，应注意拍摄原碎片在现场上的原始状态，以帮助分析确认碰撞接触点。

拍摄凹陷、隆起痕迹时，照片应能够清楚地表现痕迹的形状、大小、深浅、受力方向、颜色、质感、位置等特征。所以要注意光强度及拍摄角度的使用，以利用阴影显示痕迹的特征。一般凹陷越深，入射光线角度越大；凹陷越浅，入射光线角度越小。

(7) 刮擦痕迹的拍照　刮擦痕迹是平面痕迹，没有明显的客体变形。拍摄时光照应均匀，对反差微弱的痕迹，应用微光或反射光拍摄。可以采用滤色镜突出物体色调，加强照片的反差。

(8) 拍摄路面痕迹　路面痕迹是证明车辆、人员在事故中的运动轨迹和状态的可靠依据。拍摄路面痕迹时，要注意拍摄痕迹在路面上的特定位置和起止点到路边的距离，拍摄痕迹的形态、深浅、受力方向及其与造型客体痕迹的相互位置。拍摄路面痕迹时，运用现场中心照相方式，选择合适的拍摄位置，合理构图，清楚表达两客体的相互位置关系。拍摄痕迹物证到路边的距离时，照相机主光轴要垂直于被摄距离，这样才能正确反映被摄距离。运用细目照相方式，选择合适角度拍摄。

5. 照相的用光

照相用的光源可分为自然光源和人工光源两大类。在光的应用上，还分为主光和辅助光两种。交通事故现场照相，由于受时间、天气、季节、环境等的限制，拍摄用光是一个非常重要的课题。在现场痕迹物证照相中，光的强弱变化起着决定性的作用。自然光虽好，但其强度和入射角度是人不能控制的；人工光源使用灵活，但其强度有限，照射面积受到限制。在实际工作中，应当灵活掌握这两种光源的合理应用。

(1) 主光与辅助光　主光即现场主要光源，主光的照明度大，有明显的方向性，对被摄物体影调明暗的分布、色彩的对比、影纹层次的表现都起着重要的作用。主光只能有一个，否则照相中心就会凌乱。主光按入射角度分为顺光、侧光、逆光、半侧光、半顺光。拍摄时应根据现场情况，选择不同的角度布光，以获得理想的拍摄效果。辅助光也叫副光，用来调节主光在造型上形成的亮度差和色差的大小，对主光照明起辅助作用。副光的位置应在主光的对侧，不能出现与主光方向相矛盾的投影。

(2) 光射角度的选择　正面光即主光，即光线的入射方向与被摄方向一致。在主光下，被摄物体能全面受到光线的照射，亮度高，反差不明显，影像平淡，立体感较差。主光能全面表达物体的质感，在现场照相中应用最多。侧光是光线从照相机的左侧或右侧射入，被摄物体形成明显的受光面、阴影和投影。侧光能较好地表现被拍摄物体的层次与线条结构，有利于表现空间深度和立体感。逆光是光线从照相机的对面射入，逆光看不到被摄物体的投影，有利于勾画被摄物体的轮廓线条，有利于表现空气透视现象，能表达空间的深度和环境气氛。逆光还能强调数量，在拍摄重大现场时，可避免前后景物的重叠，使画面富有深度和广度。

(3) 光线强度的变化　光线强度尤其对痕迹显现的影响较大。对深色物体上的微弱痕迹，若光线太弱，痕迹不易显现。而对于那些光滑的物体上的微弱痕迹，若光线太强就会什么也看不到。因此，在运用中，要根据物体上的分射力，灵活掌握光线强度的选择与控制。

6. 车辆检验照相

车辆检验照相的目的：根据道路交通事故鉴定以及车辆保险理赔的需要，运用中心照相和细目照相方式，拍摄车辆的号牌、车型以及车辆碰撞、刮擦损伤的外貌、总成及零部件的损伤情况等。

车辆照相的内容如下。

(1) 拍摄车辆号牌和车型　目的是对事故车辆身份进行确定。不能正面拍摄，应选择合适的角度，一般照射角度与车辆中轴线成30°～45°角。如果车辆前保险杠或号牌损坏，可以先拍摄车辆后部，然后将后面号牌拆下，与前号牌一起放在车前部合适位置拍照。

(2) 车辆外部损伤照相　车辆发生碰撞、刮擦事故后，需要对事故车辆的损伤情况进行拍照记录，为交通事故赔偿及保险理赔程序提供依据。拍照损伤时，应注意拍照的角度及用光，应能正确地反映损伤部位、损伤的程度、损伤涉及的零部件种类和名称。若一个角度不能全面反映出零件的损伤情况，可以选择不同的角度拍摄。

(3) 车辆解剖照相　在车辆估损的过程中，如果仅凭车辆外部损伤照相不能如实反映其损伤程度，就需要对事故车辆进行解体，以查明车辆内部的损伤情况，确定损失价值，通过内部损伤的形成原因，分析确认导致事故的原因。拍照时，应根据事故车辆的损伤情况和解体进度确定拍照的位置和数量，以保证客观、完整地反映事故车辆的损伤情况。

(4) 零件损伤情况拍照　在进行车辆的解体检验过程中，应对零件损伤断面进行检验拍照，目的是确定零件的损坏原因，以确认是否属于保险赔付范围。事故车零件的损坏有以下两种情况：一是因撞击力超过零件的强度而损坏；二是由于自然磨损或零件疲劳造成损坏。第一种属于理赔范围，第二种则不在理赔范围内，因此要认真区分这两种情况。

四、常见的保险欺诈行为及违约现场

1. 保险欺诈

所谓保险欺诈，就是通过虚构保险标的，或伪造、虚构保险事故，或故意扩大、夸大责任事故损失程度等手段，欺骗保险人，以骗取保险赔款，达到非法占有的目的。保险欺诈的手段通常有以下几种。

① 偷梁换柱，私刻公章（一牌多车等）。骗保人私刻公安机关的公章，私自制作虚假的事故证明材料，用来骗取保费。

以下是一个典型的案例：王先生主动来到保险公司为其爱车投保了车损险、第三者责任险、玻璃单独破碎险及不计免赔特约险。在其后的4个月内，他连续3次以不同的理由向保险公司提出索赔。这引起了保险公司核赔人员的警觉，立即对相关事故材料进行进一步审核。结果，在审核王先生提供的事故现场照片时发现了问题，核赔人员对王先生的几次赔案卷宗进行了仔细对照，发现了诸多疑点。例如，他修车虽在不同城市，但三张维修发票的字迹却似乎出自同一人。

三次事故现场的照片中均没有出现第二个人和第二辆车，与真正的交通事故现场明显不符，而且其自拍的事故现场照片太过"完美"。经与交警部门和修理厂进一步核实，得知王先生提供的事故证明材料全部是自己做的，公章则是私刻的。

② 移花接木，虚报冒领。"移花接木"是不法分子骗保的惯用伎俩，一般分为两种手段：一是调换车牌；二是拆卸零件。

③ 一次事故多次索赔。事故车在第一次出险并获得理赔后，没有对事故车进行修复，在事隔一段时间后再制造小的事故并向保险公司报案理赔。这种情况在一些不诚信的保险代理维修点容易发生。

④ 伪造事故，骗取赔款。故意损毁车辆，然后向保险公司报案谎称出了事故，要求理赔。这种情况在老旧车辆上比较容易发生。尤其是进口的老旧车，因为其维修保养费用相对较高，估损难度较大，不法分子利用这个特点容易骗取较高的理赔费用。

⑤ 先出险，后投保车辆。本来没有保险或保险合同已过期，但在发生事故后赶紧上保险，过几天后再向保险公司报案，骗取修车费用。这种情况通常是车主和保险代理点合作骗保。

2. 保险欺诈分析

① 保险欺诈的常见原因有：某些投保人或被保险人的法制观念淡薄；保险人与保险标的在空间上的分离，客观上使保险欺诈成为可能；社会缺乏诚信体系和健全监控机制；同业间的信息交流不畅通；核保核赔缺乏必要的内控机制；高回报产生的强力诱惑。

② 保险欺诈案的特征：投保时间与出险时间非常接近或接近保险期限截止时间；曾多次动员投保未能奏效，却突然上门投保；旧车（老款高档车、配件难买且贵）超额投保；投保险种有针对性选择，且高保额投保；保险合同成立后迟迟不按约定缴费，而突然以现金方式上门主动上缴，或在周末、假日等时间交给业务人员，造成缴费事实后主动报案索赔；事发现场发生在深夜且人烟稀少之地；当事人在事发后立即外出或去向不明；车身严重损坏，而驾驶员或乘客却无受伤或轻伤；提供的单证有涂改，笔迹相似，签署时间过于集中或使用的术语不标准、不规范等；在定损或核赔过程中极易造成协议，假意不计较赔款数额，或假意以打官司相威胁。

3. 保险欺诈的法律责任

根据《中华人民共和国保险法》（保险法）、《中华人民共和国刑事诉讼法》（刑法）等法律的相关规定，保险欺诈属于刑事犯罪行为，相关责任人将会承担相应的刑事责任。法律的相关规定如下。

① 投保人、被保险人或者受益人有下列行为之一，进行欺诈活动，构成犯罪的，依法追究刑事责任：投保人故意虚构保险标的，骗取保险金的；未发生保险事故而谎称发生保险事故，骗取保险金的；故意造成财产损失的保险事故，骗取保险金的；故意造成财产损失的保险事故，骗取保险金的；故意造成被保险人死亡、伤残或者疾病等人身保险事故，骗取保险金的；伪造、变造与保险事故有关的证明、资料和其他证据，或者指使、唆使、收买他人提供虚假证明、资料或者其他证据，编造虚假的事故原因或者夸大损失程度，骗取保险金的。

② 保险公司及其工作人员故意编造未曾发生的保险事故进行虚假理赔，骗取保险金，构成犯罪的，依法追究刑事责任。

③ 有下列情形之一，进行保险诈骗活动，数额较大的，处五年以下有期徒刑或者拘役，并处一万元以上十万元以下罚金；数额巨大或者有其他严重情节的，处五年以上十年以下有期徒刑，并处二万元以上二十万元以下罚金；数额特别巨大或者有其他特别严重情节的，处十年以上有期徒刑，并处二万元以上二十万元以下罚金或者没收财产：投保人故意虚构保险标的，骗取保险金的；投保人、被保险人或者受益人对发生的保险事故编造虚假的原因或者夸大损失的程度，骗取保险金的；投保人、被保险人或者受益人编造未曾发生的保险事故，骗取保险金的；投保人、被保险人故意造成财产损失的保险事故，骗取保险金的；投保人、受益人故意造成被保险人死亡、残疾或者疾病，骗取保险金的。有前款第四项、第五项所列行为，同时构成其他犯罪的，依照数罪并罚的规定处罚。保险事故的鉴定人、证明人、财产评估人故意提供虚假的证明文件，为他人提供诈骗条件的，以保险诈骗的共犯论处。

4. 常见违约现场

（1）酒后驾车出险现场

① 饮酒后驾车。出险现场是指驾驶员在饮酒后驾驶保险车辆发生事故造成损失的现场。

② 法律责任。被保险人及驾驶员的行为违反了《保险法》第三十七条的规定，《道路交通安全法》第二十二条的规定。

③ 事故现场常见现象。驾驶员呈现有饮酒后的特征，道路现场留下的车辆制动拖印较短或没有，追尾碰撞事故居多，撞护栏和路边固定物体的单方事故时有发生，车辆损害程度较大、驾驶员伤亡情况较常见，车辆经常占道行驶或逆向行驶或在道路上不规则行驶等。

④ 现场询问提纲。请你陈述一下事故发生的详细经过？你认为是什么原因造成的事故？发生事故时标的车在执行什么任务？何时何地出发到哪里去？发生事故前用餐否？在哪里用餐？几个人用餐？吃了什么饭菜？饮酒否？（如果是数人喝酒，则要问明是哪些人。）你认识被保险人×××吗？你与他是何种关系？（如果有借车情节，要了解清楚借车的详细经过情况。）

（2）违反装载规定车辆的出险现场

① 违反装载规定。出险现场是指保险车辆违反了国家或行业有关装载规定载货，或超过车辆行驶证上核定的人数载人，增加了保险车辆的危险程度，并发生事故及造成相当损失的现场。

② 法律责任。被保险人及驾驶员违反《保险法》第三十七条的规定，《道路交通安全法》第四十八条、第四十九条的规定。

③ 事故现场常见现象。货车运载有质量较重或体积宽大的货物标的车多为大型拖车、长途货运车及面包车等，在客运高峰期大型客车也常见超载现象。事故车在现场留下的制动

拖印较明显、较宽,事故车车身下沉,轮毂发热,转向系统及制动系统可能出现故障。客运车辆出险现场,常见伤亡,在现场的乘客会较多。

④ 现场询问提纲。对于货车超载的驾驶员:发生事故时标的车在执行什么任务?是谁派你执行任务的?车上装载的是什么货物?货物是什么包装的?货主是谁?谁装的货?装货时你在场吗?何时何地装货启运的?目的地是哪里?货物有多少件?每件多重?共重多少?你驾驶的车上除运货外还载了多少人?(如果超员,则要问乘车的姓名、身份、地址等;如果有人货混装的情况,则要问明坐在货物一起的人员数量、姓名等。)有无该批货物的清单和凭证?能否提供给我们?你认识被保险人×××吗?与他是何种关系?对客车超载的驾驶员:发生事故时车辆在执行什么任务?何时何地出发到哪里?是谁派你执行任务的?车上坐的是什么人?与你是何关系?在哪里上的车?共有多少乘客?分别坐在哪个座位上,请在图上标示出来可以吗?你认识被保险人×××吗?与他是何种关系?

(3) 改变使用性质的车辆出险现场

① 改变使用性质的车。出险现场是指被保险人改变被保险车辆的使用性质,将被保险车辆用于保险合同中规定以外的用途,增加了保险车辆危险程度,并发生了事故及造成了相当的损失的现场。

② 主要表现形式。非营运车辆用于营运活动(非法营运),投非营运险的车辆进行营运活动时发生保险事故(车辆本身属于营运车辆),客车用于货物运输活动,货车用于载客。

③ 法律责任。被保险人及驾驶员违反《保险法》第三十七条的规定,《道路交通安全法》第四十九条、第五十条的规定。

④ 事故现场常见现象。标的车多以货车、面包车为主。以蓝牌小型客车载货的,通常座位已被拆除,司机多为个体运载人员和外地人员,而且司机对乘客的情况姓名等也不太了解。

⑤ 现场询问提纲。对于载货车辆的驾驶员:发生事故时你驾车在执行什么任务?是谁派你执行任务的?运载的是什么货物?货主是谁?何时何地装车的货物?目的地是哪里?你和货主是什么关系?运输这批货物收取多少运费?怎样收取运费的?对于载客车辆的驾驶员:发生事故时你驾车在执行什么任务?是谁派你执行任务的?车上坐的什么人?有几个人?何时何地上的车?目的地在哪里?车上乘客与你是何种关系?他们坐车需向你交多少车费?交费了吗?认识被保险人×××吗?你与他是何种关系?

(4) 未经检验合格的车辆出险现场

① 未经检验合格的车辆出险现场。是指投保人将未经检验合格的车辆向保险公司投保,或在保险有效期内,保险车辆的检验合格期届满,被保险人没有再对车辆安全技术条件进行检验合格却继续使用标的车,致使保险合同失效后发生事故并造成相当的损失的现场。

② 法律责任。被保险人违反了《道路交通安全法》第十三条及保险条款的规定。

③ 事故现场常见现象。标的车多为残旧老款车型及外地车,驾驶证上没有当年年检记录,或年检记录为私自刻章盖制。

④ 现场询问提纲。你驾驶的车每年是何时年检的?你驾车发生事故前车况如何?最近维修保养过吗?该车今年有无到车辆检测部门进行例行检测?有无到车管所年检?

(5) 虚构驾车肇事经历,顶替肇事驾驶员承担责任的现场

① 虚构驾车肇事经历,顶替肇事司机承担责任的现场是指无证驾驶或酒后驾驶被保险车辆的驾驶员在保险车辆发生事故后,找有合法驾驶资格或其他人员顶替其承担责任及处理事故的现场。

② 法律责任。被保险人违反了《道路交通安全法》及保险条款。

③ 事故现场常见现象。多为酒后或无证驾驶，事故现场的特点与酒后驾车及无证驾驶事故的特点相似，驾驶员不能清楚描述事故经过，对车主及被保险人的情况，车内物体存放及车上乘客乘坐位置不太清楚。

④ 现场询问提纲。事故发生时你驾车执行什么任务？该车的车主是谁？被保险人是谁？你与车主是何种关系？你认识被保险人×××吗？你与他是何种关系？该车为何由你驾驶？你驾驶该车多长时间了？平时该车由谁驾驶？该车是什么车辆？车况如何？最近维修情况？有无办理年检？发生事故的详细经过？（何时从何地到哪里？干何事？几个人？什么人？坐的位置？车速及车辆损失情况等。）

（6）无驾驶证或年审过期后驾车出险的现场

① 无证驾驶车辆或年审过期后驾车出险现场是指无车辆管理部门核发的合格驾驶证件的驾驶员，或有驾驶证但没有经必要年审的驾驶员驾驶被保险车辆发生事故，并造成相当损失的现场。

② 法律责任。被保险人及驾驶员违反了《保险法》第三十七条的规定，以及《道路交通安全法》第二十三条、第二十九条的规定。

③ 现场常见现象。驾驶员情绪紧张，驾驶员可能谎称没带驾驶证，事故现场比较异常，驾驶证上没有当年年审记录。

④ 现场询问提纲。你有无驾驶证？准驾车型是什么？何时考的驾驶证？哪里考的驾驶证？驾驶证有无年审？何时年审的？

（7）不是被保险人允许的驾驶员驾车出险的现场

① 不是被保险人允许的驾驶员驾车出险的现场是指驾驶员在未征得保险人允许的情况下驾驶被保险车辆发生事故并造成相当损失的现场。

② 法律责任。被保险人违反了《保险法》第十二条的规定，保险人不承担第三者责任保险的责任，保险人对标的车损坏的损失赔偿后可能有条件行驶代位追偿权。

③ 事故现场常见现象。驾驶员对车主及被保险人的情况不太了解，可能刻意隐瞒车的来历，驾驶员可能隐瞒驾车执行何任务时发生事故并造成相当损失的现场。

④ 现场询问提纲。该车的车主是谁？被保险人是谁？你与车主或被保险人是何关系？该车为何由你驾驶？被保险人知不知道你驾驶该车？有没有经过他的同意？你驾驶该车发生事故时在执行什么任务？

（8）套牌车辆发生事故后报出险的现场

① 套牌车辆发生事故后报出险的现场是指保险标的车为无牌车辆或套用其他车辆牌照并发生事故及造成相当损失后的现场。

② 法律责任。发生事故现场的车辆为不合法车辆，也不是保险标的车，是有人套用标的车牌照冒充保险车辆使用，企图出险后获得赔偿，这是保险诈骗行为，行为人违反了《刑法》第一百九十八条的规定，可能构成刑事犯罪。保险公司对此套牌车发生的事故及造成的损失依法不承担责任。

③ 事故现场常见现象。套牌车辆多为载货车、拖挂车和外地车辆，事故车车架号和发动机号字体不正规、不清晰，行驶证印制得较为粗糙，是伪造证件。

④ 现场询问提纲。该车的车主和被保险人分别是谁？你和车主及被保险人是何关系？该车是何时何地购买的？购置价格是多少？何时何地上的车牌？

（9）人为故意制造假事故的现场

① 人为故意制造假事故的现场是指被保险人或其他人员在被保险车辆没有发生保险事

故的情况下，人为故意制造事故，并造成损失的现场。

② 法律责任。行为人违反了《刑法》第一百九十八条的规定，以及《保险法》第二十八条的规定，可能构成犯罪，保险公司依法不承担责任。

③ 事故现场常见现象。车辆多为老款残旧的进口车型，事故时间多为深夜和凌晨时分，事故地点多为偏僻少人的道路及空地，车损部位和痕迹不吻合，地上车身的残片往往不能拼凑成型，有气囊爆裂，无异味和高于常温的情况，气囊的接头也有异常，离碰撞部位较远的部位也有损伤，事故车身上往往有旧的痕迹和锈迹，或有现场不存在的漆印，事故道路上很少有制动拖印，事故现场附近停有无关车辆，驾驶员多为有多年驾龄的司机，驾驶员故意表现出急躁情绪，对事故经过很难描述清楚或虚构情节，事故中很少有人员受伤，如是双方事故存在揽责和推卸责任的情况。

④ 现场询问提纲。驾驶员的身份（驾驶证身份证行驶证）是什么？车主及被保险人的姓名等情况？你与车主×××及被保险人×××是何种关系？该车为何由你驾驶？事故的详细经过？（何时何地到哪里去？做什么？车上坐有几个人？车速多少？什么情况下发生的事故？当时采取了何种措施？车损部位等。）

（10）标的车进厂修理期间出险现场

① 标的车进厂修理期间出险现场是指被保险人或车辆的使用人将被保险车辆送至修理厂维护修理期间，修理厂人员及相关人员驾驶该车发生事故并造成相当损失的现场。

② 法律责任。行为人违反了《保险法》第三十七条、第十二条的规定，标的车进厂修理期间发生事故造成的损失保险人不承担责任。

③ 事故现场常见现象。驾驶员多为修理厂修理人员，除了现场碰撞痕迹外，还有其他修理期间出现的特征，驾驶员可能刻意隐瞒修车事实。

④ 现场询问提纲。车主姓名及被保险人姓名是什么？你与车主×××及保险人×××是何种关系？该车为何由你驾驶？车主允许你驾驶该车出厂吗？该车是何时进厂维修的？什么原因进厂维修？该次事故发生前该车修理情况怎样了？当时维修费用预计多少？

（11）被保险人失去保险利益后的标的车出险现场

① 被保险人失去保险利益后的标的车出险现场是指在保险合同有效期内，因将保险车辆转卖、转让、赠送他人等，导致被保险人对保险标的不再享有法律上承认的利益，也不再因保险标的的损坏而遭受任何经济损失，即对保险标的失去了保险利益，而被保险人未将标的车的保险利益同时转让，未经保险公司批改的标的车在新产权所有人使用时发生事故并造成相当损失的现场。

② 法律责任。根据《保险法》第三十四条的规定，保险人不承担责任。

③ 事故现场常见现象。事故现场的标的车驾驶员对车主和被保险人的情况不太了解，行驶证上的车主姓名可能已更改，与保单上行驶证的车主姓名不同。

④ 询问提纲。该车车主姓名及被保险人姓名是什么？你与被保险人×××是何种关系？该车原行驶证上的车主是谁？你是何时何地取得该车所有权的？你是以多少价钱购买该车的？当时有无签订相关的车辆转让协议书？被保险人是否将该车的保险单随车一起转让给你？

（12）非亲属或家庭共同生活成员借用被保险人车辆出险的现场

① 非亲属或家庭共同生活成员借用被保险人车辆出险的现场是指除被保险人的亲属和家庭成员以外的第三者借用保险车辆时发生事故并造成损失的现场。

② 法律责任。《保险法》第四十五条规定：因第三者对保险标的的损害而造成保险事故的，保险人自向被保险人赔偿保险金之日起，在赔偿金额范围内代为行使被保险人对第三者

请求赔偿的权利。

③ 事故现场常见现象。事故现场的标的车驾驶员对车主和被保险人的情况不太了解，驾驶员不愿将事故情况告诉被保险人。

④ 现场询问提纲。车主姓名及被保险人姓名是什么？你和车主×××及被保险人×××是何种关系？该车为何由你驾驶？你是何时何地借到该车的？向谁借的？借车时有无办理租借手续？被保险人×××有无告知你车况及用车注意事项？有无约定还车时间？

（13）标的车在进行违法活动车辆出险现场

① 标的车在进行违法活动车辆出险现场是指被保险人或车辆的使用人利用保险车辆作为其实施违法活动的工具，导致增加危险程度而发生事故的现场。

② 法律责任

被保险人或其授权人或有关人员违法了《保险法》第三十七条规定。

③ 事故现场常见现象。标的车驾驶员神情紧张，不能清楚描述事故详细经过，事故现场表现出异常，如在实施盗抢活动中出现，在打架斗殴过程中出现等。常伴有车辆驾驶员酒后驾驶的情况。

④ 询问提纲。车主姓名及被保险人姓名是什么？你与车主和被保险人是何关系？事故的详细经过是什么？从哪里出发去哪里？执行什么任务？期间曾发生何种性质的事件？该车为何由你驾驶？车上坐有几个人？何时何地上车的？他的详细姓名，工作单位是什么？

需要注意的是，有些事故并不一定是恶意行为，可能是有难言之隐。不要把任何人、任何事故都当虚假事故来办，保险公司查勘员应该站在保户的立场来判断事故。要正确地引导保户详细介绍事故经过和相关情况，这才是保险公司查勘的主要目的。

第三节　现场查勘流程和查勘报告写作要求

一、现场查勘流程

现场查堪的控制目标如下。

① 快速查勘、准确掌握事故起因。

② 列明损失项目、估损金额。

为达到这些目标，应遵循科学的现场查堪流程（图4-3-1）。

在这个流程中，有如下几个关键的控制点。

① 组织现场施救：协助组织施救，减少保险财产损失。

② 拍摄现场照片：不仅拍摄事故现场全景，而且还应有保险标的受损和反映局部损失的照片，如财产的标的、类型、受损程度，尽可能反映出灾害源（例如起火点）。对于车辆的损坏项目要逐一拍照，散落的零件要放在车头一起拍照。

③ 初定事故责任：根据查勘情况，初定是否属保险责任。任何情况下，尚未了解清楚之前，查勘人员切忌主观武断，轻易表态，以免给理赔工作造成被动。

④ 初定损失项目和金额：对受损程度及类型分别清点，估计受损物件数量及残值，要求被保险人提供"财产损失清单"并要求被保险人签章。对于财产险类业务，查勘时尽快查看被保险人的会计账册资料，掌握投保时与出险当时的各项账面数据。如必要时，可视情况封存账册。

⑤ 绘制现场草图及询问笔录：重大赔案要绘制现场平面草图，并走访相关人员，做询

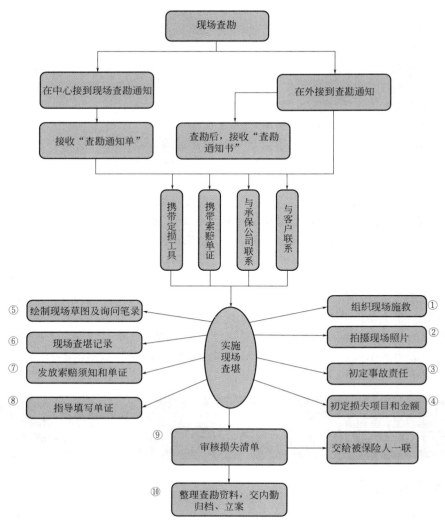

图 4-3-1 科学的现场查堪流程

问笔录。询问笔录一定要有被询问人签字或盖章。

⑥ 现场查勘记录：报告内容要全面准确，书写符合要求。

⑦ 发放索赔须知和单证：明确告知被保险人索赔应提供的单证，如事故证明、事故报告等。

⑧ 指导填写单证：要求详细、准确填写并要求签字或盖章。

⑨ 审核损失清单：对被保险人提供的"财产损失清单"逐项核对。

⑩ 整理查勘资料，交内勤归档、立案：整理查勘收集到的证据、查勘笔录，一并交给内勤人员归档。提示：查堪中可能用到的相关单证有"查勘通知单"和"查勘报告"。

二、查勘报告写作要求

1. 查堪报告简介

查勘报告是查勘人员在对整个保险事故进行全面的调查之后，得出的一个具有较强专业性的事故情况报告。对于专业查勘公司而言，查勘报告就是其产品，就是其服务和技术水平的体现，也反映了报告制作人的技术水平。目前，我国的大多数保险公司在机动车辆保险理赔方面还没有采用规范的查勘报告模板，检验、定损和理算工作是由现场查勘报告、定损单和理算书等完成及体现的。这种方式的缺点是缺乏系统性和完整性，而且均属于保险公司内部动作的范畴。这显然不能适应社会发展的需要，被保险人不希望被动地接受保险公司的理赔结果，而希望了解赔案处理的过程和依据，这就需要通过一个规范的查勘报告，最好是第三方的检验报告来记录和反映整个赔案的情况及赔款计算的依据，以体现查勘保险合同的公平性。推行查勘报告制度不但可以减少不必要的合同纠纷，同时，还将对我国保险公估行业的发展起到积极的推动作用，促进保险市场的进一步完善。因此，在机动车辆保险业务逐步推行查勘报告制度不仅是为了更好地维护被保险人的合法利益，也是提升我国机动车辆保险业务管理水平的需要。

2. 查勘报告的基本要求

查勘报告的基本要求是真实性、专业性和规范性。

（1）查勘报告的真实性　真实性是对查勘报告的最基本要求。查勘报告是保险赔案理算的主要依据，所以它必须能够真实地反映事故情况，这是最基本的要求。为了体现真实性，查勘报告应当全面、具体和完整地反映案件情况。也就是说，查勘报告应对事故的相关细节予以详细地记载和描述，如出险的时间、地点和经过，涉及的有关人员和责任等，这些细节的相互吻合和印证是体现真实性的一个重要的特征。

对于作为第三方查勘人的公估公司，提供查勘报告的真实性还有更深一层含义。对于公估公司而言，查勘报告就是其产品，必须对其真实性承担法律责任。一旦保险公司因查堪报告缺乏真实性而进行了错误的赔付，就有权要求公估公司予以赔偿。同时，查勘报告的真实性也是公估公司的信誉体现和生存的关键。

（2）查勘报告的专业性　专业性是指查堪人员不能只是一名普通的目击者，而应当用专业的眼光对事故进行观察和分析。查勘报告应从车辆、法律和保险专业的角度体现事故现场调查的结果，并根据调查的情况进行专业的分析，从而得出科学的结论。查勘报告应做到：利用汽车设计、制造和修复的专业知识，能够对事故的可能原因、损失程度、修复方案以及修复费用进行科学的分析，得出正确的结论；利用与交通事故处理相关的法律法规专业知识，对被保险人在事故中应当承担的责任、损失赔偿的合理程度以及对于有责任的第三者进行追偿等进行分析和判断；利用保险专业知识，正确地认定保险责任，确定保险损失，计算保险赔偿费用。

（3）查勘报告的规范性　规范性是指查勘报告应采用标准化格式，以确保查勘报告能够满足保险人和被保险人的基本要求。标准化格式还有利于规范化查勘人员的现场查勘及后续的工作程序。

查勘报告通常可以采用两种标准格式范本：一种是用于普通的简单案件的范本；另一种是用于一些重大和复杂案件的范本。

3. 查勘报告的基本内容

查勘报告的内容可能随着案件类型的不同、公司的不同或查勘人员的不同而有所不同。但是，查勘报告规范化的特点要求其基本内容必须基本相同。通常，查勘报告应包括以下几个方面的基本内容。

（1）保险合同的基本情况　包括保单号、投保险别（基本险和附加险）、被保险人、保险金额（保险价值）和赔偿限额、免赔额和保险期限等。保险车辆的基本情况，包括车辆的品牌和型号、车辆的载客数或吨位、车辆颜色、车辆牌照号码、发动机号码、车架号和里程表数等。驾驶员的基本情况，包括驾驶员的姓名、性别、年龄、驾驶证件发放的机关、驾驶证件的号码、准驾车型、初次取得驾驶证的时间和以往的肇事记录等。

（2）事故发生和处理的经过　出险时间，出险时的天气状况，出险地点以及周围情况，事故现场情况，事故原因描述，施救情况。

（3）损失情况　对于损失情况的描述应尽可能采用图示，同时对于损失情况的表述应尽可能采用规范措辞，包括对部件名称、损失程度的描述都应统一用词。对于重大案件，初步查勘报告可能暂时难以确定准确的损失金额，查勘人员应当根据经验估计最大可能损失，作为保险人提取未决赔款准备金的依据。

（4）修理方案及修复情况　同样使用专业的统一用词。

（5）保险责任的认定　查勘人员应在事故进行全面的调查之后，对照保险条款进行保险责任的认定，确认事故是否属于保险理赔范畴。对于保险责任的认定是体现查勘人员水平的一个重要方面。专业公司的查堪人员在出具查堪报告时，更应当从技术的角度对事故的原因进行分析，并对照保险合同条款，判定应承担相应的职业责任。

（6）有关追偿问题　如果事故损失存在有责任的第三方，查勘报告中应当明确提出向责任方追偿，以及追偿的依据和追偿的可能。交通事故通常与人、车、路有关，尽管大多数情况下是由人为因素和道路条件引起的，但也不能完全排除车辆质量问题导致事故的可能性。

例如，国家质检总局从2004年就开始对有安全隐患的汽车实行召回，如果发现事故车已经在国家发布的召回目录中，就应当留意该事故是否与被召回的车辆缺陷有关。如果发现事故可能与汽车质量问题有关，应注意采集相关的证据，并建议保险公司向责任方追偿。

第四节 现场查勘案例

一、现场查勘案例一

1. 案例简介

该案发生在2006年7月31日中午11:50分，事故原因是由于驾驶员倒车时不慎，造成后保险杠左侧部位与墙壁相碰，保险杠损坏。经保险公估人员进行现场查勘后，确定为保险理赔事故。

2. 现场查勘全过程

进行现场概貌照相，现场概貌照相应能够反映现场范围的大小、现场物体的种类和数量、道路宽度和路面性质，还能反映事故损害后果。

3. 进行现场中心照相

现场中心照相的目的是将现场中心主要物体和重点部位的特征表现出来，现场中心照相所反映的状态特征，应能够随查勘的进行而深入。

根据该案的特征，使用现场中心照相方法，从两个方向拍摄出主要物体（汽车和墙壁）相碰的位置，并充分反映出碰撞接触部位以外未受损的部位。通过这组现场中心照相，给进一步进行深入查勘提供了有效证据（图4-4-1）。

4. 进行现场细目照相

现场细目照相的目的是独立反映车辆痕迹及物证的形状、大小等个体特征。

细目照相时，可以根据现场拍摄条件和要求移动被摄物体，以达到理想的拍摄效果，使

图 4-4-1　现场中心照片

照片具有立体感、真实感、质感。

细目照片就是按细目照相的目的和要求拍摄，它们分别反映了进一步深入查勘阶段的工作要求。图 4-4-2(a) 反映了造型客体上的损伤部位的痕迹、形状和大小；图 4-4-2(b) 反映了距损伤部位最近的未受损的部件；图 4-4-2(c) 反映了承受客体上的痕迹物证。

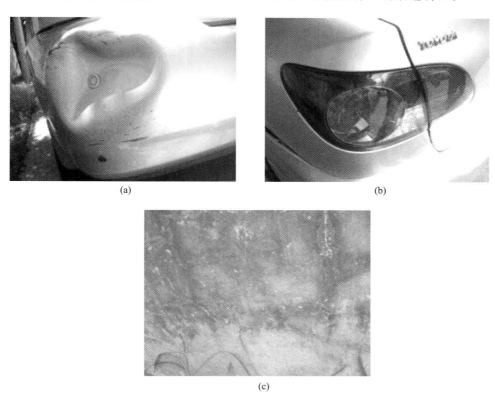

图 4-4-2　一组细目照片

5. 进行两客体关系照相

两客体相互关系照相是现场查勘中的重要环节，其主要目的是真实反映客体在现场中的原始记录，同时体现真实性和完整性（图 4-4-3）。

查勘人员应测量造型客体与承受客体之间痕迹物证的距离、高度，损伤部位上下碰撞痕迹与墙壁之间的痕迹接触位置是否吻合。在两客体碰撞部位较多时，该项工作显得尤为重要。

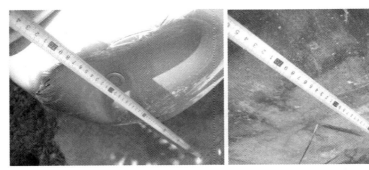

图 4-4-3　客体关系照片

6. 辅助照相（证件照相）

辅助照相的目的是了解被保险车辆的基本情况（即是否具有保险利益），主要包括以下三个方面内容。

（1）保险合同的基本情况　如保单号、投保险种（基本险和附加险）、被保险人、保险金额和赔偿限额、免赔金额和保险期限等。

（2）被保险车辆的基本情况　如车辆的品牌和型号、车辆的载客数或者吨位、车辆颜色、车辆的牌照号码、发动机号、车架号和里程表数等。

（3）驾驶员的基本情况　如驾驶员的姓名、性别、年龄、驾驶证件发放的机关、驾驶证件的号码、准驾车型、初次取得驾驶证的时间以及肇事记录等。

图 4-4-4（a）是对驾驶证的拍摄，图 4-4-4（b）是对行驶证的拍摄，图 4-4-4（c）是对保险卡的拍摄。两证一卡的拍摄是保险理赔中的重要文件之一，也是保险理赔的法律依据。所以，在拍摄过程中，要注重完整性和独立性。图 4-4-4（d）是对车架号码的拍摄，汽车的车

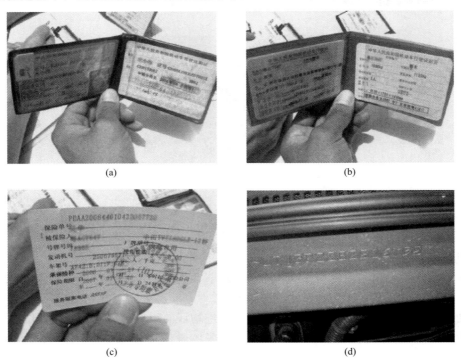

图 4-4-4　现场查勘中的一组辅助照片

架号必须与行驶证中的车架号相符，这是认定标的理赔的一个重要依据。

7. 填写车辆事故现场查勘记录表

车辆事故现场查勘记录表中应清楚地填写查勘工作中发现的主要事项。对于一个有效的记录表，应按表格中规定的内容填写完整，不漏项、不错字，字迹清楚。在填写事故经过和损失部位情况时，词句要准确，通俗易懂，不能用诸如"较近""不远""可能""大概""不轻"等模棱两可的词句和不确切的字样（表4-4-1）。

表 4-4-1 车辆事故现场查勘记录

保险车辆	被保险人	路××	电话号码	××××××××××
	交强险保单号	××××××××××	商业险保单号	××××××××××
	报案编号	××××××××××	车牌号码	××××××××
	厂牌型号	桑塔纳×××××	车架号码	××××××××
	发动机号	××××××	初次登记日期	2006年11月20日
	保险期限	自2013年9月11日零时起至2014年9月10日二十四时止		
	使用性质	□家庭自用　□非营业　□营业　□摩托车、拖拉机　□特种车		
驾驶员	姓名	王×	联系电话	××××××××××
	驾驶证号	××××××××××××××	初次领证日期	2006年10月20日
	准驾车型	C1	指定驾驶员	□是　□否
出险时间		2013年10月11日13时11分	第一现场	□是　□否
出险地点		山西省太原市×××	查勘地点	山西省太原市×××
赔案类别		□一般　□特殊　□重大　□外地委托查勘　□电销		
出险原因		□碰撞　□倾覆　□坠落　□火灾　□爆炸　□自燃　□外界物体坠落　□倒塌 □雷击　□雹灾　□暴雨　□洪水　□地陷　□其他_____		
涉及险种		□交强险　□车损险　□商业三者险　□盗抢险　□车上人员责任险　□附加险		
事故责任		□全部　□主要　□同等　□次要　□无责　□单方		
三者信息		×××××××捷达车	三者交强险承保公司	××××
			联系电话	××××××××××
伤亡人数		车上人员:伤/人;亡/人	三者人员:伤/人;亡/人	

查勘意见:(意故经过、保险责任认定、事故大致损失情况)
　　上述时间、地点,王×驾驶标的车不慎与三者车追尾,造成标的车前杠破裂、水箱框架变形、水箱漏水。三者车后杠破裂、后围板变形
　　交警现场认定标的车驾驶员王×负此次事故的全部责任,要求其承担两车损失。
　　经现场查勘,标的车顺向行驶,追尾前车。地面刹车痕迹明显,碰撞碎片撒落在地,标的车防冻液遗漏大半,无法正常行驶;经询问标的车驾驶员,该事故是因为驾驶员着急上班,慌乱中操作不当追尾前车;三者驾驶员情绪激动,要求尽快赔偿;经查验,双证合格。据此,可以认定此次事故属实,构成保险责任

查勘员签字:李×　李×
2013年10月11日

事故估损总金额6000元,其中,车损险4000元;三者险2000元;其他险种0元

施救方式:拖车施救　施救起止地点:山西省太原市×××至太原汇众×××××××
施救距离:5千米

施救金额(请列明计算公式):市区内,小型车辆施救,200元整

8. 案例分析

我们针对该案例作一个简要的分析，如下所示。

(1) 是否存在着"假案"因素

① 疑点一：从现场拍摄的细目照片中，不难看出保险杠损伤部位有剐擦的旧痕，用新痕迹掩盖旧痕迹一般是很难做到的，在事故现场查堪记录表识别假案中查验旧痕是主要手段之一。

② 疑点二：该车的保险卡中明确保险日期是2006年7月27日投保，而事故发生日期是2006年7月31日，也就是说投保4天后发生损伤事故，可以考虑是否存在着投保后故意造成本案，以达到修复旧的保险杠的目的。

(2) 不构成"假案"，实属保险责任

① 证据一：从该车的行驶证可以看出其发证日期为2005年8月5日，从2005年8月～2006年7月31日前，该车运行时间有一年，从时间方面来看，由于某种原因造成保险杠局部有剐擦痕迹是很有可能的。从发证日期到年审日期，购买下一个年度的保险是符合要求的，所以，前后两个年度均购买保险的车辆，没有必要用假案来骗保。

② 证据二：受损部位没有二次碰撞痕迹。

③ 证据三：从现场概貌照相中，可以很清楚地看出，现场车辆摆放方位是符合摆放要求的。通过案例分析我们不难看出，查勘人员不但要具备丰富的实践经验和熟练的查勘技术，更重要的是要具备清晰的逻辑思维和科学的分析问题能力。

二、现场查勘案例二

1. 案例简介

该案发生在2016年8月9日19：50分，事故原因是驾驶员在某地下停车场内停车时，因转弯不慎，造成被保险车辆左部多处与水泥柱相剐受损。经保险公估人员进行现场查勘后，确认为保险责任理赔事故。

2. 现场查勘全过程

(1) 进行现场方位照相　现场方位照相要求能够反映出事故现场的方位与周围环境的关系。可通过拍摄表现现场位置的物体（如界碑、水泥柱、交通护栏、电线杆等）来显示现场的方位，以表现现场概况（图4-4-5）。

图 4-4-5　事故现场方位照相

这些照片是根据该案的特征，以主要受损部位为基准进行拍摄的，将事故车与承受客体（柱子）之间的关系，从前后两个方向拍摄事故车方位。拍摄时把周围环境与事故现场进行了非常理想的处理，如左右两方向的车、物、灯光等。

(2) 进行剐擦痕迹照相　剐擦痕迹照片如图4-4-6所示。

剐擦痕迹是平面痕迹，没有明显的客体变形，为达到理想的拍摄效果，拍摄时照相机光

图 4-4-6 剐擦痕迹照片

轴应与被拍摄物体垂直。该案的主要特征之一是剐擦，而不是碰撞，所以，拍摄剐擦痕迹是取证的主要手段。利用剐擦痕迹照相方法取代细目照相方法，以达到两全其美的效果。

（3）进行痕迹勘验照相　痕迹勘验照相用来记录现场人、车、物上的各种痕迹，以便为事故处理提供重要证据。痕迹勘验照相需交叉运用现场中心照相和细目照相的方法对各种痕迹进行拍摄。为了有效地表示痕迹的长度，应当在被摄物体的另一侧平面上放置比例尺或卷尺（图 4-4-7～图 4-4-9）。

（4）辅助照相　辅助照相的目的是为了解被保险车辆的基本情况（即是否具有保险利益），其主要内容与案例一中所提到的一样。辅助照片如图 4-4-10 所示。

（5）填写车辆事故现场查勘记录表　与案例一一样，车辆事故现场查勘记录表中应清楚地填写查勘工作中发现的主要事项。

本案例的现场查勘记录内容如下：2016 年 8 月 9 日 19：50 分左右，驾驶员李××驾驶

 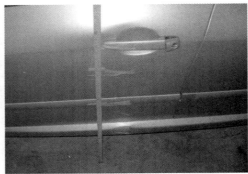

图 4-4-7　第一组痕迹勘验照片

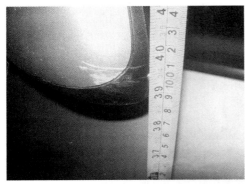 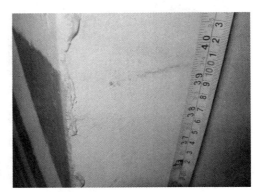

图 4-4-8　第二组痕迹勘验照片

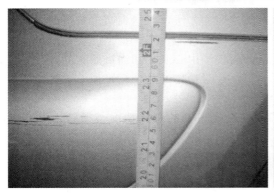 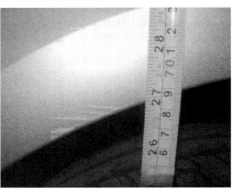

图 4-4-9　第三组痕迹勘验照片

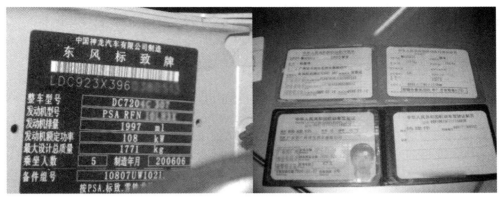

图 4-4-10 辅助照片

标的车在×××车场内,因转弯不慎左侧剐到柱子。造成标的车左后翼子板、左前门、左前门把手、左下裙、左前后视镜、左前翼子板、左前保险杠受损。

注意: 移动现场,请标的车 48h 内定损。

(6)案例分析 本案例事故发生在停车场内,虽然不属于交通事故,但也属于保险责任事故。只要是保险责任事故,都要严格按照程序进行查勘,因为它涉及保险责任和保险合同双方的权益。不属于交通事故的保险责任,也有主次责任之分,如何界定主次责任是现场查勘的重要内容之一。

第五节 车辆损伤鉴定

事故查勘的另一个重要任务就是对车辆本身的损伤情况进行初步鉴定。要想对事故车的损伤情况进行彻底查勘和精确分析,有时要借助一些专用工具和仪器,并且要遵循规范的检查顺序。对于损坏比较严重的汽车,损伤鉴定工作可能非常复杂,如果不按照规范的检查步骤,就很难做到准确无误。

一、估损人员的工具

估损人员在估损时常用的工具如下。

(1)记录信息的工具 可以用铅笔和笔记本记录车辆的损伤情况,也可以用口述的方式将损坏情况记录在录音机或 MP3 等录音设备上（随后再做进一步处理），或者直接记录在手提电脑等设备上。

（2）查询配件信息的手册和软件　可以是原厂配件手册、第三方手册（如米切尔配件手册）或估损软件（如中车在线网络估损系统），以便查询配件信息和关键的车身尺寸。

（3）必要的测量工具　钢卷尺和量规。

（4）举升设备　估损人员应当能够自己操作举升机或千斤顶，对车辆进行正确的举升操作。对于较严重的碰撞事故，一般都要将车辆举起检查车身底部。

（5）常用的手动工具　估损人员应当能够熟练使用扳手、改锥和钳子等常用工具。查堪估损时通常需要拆卸一些损坏的配件以便做进一步检查，因此需要经常使用这些工具。

二、检查程序

除知识和工具之外，估损人员还应该有一套科学的损伤检查方法，这对于受损严重的事故车尤其重要。估损时如果不遵循规范的检查程序，很容易遗漏一些受损件或维修项目，或者对同一项目重复计算，制作出的估损单就会错误百出，其结果是使保险公司受损，或产生不必要的争端，同时也给自己的声誉造成不良影响。科学规范的检查程序可以最大限度地减少估损单中遗漏或重复的项目，保证估损单的准确性，同时还最大限度地减少了将来对估损单进行增补的可能性。

在北美洲，事故查堪和估损中最常用的规范程序就是"区位检查法"。它最早是由美国汽车厂和汽车碰撞维修国际工业委员会（I-CAR）共同创立的，在北美洲已经应用多年，其科学性和有效性已得到充分验证。该方法按碰撞损坏规律把汽车分为五个区位。

一区：直接受到碰撞的部位，也就是直接损伤部位。

二区：间接损伤的其他车身部位。

三区：机械零部件，包括受损的动力传动系统和附件等机械件。

四区：乘员舱，包括乘员舱内受损的内饰、灯、附件、控制装置和漆面等零部件。

五区：车身外部件和装饰件。

在对事故车进行估损时，应当从一个区位到另一个区位逐个地仔细检查，同时按顺序记录车辆的损伤情况。无论是用区位检查法还是其他方法，在检查事故车时都应遵循以下顺序。

从前到后：从事故车的前面往后面依次检查，但对于后端碰撞，应当从后到前检查。

从外到内：先查看外部零部件的损坏情况，如装饰件，然后再检查内部结构件和连接件的损坏情况。

从主到次：先查看主要分总成的损坏情况，然后再查看小器件和其他附件的损坏情况。

在查堪事故车时，估损人员还要注意非原厂配件。这些配件在原厂配件手册、第三方配件或估损手册中一般都查不到。另外，还要注意事故车先前损坏的痕迹，例如，明显与本次事故无关的凹痕、弯折和锈蚀，对于这些先前损坏保险公司是不予理赔的。根据车辆保险合同，保险公司只有义务将车辆恢复到本次事故之前的状况，而其他任何损坏的维修费用应当由车主自己承担。可以在估损单之外建立一个自付费项目表。虽然这不是损坏分析的一部分，但有助于避免以后因维修费用发生争议。

1. 一区：直接损伤

区位检查法的第一步是对直接碰撞部位进行直观检查，列出碰撞点的直接损伤情况。直接损伤情况因车辆结构、碰撞力度和角度的不同而不同，还受到一些其他因素的影响。多数情况下，直接损伤会导致板件弯折、断裂和部件损坏，直接损伤直观明了，一般不需要测量。在检查一区时，首先应检查外部装饰件、塑料件、玻璃、镀铬层以及外板下面的金属材料（图4-5-1）。

图4-5-1 一区包括直接碰撞点附近的所有直接损伤

对于前部碰撞，一区应检查的项目通常包括但不限于前保险杠总成、格栅、发动机罩、翼子板、前车灯、玻璃、前车门、前车轮、油液泄漏。

对于后部碰撞，一区应检查的项目通常包括后保险杠总成、后侧围板、后备厢盖、后车灯、玻璃、后车轮、油液泄漏。

对于侧面碰撞，一区应检查的项目通常包括车门、车顶、玻璃、立柱、前车身底板、支撑件、油液泄漏。

在列出受损的外部板件和部件后，有时要将事故车举升起来，检查以下部位的损伤情况：车身底部板件、发动机支架等支撑件、结构性支撑、横梁和纵梁。

为了检查哪些部位受到损伤，应当查找以下线索或痕迹。

① 缝隙。
② 卷边损坏。
③ 裂开的焊点。
④ 扭曲的金属板。

一定要密切关注结构横梁，因为车辆的强度取决于所有结构件的状况。在修复事故车时，必须对所有的小裂缝、划伤或裂开的焊点进行适当的修理，这样才能保证车辆性能恢复到设计要求。

按从前到后、从外到内的顺序，在估损表或维修工作单中列出所有直接受损的零部件。在此过程中，可以参照原厂配件手册、第三方估损手册或相关的估损软件，查找正确的零件分解图、名称、编号以及板件的焊点位置，这样有利于防止遗漏。

2. 二区：间接损伤

间接损伤发生在一区以外，与碰撞点有一定的距离。车辆在碰撞时，碰撞力会沿着车身向各个方向传递，从而引起间接损伤。也就是说，碰撞力在从碰撞点向邻近区域扩展过程中，将被邻近的板件吸收，对这些相邻的板件产生损害。碰撞力扩展和间接损伤的范围取决于碰撞的力度和角度，以及车身纵梁和横梁吸收碰撞力的能力。为了在事故中保护乘员，许多承载式车身中都设计了一些吸能区，可以在碰撞中产生变形，吸收碰撞力。这些吸能区通常会在碰撞中产生间接损伤。动力传动系统和后桥的质量也会引起间接损伤。当汽车由于碰撞突然停止时，这些重型机械零部件在惯性作用下继续前移，对其支座和支撑构件产生一个强大的惯性力，从而造成相邻金属件变形、划伤或焊点开裂。因此，对于比较严重的事故，一定要仔细检查悬架、车桥、发动机和变速器的支撑点。

查找间接损伤不是一件容易事。有些间接损伤通过一些看得见的损坏痕迹就能够找到，但很多间接损伤通常需要通过测量和分析才能确认（图 4-5-2）。

图 4-5-2　二区包括车身其它部位可能发生的间接损伤

（1）间接损伤的直观痕迹　通常，以下变形痕迹预示着事故车可能存在一些间接损伤或隐蔽损伤。

① 板件产生皱褶或变形。
② 油漆产生褶皱或裂纹。
③ 板件之间的间隙变得不均匀。
④ 接缝密封裂开。
⑤ 焊点断开。

这些线索通常可以帮助我们查找到哪些部位可能受到间接损伤，例如在查勘前部被撞的事故车时，可以查看翼子板、发动机罩和车门等板件之间的间隙是否不规则。车辆后部也可能受到间接损伤，以至于后备厢盖或背门无法打开和关闭。

对于严重的前部碰撞，应当查看 A 柱上部与车门窗框前上角之间的缝隙是否增大，比较左右两边的缝隙。如果缝隙变大，说明前围板向上推动了立柱，并且可能已使车顶受损。

在严重碰撞事故中，B 柱正上方的车顶板常常会产生褶皱。对于装有天窗的车辆，还要检查天窗窗框的各个边角是否有变形。外部板件的变形通常预示着内部结构件受到了间接损伤。

查看后轮罩上方、后门后部的 C 柱下段是否开裂和变形，以及后角窗立柱正下方的后侧围板是否产生褶皱，这些痕迹都预示着后部车身纵梁可能弯曲。

打开发动机罩和后备厢盖，查看漆面是否产生褶皱，焊点密封剂是否开裂，以及焊点是否断开。碰撞力可能会使金属板在焊点处撕裂，并且使油漆松脱（图 4-5-3）。

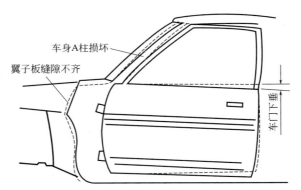

图 4-5-3　板件之间的缝隙不齐表明内部结构件有间接损伤

（2）测量间接损伤　在评估车身的损伤时通常要参照车身尺寸图对车身的特定点进行测

量。图 4-5-4 给出了一张典型的承载式车身尺寸，从图中可以看出，很多尺寸是以对角线法测量的。图 4-5-5 是一张车架式车身尺寸。

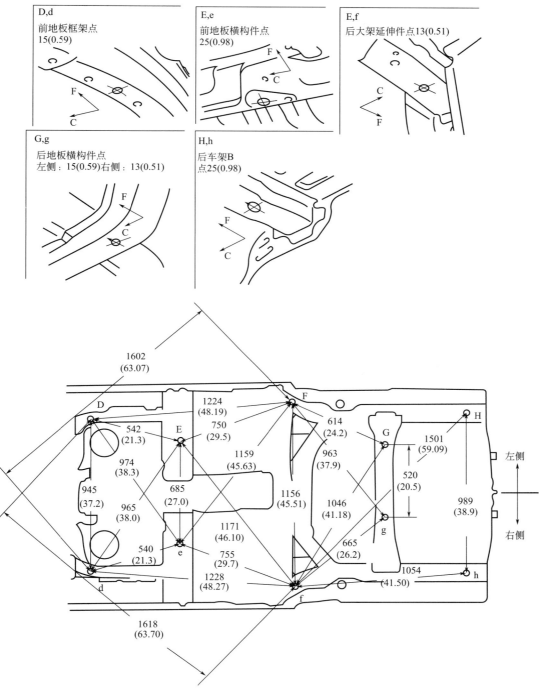

图 4-5-4　原厂手册中给出的承载式车身底部尺寸［单位：mm（in）］

车身尺寸一般采用公制单位，用钢卷尺或轨道式量规就可以测量。量规测量的每个尺寸都应当记录下来，而且必须另选两个控制点进行交错检查，其中至少有一个是对角线尺寸。

第四章　事故现场查勘　93

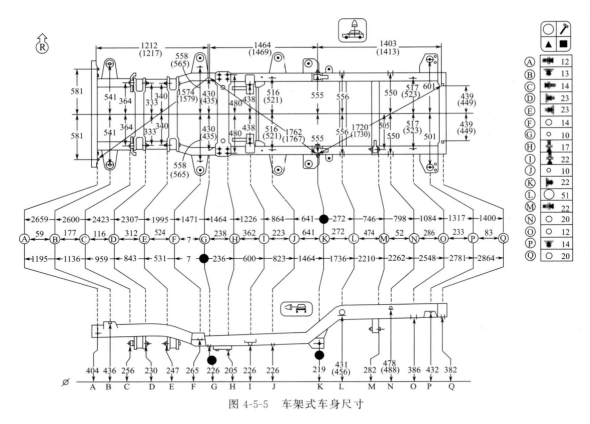

图 4-5-5 车架式车身尺寸

最好选择悬架和机械零件的安装点作为量规的测量点,因为这些点对于定位至关重要。很多原厂车身尺寸手册中给出的尺寸是从轨道式量规杆上读取的测量值,而不是钢卷尺测量的绝对距离,实际作业时一定要仔细查看手册中的有关说明。

车身尺寸要从车辆上的控制点测量。大多数控制点实际上是车辆结构件上的孔,测量的尺寸是孔心之间的距离。控制点的孔径通常比量规尖端的直径大,所以为了确保测量精确,通常测量两个孔同一边沿的距离(对于直径相同的孔)。

如果两个孔的直径不等,但孔的类型相同,如都是圆孔、正方形孔、长方形孔等,则可以先测量两个孔内缘之间的距离,然后再测量外缘之间的距离,将两次测量结果相加除以2,就得到中心到中心的距离。例如,如果一个圆孔的直径是10mm,另一个圆孔的直径是30mm,测量两孔的内侧距离是60mm,外侧距离是80mm,其中心到中心的尺寸就应当是(60+80)/2=70(mm)。对照原厂车身尺寸图,如果该尺寸与规范值不符,说明车身已经受损。

使用量规测量时,需要对照原厂车身尺寸规范,才能对车辆损坏情况进行精确评估。如果没有原厂车身尺寸规范,可以对一辆完好无损的相同车型进行测量,获得原厂尺寸。另外,如果车辆只有一侧损坏,通常可以对未损坏的一侧进行测量,然后比较这两侧的测量值。

① 上部车身尺寸。除底部车身外,轨道式量规和钢卷尺也可以用来测量上部车身尺寸,其测量方法与底部车身基本相同。一般情况下,汽车制造厂也提供一些重要的上部车身尺寸(图 4-5-6)。

② 测量前部车身。如果前部车身在事故中受到损伤,在确定其损伤程度时要对前部金

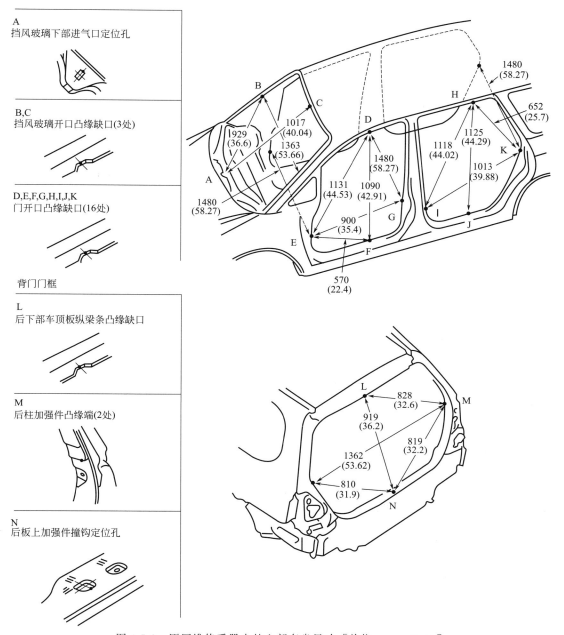

图 4-5-6　原厂维修手册中的上部车身尺寸［单位：mm（in）］

属板进行测量。即使只有一侧车身受到碰撞，另一侧也可能受到损伤，因此也要检查另一侧车身的变形情况。图 4-5-7 给出了车身前部常用的测量点，可以对照原厂车身尺寸图进行检查。

一定要检查哪些尺寸是对称的。对称意味着中线两边的尺寸相等。有时测量点是不对称的，如果一辆汽车的发动机舱尺寸是不对称的，两个对角线的测量尺寸就不相等。在这种情况下，测量每个对角线尺寸时就要重新设置一次轨道式量规的长度。在用量规检查前部车身尺时，最好选择悬架和机械零件的固定点进行测量，因为它们是关键的定位点。每个尺寸还要从另外两个参考点进行测量确认，其中至少有一个参考点是对角线尺寸。尺寸越长，测量

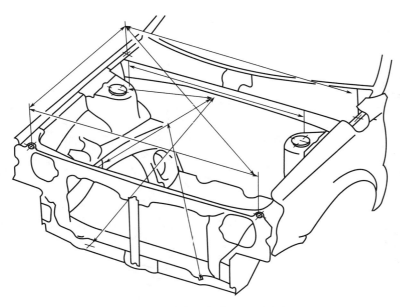

图 4-5-7　车身前部常用的测量点

的精度就越高，因为较长的尺寸能够覆盖更大的车身范围。例如，测量从前围板底部到发动机前支座的距离则比测量前围板底部的一端到另一端的距离好。在估损时，每个控制点采用两个以上的测量值能够确保更高的精度，对确认板件的损伤程度和方向更有利。

③ 测量车身侧面板件。在评估车身侧面构件的损伤情况时，可以对车门进行打开和关闭操作，因为车身侧面构件的变形可能会影响车门的正常开闭。另外还要注意：有些部位变形可能会导致车身漏水。因此，查堪估损时必须进行精确测量。车身侧面常用的测量点如图 4-5-8 所示。

图 4-5-8　车身侧面常用的测量点

通过测量车身对角线尺寸可以查看车身是否对称，从而发现车辆是否在事故中产生翘曲变形（图 4-5-9）。在没有发动机舱和车身底部尺寸时，或者车辆在倾翻事故中严重损坏时，就可以用这种方法查看车身的翘曲变形情况。

在查看车身两侧的变形情况或扭曲变形情况时，仅用对角线测量法是不够的。在这种情况下，通过对角线无法测量出左右两侧的差别 [图 4-5-9(a)]。而且如果左右两侧变形相同，对角线差值就不大 [图 4-5-9(d)]。此时，测量和比较两侧的长度尺寸可能更有效一些（图 4-5-10），比较 yz 和 YZ 的长短。不过，这种方法最好与对角线测量法一起使用，而且只适用于左右两侧对称的板件。

④ 后部车身测量。在检查后部车身的变形情况时，可以通过打开和关闭后备厢，查看后备厢的开闭操作是否顺畅自如。为了查看变形的具体部位，检查是否有可能漏水，最好进行精确测量（图 4-5-11）。另外，后地板的褶皱通常是由于后纵梁的变形引起的，所以在测量后部车身时应同时测量底部车身，这样也有利于更有效地对车身进行校正维修。

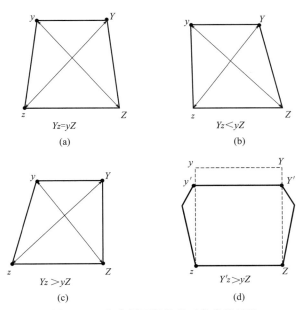

图 4-5-9 车身侧面板件的对角线测量法

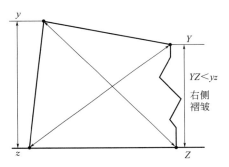

图 4-5-10 比较侧面板的长度尺寸

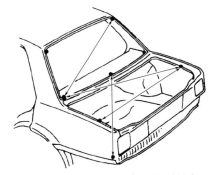

图 4-5-11 车身后部常用的测量点

注意：在使用轨道式量规时，一定要牢记以下几点。

① 测量点一定要选择车辆上的固定点，如螺栓、螺塞或孔。

② 量规测量的不是点到点的实际距离。

③ 量规杆应与车身平行，为了达到这个要求，有时需要将量规的指针设为不同的长度。

④ 为了绕过障碍物，可以使用较长一点的指针。

⑤ 有些车身尺寸手册给出的是量规尺寸，有些手册则给出的是点到点的长度尺寸，还有些两者都有。在查看尺寸手册时，一定要注意手册中给出的是哪种尺寸，采用与之相同的测量方法，否则容易出错。

⑥ 在对事故车进行测量时，一定要参照车身尺寸手册对指定的点进行测量。将规范值减去实测值就可以得到车辆的受损程度。不过，对于估损来说，板件的偏移量是多少并不重要。重要的是这些偏移量意味着车身已经发生损伤，估损单中必须考虑其维修工时和费用。

⑦ 车架的精确测量。车架的精确测量的目的是确定车架损坏的位置和程度，一般要用

到三个概念：长度，中线，基准面。

长度是指车架纵梁有多长。中线是一条假想线，它从中间把车辆分为左右两等份（图 4-5-12）。基准面是车辆下面的一个假想平面，所有高度值都是以基准面为基点。车辆碰撞可能会导致车架出现的几种变形可以理解如下。

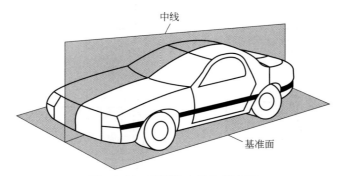

图 4-5-12 车辆的中线和基准面

- 扭曲：在车辆的中部，门槛板相对基准面失去了水平。
- 歪曲：侧向碰撞力使车辆纵梁相对中线产生了歪斜。
- 挤压：碰撞力使纵梁的长度缩短。
- 凹陷：碰撞力使纵梁相对基准面向下凹陷或向上隆起。
- 菱形：碰撞力使两侧纵梁在前后方向上产生相对位移，只有车架式车身才会发生这种损坏形式。

目前，我们常用三种仪器来精确测量车辆的损坏情况：悬挂式测量系统、机械式测量系统和计算机测量系统。

a. 悬挂式测量系统。在使用悬挂式测量系统时，应先从车身尺寸手册中找到悬挂量尺的位置和高度，用轨道式量规测量长度。首先测量车辆的中部，对于车架式车身，用轨道式量规测量驾驶室底部的对角线长度，检查是否有菱形损伤。注意不要使用驾驶室的安装螺栓作为测量点，而应使用纵梁上的孔或铆钉。如果对角线的长度相差 6mm 以上，说明车身存在菱形损伤。对于车架式车身和承载式车身，都可以进行以下测试。在前围板下面悬挂一个量尺，在后座或驾驶室后面（皮卡车）再悬挂一个量尺，站到离车 3m 以外的地方查看这些量尺是否水平。

如果不水平，说明车身存在扭曲损坏（图 4-5-13）；如果水平，说明车身不存在扭曲。接下来，在车辆的前端悬挂一个量尺，通常挂在散热器支架的下方，在车辆后面挂一个量尺，通常挂在纵梁上。如果所有量尺彼此等高，说明车身在高度方向没有变形。如果前后两个量尺与中间两个量尺不等高，说明车身存在凹陷变形（图 4-5-14）。用一只眼睛观察中线销钉，如果呈一条直线，说明车身没有歪曲；如果中线销钉不在一条直线上，说明车身发生

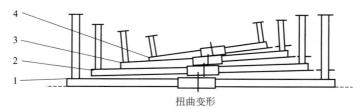

图 4-5-13 量尺不水平说明车身或车架有扭曲变形
1～4—量尺位置

了歪曲变形。为了检查车身是否发生了挤压变形，可以用量规测量纵梁的长度。画一个底部车身的示意图，在上面标出其变形情况。

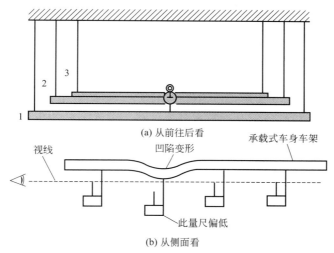

图 4-5-14　量尺提示车身存在凹陷变形
1~3—量尺位置

b. 机械测量系统。通常由车架桥、量针和插销组成。在安装机械测量系统时，应查看相关手册，确认量针在车架桥上的安装位置。有时量针的高度是可调的，而有时则有多种量针可供选择，测量时只能选用规定长度的量针。将车架桥在车辆的下方装配好，如果量针没有指在车辆的正确位置，说明车身存在变形。车身的压短、歪曲、凹陷、扭曲等各种变形都可以通过量针读出。同样，在测量时应当画一张底部车身图，在图中标出车身损伤的情况。

c. 计算机测量系统。计算机测量系统将车辆尺寸信息储存在计算机软件中。只需输入或选择好车型，计算机显示器上就显示出可用的激光靶，这些靶安装在车身的指定部位。测量系统利用激光读出靶的位置，并将数据传输给计算机。计算机自动比较实际测量值和规范值，其差值在屏幕上显示出来，也可以打印出来使用。有些计算机测量系统不是用激光，而是用超声波或机械臂进行测量。

3. 三区：机械损坏

在检查完车身的直接损伤和间接损伤之后，估损人员的下一个检查重点应当是三区：车辆的机械部件。对于前部碰撞的事故车，应当检查发动机罩下的散热器、风扇、动力转向泵、空调器件、发电机、蓄电池、燃油蒸发炭罐、前挡风玻璃清洗器储液罐以及其他机械和电子元件是否损坏。查看油液是否泄漏、皮带轮是否与皮带不对正、软管和电线是否错位以及是否有凹坑和裂纹等。

如果碰撞比较严重，发动机和变速器也可能受损。如果条件允许，应当启动发动机，怠速到正常工作温度。举升车辆，使车轮离开地面，在各个挡位运转发动机，听一听有没有异常的噪声。对于手动挡车辆，检查换挡是否平顺，离合器的工作是否正常。查看节气门拉索、离合器操作机构和换挡拉索是否犯卡。

打开空调，确保空调正常运转。查看充电、机油压力等仪表板灯和仪表，如果检查发动机（CHECKENGINE）灯或类似的灯点亮，说明发动机存在机械或电控故障。

现在很多车辆都装备了车载诊断系统（OBD），具有自诊断能力，在电控系统出现某些故障时，控制电脑将存储故障码。这些故障码可以通过解码器或其他诊断设备读出，其所表示的具体故障和维修步骤可以在维修手册中查到。故障码表示车辆的某个系统或部位存在故障，它对于快速诊断和故障维修很有帮助。但是，估损人员应当知道，有些故障码可能在事故之前就已经存储在控制电脑中了，这些故障码并不是事故引起的。对于这些故障码，其维修费用不应当包含在保险估损单中，因为保险公司只负责将车辆修复到碰撞前的状况，而没有责任修复以前本已存在的故障。对于这些事故前已经存在的故障，在修复之前应当告知车主，征得其同意，并应当由车主自己付费。

机械损坏有时是间接损伤而不是直接碰撞的结果。发动机和变速器的质量很大，在碰撞中会因惯性向前移动多达15cm，从而造成其附件和相关元器件的损坏。因为发动机和变速器在事故后经过维修能够回到其原来的位置，所以它们造成的间接损伤通常不太容易被注意到。应当仔细检查发动机座是否损坏，皮带轮和皮带是否不对正，以及软管和拉索是否松动。

在完成发动机舱的检查后，用千斤顶举起事故车，钻到车辆下面检查转向和悬架元件是否弯曲，制动软管是否扭绞，制动管路和燃油管路及其接头是否泄漏。检查发动机、变速器、差速器、转向机和减振器是否泄漏。将方向盘向左和向右打到头，检查是否犯卡，是否有异常噪声。转动车轮，检查车轮是否跳动，轮胎是否有裂口、刮痕和擦伤。降下车辆，使轮胎着地，转动转向盘，使车轮处于正直向前的位置，测量前轮毂到后轮毂的距离，左右两侧的测量值应当相同，否则表明转向或悬架元件有损伤。

进行轮胎弹跳试验，快速检查车轮定位情况。

车轮上跳：当车轮滚过一个鼓包时，向上压缩悬架弹簧的动作。也就是说，车轮上跳时向车身靠近。在修理车间，坐在翼子板上向下压汽车即可模拟车轮上跳的动作。

车轮下跳：当车轮滚过一个凹坑或在上跳后回位时，向下拉伸悬架弹簧的动作。也就是说，车轮在下跳时远离车身。在修理车间，向上抬起翼子板即可模拟车轮下跳的动作。汽车两侧的下跳量应当相等（图4-5-15）。

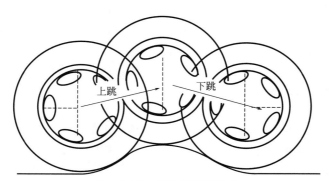

图4-5-15 车轮的弹跳运动

车轮的弹跳试验可以检查出齿条齿轮式转向机是否对正。

在快速检查时，解开转向盘锁，查看转向盘在车轮跳动试验中是否晃动。如果要做更仔细的检查，可以用粉笔在胎面上做一个标记，将一个指针平齐地指向这个标记。然后由一个人做车轮弹跳试验，由另一个人观察粉笔标记和指针，如果在多次弹跳试验后，粉笔标记向左或向右的移动量超过了一个胎面花纹的宽度，说明转向臂或转向机没有正确定位。做完一侧轮胎后再用同样的方法测试另一侧轮胎。

另外一种定位试验是测量转向角。对转向角的检查可用来评估两个前轮在转向时是否保持合适的位置关系。为了测量转向角，将两个前轮放在相同的转动盘或量角器上，将左侧车轮转动一个角度，查看右侧车轮的转动量。然后再转动右侧车轮，查看左侧车轮的转动量。比较左右测量结果，确定两个前轮的转动角度是否相同。

在检查转向角时，左前轮应该向外转动20°，测量右前轮的转动。右前轮应该向内转动相同的度数或少2°，这个转角差引起转弯时内、外侧车轮转弯半径的不同。然后再对右侧车轮重复以上步骤，右侧车轮向外转动20°，用量角器或转动盘测量左侧车轮的转动量，左侧车轮向内转动的角度应当相同或少2°。有的车辆向左和向右的转弯半径本来就是不同（就是这样设计的），在检测时如有疑问，可参考原厂规范值。如果多次测量的转向角度不相同（相差超过2°），说明转向臂或转向机已经损坏。通过测量转向角，还可以帮助判断前束不正是由车轮定位不当引起的，还是由悬架零件损坏引起的。

通过检查外倾角可以确定悬架是否损坏。为了诊断悬架滑柱的状况，可以进行以下外倾角检查，检查时也可以使用外倾角测试仪或四轮定位仪。外倾角测量的一种方法称为弹跳测量，就是给悬架加压（与上面测量前束的弹跳试验相似），测量一个车轮的外倾角。然后松开悬架上的压力（与上面测量前束的弹跳试验相似），第二次读取同一个车轮的外倾角。比较这两个读数。对于麦弗逊式悬架，两者之差应不超过3°。如果超过3°，说明悬架滑柱在横向受到损伤。

悬架的纵向弯曲可以通过外倾角的摆动测量进行检查。方法是，将前轮向右转到底，读取外倾角值；然后将前轮向左转到底，再次读取外倾角值。如果两次读数之差超过6°，说明悬架滑柱可能前后弯曲。

为了检查悬架而进行外倾角测量时，车辆并非必须置于水平地面上，也不是要测量实际的外倾角值，而是要查看外倾角的两次读数之差。因此，每次读取外倾角值时必须从车轮的同一点读取。

4. 四区：乘员舱

乘员舱的损坏可能是由碰撞力直接引起的，如在侧碰时。而内饰和车内附件的损坏也可能是由乘员舱内的乘客和物品的碰撞能量引起的。

首先应检查仪表板。如果碰撞导致前围板或车门立柱受损，那么仪表板、暖风机芯和管道、音响、电子控制模块和安全气囊等就有可能受损。所有在三区检查中没有被查看的元器件都要进行检查。

检查转向盘是否损坏。查看其安装紧固件、倾斜和伸缩性能、喇叭、前照灯和转向信号灯开关、点火钥匙以及转向盘锁。转动转向盘，将车轮打到正直向前的位置，查看此时转向盘是否对中。对于吸能型转向盘，应查看它是否已经发生溃缩。

检查门把手、操纵杆、仪表板玻璃和内饰是否受损。打开、关闭并锁住杂物箱，查看杂物箱是否在碰撞中变形或损坏。检查制动踏板是否变形、犯卡或松脱等。掀开地毯，查看地板和踢脚板，看铆钉是否松脱，焊缝是否裂开。

检查座椅是否受损。汽车在前端受到碰撞时，乘客的身体质量会产生较大的惯性力，由于乘客被安全带固定在座椅上，所以这个惯性力可能会对座椅框架调节器和支撑件产生损害。汽车在后端受到碰撞时，座椅靠背的铰链点可能受到损害。将座椅从最前位置移动到最后位置，查看其调节装置是否完好。

检查车门的状况。乘客的惯性力可能损坏肘靠、内饰板件和车门内板。如果发生侧碰，门锁和车窗调节器也可能受损。即使是前端碰撞，车窗玻璃产生的惯性力也可能使车窗轨道和调节器受损。将车窗玻璃降到底后再完全升起，检查玻璃是否犯卡或受到干扰。将车窗降下4cm，查看车窗玻璃是否与车门框平齐。查看电动门锁、防盗系统、车窗和门锁控制装置以及后视镜的电控装置等所有附件是否正常。

检查乘员约束系统。目前的汽车大都装备了被动式约束系统，应当检查安全带是否能够正常扣紧和松开，安全带插舌和锁扣是否都完好。对于主动式安全带系统，检查其两点式和三点式安全带是否都能轻松地扣紧和解开。查看卷收器、D形环和固定板是否损坏。有些安全带有张力感知标签。如果安全带在碰撞中磨损，或者安全带的张力超过设计极限，张力感知标签撕裂，就必须予以更换。将安全带从卷收器中完全拉出，就可以看到这个张力感知标签。

还应当列出车内的非原装附件，如民用无线电装置、磁带播放机、立体声扬声器等。

5. 五区：外饰和漆面

在车身、机械件、内饰和附件都检查完毕之后，再围绕车辆检查一圈，查看并列出受损的外饰件、嵌条、乙烯车顶板、轮罩、示宽灯以及其他车身附件。

打开灯光开关，检查前照灯、尾灯、转向信号指示灯和危险指示灯。车灯的灯丝通常在碰撞力的作用下断裂，如果碰撞时车灯处于点亮状态，灯丝则更容易断裂。

如果在一区和二区检查中没有查看保险杠，那么现在就应该对保险杠进行检查。查看杠皮和防尘罩是否开裂，吸能装置是否受损或泄漏，橡胶隔振垫是否开裂。

仔细检查油漆的状况。记录下哪块油漆必须重新喷涂，并要列出哪些需要特别注意的事项，如清漆涂层、柔性塑料件和表面锈迹。板件的轻度损坏可能只需进行局部喷涂，而有些维修项目则需要喷涂整块板件甚至多块板件。无论是哪种情况，都需要考虑新油漆与原有油漆的配色和融合工时。如果事故车的损坏非常严重，或者原有漆面已经严重老化，则可能需要进行整车喷漆。

检查漆面是否在事故前就已经损坏也很重要。这些事故前已有的凹痕、裂缝、擦伤和油漆问题应当不在保险公司的理赔范围内，其维修费用应当由客户自行承担。

第六节 特殊事故现场查勘

一、汽车火灾定损

1. 汽车起火的分类

汽车起火分自燃、引燃、碰撞起火、爆炸起火和雷击起火五类。

（1）自燃　根据保险条款的解释，所谓自燃，是指机动车在没有外界火源的情况下，由于本车电气、线路和供油系统等车辆自身原因发生故障或所载货物自身原因起火燃烧的现象。

（2）引燃　引燃是指机动车在停放或者行驶过程中，因为外部物体起火燃烧，使车体乃至全车被火引着，导致部分或全面燃烧。

（3）碰撞起火　碰撞起火是指机动车在行驶过程中，因为发生意外事故而与固定物体或者移动物体相碰撞，假如机动车采用汽油发动机，碰撞程度又较为严重，引起部分机件位移，挤裂了汽油管，喷射而出的汽油，遇到了运转着的发动机所发出的电火花，导致起火燃烧。

（4）爆炸起火　爆炸起火就是因为车内、车外的爆炸物起爆所引发的机动车起火燃烧，包括车内安置的爆炸物爆炸引爆；车外爆炸物爆炸引爆；车内放置的打火机、香水、发胶等被晒爆引爆；车载易爆物爆炸引爆等多种形式。

（5）雷击起火　雷击起火就是机动车在雷雨天气被雷击中而起火燃烧的现象。

2. 汽车自燃的原因

汽车起火尽管原因复杂，但就其实质而言，不外乎火源（着火点）、可燃物和氧气（或空气）这三大因素。围绕这几点，结合汽车结构，基本可以分析出汽车起火的真实原因。

在汽车起火原因的分析中，碰撞、引燃、爆炸和雷击等不难识别，理赔处理也基本包含在车损险的范围之内。但是，自燃的理赔属于单独列出，其识别也存在着一定的难度。

据消防部门和车险理赔专家的统计分析，在汽车自燃事故中，存在着"五多"现象：小轿车多；私家车多；行驶状态发生火灾者多（约占70%）；使用5年（或行驶10万千米）以上者多（约占70%）；火灾原因以漏油和导线短路居多（占60%以上）。汽车自燃的主要原因如下。

① 漏油。

② 漏电。

③ 接触电阻过大。

④ 人工直流供油。

⑤ 明火烘烤柴油油箱。

⑥ 车载易燃物引发火灾。

⑦ 超载。

⑧ 停车位置不当。

3. 汽车火险的查勘与定损

（1）火险查勘的基本要求　在查勘汽车火险现场，分析起火原因时，需掌握构成燃烧的三大基本要素。

① 导致汽车起火的火源（火花或电火花）在哪？

② 周围是否存在易燃物品（如汽油、柴油、润滑油和易燃物等）？

③ 火源与易燃物品的接触渠道中是否有足够的空气可供燃烧？

（2）与汽车自燃相关的几个问题

① 发动机熄火后的自燃。

② 汽车上的主要易燃物。

③ 晒爆的打火机与自燃。

④ 车厢内部是否会自行起火。

⑤ 防盗报警器与自燃。

⑥ 拆卸油管可能引起自燃。

⑦ 自燃后的轮胎。

⑧ 自燃与油箱爆炸。

（3）保险责任　根据保险条款的解释，当发生"在时间或空间上失去控制的燃烧所造成的灾害，主要是指外界火源以及其他保险事故造成的火灾导致保险车辆的损失"时，保险公司可以在车辆损失险范围内承担保险责任。对于因本车电气、线路和供油系统等发生问题产生自身起火，造成保险车辆损失以及违反车辆安全操作原则，用有火焰的火，如喷灯、火把烘烤车辆造成保险车辆损失的均属车辆损失险的除外责任。在对因火灾造成保险车辆损失的查勘定损处理中，应严格掌握保险责任与除外责任的区分，研究、分析着火原因。

（4）火损汽车的定损

① 火灾对车辆损坏情况的分析：整体燃烧；局部烧毁。

a. 发动机室着火，造成发动机前部线路、发动机附件、部分电气、塑料件烧损。

b. 轿车的外壳或客车、货车驾驶室着火，造成仪表板、部分电气、装饰件烧损。

c. 货运车辆货厢内着火，造成货厢、运载货物的烧损。

② 火灾车辆的定损处理方法。

a. 对明显烧损的零部件进行分类登记。

b. 对机械类零部件进行测试、分解检查。特别注意转向、制动、传动部分的密封橡胶件。

c. 对金属件（特别是车架，前、后桥，壳体类等）考虑是否因燃烧而退火、变形。

d. 对于因火灾使保险车辆遭受损害的，分解检查工作量很大，且检查、维修工期较长，一般很难在短时期内拿出准确估价单，只能是边检查、边定损，反复进行。

③ 火灾汽车的定损。汽车起火燃烧以后，其损失评估的难度相对大些。

如果汽车的自燃没有蔓延开来，只是涉及线路、管路被烧坏，根据条款，无须理赔。

如果汽车的起火燃烧被及时扑灭，可能只会导致一些局部的损失，损失范围仅限于过火部分的车体油漆、相关导线及非金属管路、过火部分的汽车内饰。只要参照相关部件的市场价格，并考虑相应工时费，即可确定出损失金额。

如果燃烧持续一段时间之后才被扑灭，虽然没有对整车造成毁灭性破坏，但也可能造成比较严重损失。凡被火"光顾"过的车身外壳、汽车轮胎、导线线束、相关管路、汽车内饰、仪器仪表、塑料制品、外露件的美化装饰等可能都会报废，定损时需考虑相关更换件的市场价格、工时费用等。

如果燃烧程度严重，轿车外壳、客货车驾驶室、轮胎、线束、相关管路、汽车内饰、仪器仪表、塑料制品、外露件的美化装饰等肯定会被完全烧毁。部分零部件，如控制电脑、传感器、铝合金铸造件等，可能会被烧化，失去使用价值。一些看似"坚固"的基础件，如发动机、变速器、离合器、车架、悬架、车轮轮毂、前桥、后桥等，在长时间的高温烘烤下，也会因"退火"而失去应有精度，无法继续使用，此时，汽车离完全报废不远了。

二、汽车水灾定损

对于仓储式的停车场被水淹，由于所造成的损失通常是众多标的同时受损，在短时间内要对众多车型、不同受损程度的车进行较科学的损失评估，往往会使车险评估人员感觉非常棘手。

对于海水造成的损失，要考虑到海水的强腐蚀性对汽车有可能造成毁灭性的损失。从大量的水灾案例实践中分析得出，做好汽车水灾理赔工作必须从以下几个方面入手：第一，迅速到达出险现场，认真、细致进行现场查勘；第二，详细了解汽车在水中浸泡时间的长短；第三，区分车型对不同受损程度的标的车进行抽样，评定损失；第四，对同一地区、同一车型、受损程度相似的标的车制定相对一致的损失评定标准。

1. 水灾损失的施救与保养

在遇到暴雨或洪水时，一些经验不够丰富的驾驶员，一些处理水灾受损汽车经验不多的查勘人员、维修人员，往往不知所措或措施不当，扩大了汽车损失。如果查勘人员到达现场时，汽车仍在水中，则必须对其进行施救。施救时一定要遵循"及时、科学"的原则，既要保证进水汽车能够得到及时救援，又要避免汽车损失进一步扩大。施救进水汽车时，应该注意如下事项。
① 严禁水中启动汽车。
② 科学拖车。
③ 及时告知车主和承修厂商。
④ 及时检修电气元件。
⑤ 及时检查相关机械零部件。
a. 检查发动机。
b. 检查变速器。
c. 检查制动系统。
d. 检查排气管。
⑥ 清洗、脱水、晾晒、消毒及美容内饰。
⑦ 保养汽车。
⑧ 谨慎启动。

2. 水淹基本情况

（1）水的种类　评估汽车水淹损失时，通常将水分为淡水和海水。本书只对淡水造成的损失进行评估。

在对淡水水淹汽车的损失评估中，应充分注意淡水的浑浊情况。多数水淹损失中的水为雨水和山洪形成的泥水，但也有下水道倒灌形成的浊水，这种城市下水道溢出的浊水中含有油、酸性物质和各种有机物质。油、酸性物质和各种有机物质对汽车的损伤各不相同，现场查勘时需充分注意，并做出明确记录。

（2）水淹高度　水对汽车的淹没高度是确定水损程度非常重要的一个参数。

一般说来，针对不同的车型，"水淹高度"通常不以具体的高度值作为计量单位，而是以汽车上某个重要的位置作为参数，轿车的水淹高度可分为六级。
① 为制动盘和制动毂下沿以上，车身地板以下，乘员舱未进水。
② 为车身地板以上，乘员舱进水，而水面在驾驶员座椅坐垫以下。
③ 为乘员舱进水，水面在驾驶员坐椅坐垫面以上，仪表工作台以下。
④ 为乘员舱进水，仪表工作台中部。
⑤ 为乘员舱进水，仪表工作台面以上，顶棚以下。
⑥ 为水面超过车顶，汽车被淹没顶部。

（3）水淹时间　汽车被水淹的时间长短，是评价水淹损失程度的另外一个重要参数。水淹时间长短对汽车所造成的损伤差异很大。现场查勘时，在第一时间通过询问来确定水淹时间是一项重要的工作。水淹时间的计量单位一般为小时（h），通常分为6级（表4-6-1）。

表 4-6-1　水淹级别与时间对应表

水淹级别	水淹时间 t/h	水淹级别	水淹时间 t/h
1	$t \leqslant 1$	4	$12 < t \leqslant 24$
2	$1 < t \leqslant 4$	5	$24 < t \leqslant 48$
3	$4 < t \leqslant 12$	6	$t > 48$

3. 水灾损失评估

汽车种类繁多，各类别之间略有差异。本书以社会保有量较大的乘用车为例，阐述汽车的水灾损失评估。

(1) 水淹汽车的损坏形式

① 静态进水损坏。汽车在停放过程中被暴雨或洪水侵入甚至淹没属于静态进水，如图 4-6-1 所示为停车场被淹，属于典型的静态进水。

图 4-6-1　静态进水

汽车在静态条件下进水，会造成内饰、电路、空气滤清器和排气管等部位受损，有时气缸也会进水。在这种情况下，即使发动机不启动，也可能造成内饰浸水、电路短路、电脑芯片损坏以及空气滤清器、排气管和发动机泡水生锈等。

② 动态进水损坏。汽车行驶过程中，发动机气缸因吸入水而熄火，或在强行涉水未果、发动机熄火后被水淹没。动态条件下，由于发动机仍在运转，气缸内因吸入了水会迫使发动机熄火。在这种情况下，除了静态条件下可能造成的全部损失外，还有可能导致发动机直接损坏。

(2) 汽车水险的理赔分类　从保险公司的业务划分看，因暴雨造成的汽车损失，主要分 5 种。

① 由于暴雨淹及车身而进水，导致金属零部件生锈、电子电气件及内饰损坏。

② 发动机进水后，驾驶员未经排水处理，甚至直接就在水中启动发动机，导致内部机件损坏。

③ 水中漂游物或其他原因对车身、玻璃等发生擦撞、碰伤等损失，或因其他相关原因造成汽车损失。

④ 落水后，为抢救汽车，或者为了将受损汽车拖到修理厂而支付的施救、拖车等费用。

⑤ 汽车被水冲失所造成的全车损失。

(3) 水淹后的损失评估　不同水淹高度对应的损失见表 4-6-2。

表 4-6-2　不同水淹高度对应的损失

水淹高度	可能造成的损失	损失率/%
水淹高度在制动盘和制动毂下沿以上，车身地板以下，乘员舱未进水	制动盘和制动毂。损坏形式主要是生锈，生锈的程度主要取决于水淹时间的长短以及水质。通常情况下，无论制动盘和制动毂的生锈程度如何，所采取的补救措施主要是四轮的保养	约 0.1

续表

水淹高度	可能造成的损失	损失率/%
水淹高度在地板以上,乘员舱进水但水面在驾驶员坐垫以下	四轮轴承进水;全车悬架下部连接处因进水而生锈;配有ABS的汽车轮速传感器磁通量传感失准;地板进水后如果车身地板的防腐层和油漆层本身有损伤就会造成锈蚀	0.5~25
水淹高度在驾驶员座椅坐垫面以上,仪表工作台以下	座椅、部分内饰潮湿和污染;真皮座椅、真皮内饰损伤严重。若水淹时间超过24h,还会造成:桃木内饰板分层开裂;车门电动机进水;变速器、主减速器及差速器可能进水;部分控制模块、起动机、音响被水淹	1~5
水淹高度在仪表工作台中部	发动机进水;仪表板中部音响控制设备、CD机、空调控制面板受损;蓄电池放电、进水;大部分座椅及内饰被水淹;音响的扬声器全损;各种继电器、熔丝盒可能进水;所有控制模块被水淹	3~15
乘员舱进水,水淹高度在仪表工作台面以上,顶棚以下	全部电气装置被水泡;发动机严重进水;离合器、变速器、后桥也可能进水;绝大部分内饰被泡;车架大部分被泡	10~30
水淹高度超过车顶,汽车被淹没顶部	汽车所有零部件都受到损失	25~60

（4）水灾损失现场查勘报告　事先准备格式化的现场查勘报告,这是查勘定损人员实施快捷、准确查勘的前提（表4-6-3）。

表4-6-3　汽车水灾损失的现场查勘报告单

驾驶员		是否指定驾驶员	□是□否	驾驶证是否有效	□是□否
车牌号码		厂牌车型		行驶证是否有效	□是□否
车架号(VIN)			发动机号		
出险原因	□碰撞□倾覆□盗抢□火灾□爆炸□台风□自燃□暴雨□其他				
查勘地点	□第一现场□保险公司□交警扣车场□特约服务站□非特约修理厂□其他				
委托状态	□查勘□核损□立案□缮制□核赔□结案□支付				

查勘意见：
　　　　　　　　　　查勘员(签字):查勘时间:　　年　月　日

项目	金额	项目	金额

工时费合计：　　　　　　　材料费合计：
双方同意受损车辆修理工料费合计为：　　　元
定损员(签章):　　保险人(签章):　　被保险人(签章):

4. 某保险公司水灾定损过程

（1）现场查勘　做好调查笔录,请保户详细描写车辆的出险及救援经过,确认保险责任及除外责任。

（2）拆检定损　水淹车的处理关键在于及时、快速清洗、快速拆检、快速定损、快速烘干修理。

（3）处理方式　外观部件和悬挂部件——清水清洗,特别要注意悬挂连接位置的泥沙和污物,有的话,则要清洗,重新润滑。

（4）沟通

① 与客户的沟通。对于除外责任的损失要注意耐心细致地解释。对于可以恢复正常使用的部件不予更换时要做出必要解释。

② 与修理厂的沟通。与修理厂做好协调，及时处理，避免损失的扩大。

三、汽车盗抢损失评估

1. 汽车盗抢险条款解读

（1）保险责任

① 保险车辆（含投保的挂车）全车被盗窃、被抢劫、被抢夺，经县级以上公安刑侦部门立案证实，满三个月未查明下落。

② 保险车辆全车被抢劫、被抢夺过程中发生事故造成保险车辆损失需要修复的合理费用。

③ 保险车辆在被盗窃、抢劫、抢夺后受到损坏或车上零部件、附属设备丢失需要修复的合理费用。

（2）责任免除

① 非全车遭盗抢，仅车上零部件或附属设备被盗窃、被抢劫、被抢夺。

② 保险车辆被盗窃未遂，造成保险车辆的损失。

③ 保险车辆被诈骗、罚没、扣押造成的全车或部分损失。

④ 全车被盗窃、被抢劫、被抢夺后，保险车辆肇事导致第三者人员伤亡或财产损失。

⑤ 保险车辆与驾驶员同时失踪。

⑥ 被保险人因民事、经济纠纷而导致保险车辆被抢劫、抢夺。

⑦ 被保险人及其家庭成员、被保险人允许的驾驶员的故意行为或违法行为造成的损失。

⑧ 被保险人未能向保险人提供出险地县级以上公安刑侦部门出具的盗抢案件证明、车辆已报停手续及机动车辆登记证书。

（3）保险金额　保险金额一般由投保人与保险人在保险车辆的实际价值内协商确定。当保险车辆的实际价值高于购车发票金额时，大多以购车发票金额确定保险金额。

在汽车盗抢案高发地区，针对容易失窃的车型，部分保险公司在核定盗抢险基准费率基础上，可根据车辆的风险高低在50%～300%之间浮动，承保高风险汽车时，会增加保费。但还要根据该车使用人情况、车辆自身防盗装置、停放情况等条件而定。如果一辆装有电子防盗装置并有固定停车位的富康车，其盗抢险费率大概能下浮30%左右；而一辆无防盗装置，又经常停放在马路边的桑塔纳轿车，其盗抢险费率则可能上浮100%左右。

（4）赔偿处理

① 赔付的基本前提。除另有约定外，投保机动车盗抢险的机动车必须拥有国家规定的车辆管理部门核发的正式号牌。

② 出险通知。被保险人得知或应当得知车辆被盗窃、被抢劫或被抢夺后，应在24h内（不可抗力因素除外）向当地公安部门报案，同时通知保险人，并在保险人指定的报纸上登报声明。

③ 提供单证。被保险人索赔时，需提供保险单、机动车行驶证、购车原始发票、车辆购置税凭证和原车钥匙，以及出险地县级以上公安刑侦部门出具的盗抢案件证明、车辆已报停手续和机动车辆登记证书。

④ 全车损失。在保险金额内计算赔偿，并实行20%的绝对免赔率。但保险车辆被盗窃，被保险人在索赔时未能提供机动车行驶证、机动车辆登记证书、购车原始发票、车辆购置税

凭证，每缺少一项，增加1%的免赔率；缺少原车钥匙（任何一把）增加3%的免赔率，未能提供车辆停驶手续或出险当地县级以上公安刑侦部门出具的盗抢立案证明的，保险人不承担赔偿责任。

⑤ 部分损失。当保险车辆全车被盗窃、被抢劫、被抢夺过程中及其以后发生事故造成保险车辆、附属设备丢失或损失需要修复的合理费用，在保险金额内按实际修复费用计算赔偿。

⑥ 失窃车找回。如保险车辆全车被盗窃、抢劫、抢夺后被找回的，若在3个月之内，尚未支付赔款的，归还车辆；若超过了3个月，已支付赔款的，应将该车辆归还被保险人，同时收回相应赔款。如果被保险人愿意收回原车，将该车辆归还被保险人，同时收回相应赔款。如果被保险人愿意收回原车，则保险人在实际赔偿金额内取得保险车辆的权益，车主协助保险公司办理有关手续。

2. 汽车被盗抢后的理赔

汽车被盗后，如果投保了盗抢险，可以在经济方面获得保险公司的部分赔付。无论是作为车主还是保险公司的查勘理赔人员，都需要在熟知盗抢险条款的基础上，了解保险公司关于盗抢险的理赔流程，以便有的放矢地去索赔、查勘、赔付。

（1）车主的索赔流程 保险车辆被盗、被抢或被劫后，车主应如实向公安部门和保险公司告知丢车日期、时间、地点、车内财物和行驶里程，保险公司还会了解车主是在汽车丢失多久后向公安部门报的案。

如果被盗汽车在3个月内未追回，保户即可向保险公司索赔。索赔时需提供保险单、公安部门出具的案件证明、机动车行驶证、购车原始发票、购置费凭证、机动车辆停驶凭证、收据等必要单证。

保户获得赔偿后，若被盗抢的车找回，保险公司可将车辆归还给保户，并收回相应赔款。如保户不愿收回原车，则车辆所有权归保险公司所有。如保户自公安部门出具被盗抢证明之日起，3个月内不提交上述单证，视为自愿放弃。

（2）索赔时必带物件

① 出险通知书：由保险公司提供，保户填写。对于公车，须盖章，对于私车，须签字。

② 保险单原件。

③ 机动车行驶证原件。

④ 购车发票原件。

⑤ 购置费缴费凭证和收据原件。

⑥ 权益转让书：保险公司提供。对于公车，须盖章，对于私车，须签字。

⑦ 机动车丢失证明原件：由公安局提供。

⑧ 汽车钥匙。

⑨ 机动车停驶证明原件：交通局提供。

⑩ 车主证件：车主是单位的需营业执照或介绍信，车主是个人的需身份证。

⑪ 赔款结算单：保险公司提供。对于公车，须盖章，对于私车，须签字。其中，机动车丢失证明、机动车停驶证明两项必须提供，否则保险公司不予赔偿。机动车行驶证、购置费缴费凭证、购车发票和车钥匙，每少一项保险公司可能会增加1%～3%的免赔率。如果车主是贷款买的车，还得"光顾"银行。

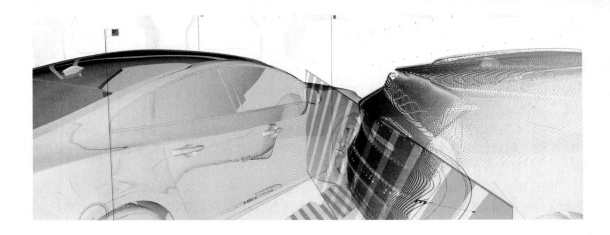

第五章 车辆定损

第一节 机动车定损及注意事项

一、定损的概念

事故车定损与估价是一项技术性很强的工作，要求估损人员掌握必要的物价管理知识、汽车结构和性能方面的专业知识以及修理方面的专业知识，并且要具有丰富的实际操作经验，能准确认定车辆、总成和零件的损伤程度，适当掌握"修理和更换"的界限。

汽车功能零部件性能的下降或受损可能有两方面原因：一是因汽车行驶里程的增加或不正当保养，零部件产生磨损而性能降低；二是在道路交通事故中，由于碰撞力的作用使零部件丧失部分或全部功能。估损人员应正确区分哪些是车辆本身故障所造成的损伤。

二、定损原则

1. 定损的模式

常见的定损方式有协商定损、公估定损、聘请专家定损等。

（1）协商定损 协商定损是由保险人、被保险人以及第三方协商确定保险事故造成的损失费用的过程。

（2）公估定损 公估定损是由专业的公估机构负责对保险事故造成的损失进行确定的过程，保险公司根据公估机构的检验报告进行赔款理算。这种引入由每月利益关系的第三方负责定损核损工作的模式，能更好地体现保险合同公平的特点，避免了合同双方的争议和纠纷。

（3）聘请专家定损 对于个别技术性、专业性要求高的案件，聘请专家进行定损，以保证全面、客观、准确地确定保险事故造成的损失费用，维护合同双方的合法权益。

目前，在车险实务中通常采用的是协商定损的定损方式。

2. 定损的原则

① 修理范围仅限于本次事故中所造成的车辆损失。
② 能修理的零部件尽量修复，不要随意更换新的零部件。
③ 能局部修复的不能扩大到整体修理。
④ 能更换零部件的坚决不能更换总成件。
⑤ 根据修复工艺难易程度，参照当地工时费用水平，准确确定工时费用。
⑥ 准确掌握汽车零配件价格。
⑦ 确保车辆根据修理方案修复后，能够基本上恢复到原有的技术性能状态。

三、车辆定损的流程

1. 接受定损调度

① 接受客服中心定损调度时，定损人员如果在非查勘定损过程中，不影响形成安全的前提下，记录事故发生地点、客户姓名、联系电话、车牌号码、车架号码及报案号；并了解该案简单事故经过、有无现场查勘、有无非事故造成损失、案件负责人是谁、是否大客户等案件相关信息。及时与修理厂联系，告知客户或修理厂预计到达时间。

② 当定损人员正在处理现场案件时接到定损任务，如果现场案件能在短时间内处理完毕，并预计能够按时或稍晚些时候赶到修理厂，应及时与客户或修理厂有关人员电话联系并说明情况，告知预计到达时间。

③ 定损人员接受定损调度时，正在其他修理厂定损过程中，如果该案件一次可以定损完毕，应及时与修理厂有关人员联系，告知预计到达时间。

如此时正在处理的事故现场还需较长时间才能处理完毕，或道路严重堵塞，或查勘车发生故障导致在约定的时间内不能到达修理厂，而客户或修理厂又急于定损时，定损人员应礼貌、耐心向客户或修理厂解释，争取得到客户或修理厂的谅解。或者定损人员向客服中心反映，取得客服中心的支持，另行调度。

④ 对于车损较大需二次或多次定损的，定损人员应拍全事故车辆损失照片，对外观件先行定损，并告知客户或修理厂有关人员相关后续事宜，然后赶赴下一个修理厂进行定损，定损工作处理完后应再安排时间返回该修理厂继续定损。

车辆定损流程如图 5-1-1 所示。

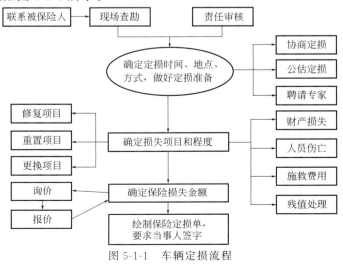

图 5-1-1　车辆定损流程

2. 预约定损安排

接到定损调度后，在 5min 内定损人员应与客户约定时间进行定损，以下情况需通知当事人或标的车到场。

① 事故中对方负全责或主要责任的。
② 损失严重，责任未分的。
③ 有较多隐损，需拆检定损的。
④ 对方车主对损失有争议的。

3. 到达定损点定损

① 到达定损点后，积极、主动地向修理厂相关人员和车主、被保险人、驾驶员详细了解事故经过、车辆损坏的部位及施救过程。

② 对车辆发动机号码、车架号码、行驶证、保险单及交警出具的事故认定书及车辆碰撞痕迹进行核对。根据所了解的情况，分析碰撞痕迹是否吻合、判断事故的真实性、判断是否本次事故造成的损失。

③ 根据现场定损人员核实的事故经过，仔细分析车辆受损的原因，并确定如下事项。

确定事故车辆的车型、年款、产地；确定受损部位的相关部件是否受损；确定部件受损是否由事故造成，非事故造成的损失，要予以剔除；确定受损部件是否为加装件，对标的车的受损加装件要予以剔除（未有新增设备险的）；确定受损部件能否修及如何修复；确定需要更换的部件的名称或零件编号；确定受损部件修复所需工时费用。

④ 常用零部件修换原则：不影响使用性能及外观质量的，或修后能达到相应的技术要求和标准的，应修复；以二类维修企业技术水平无法修复或在工艺上无法保证修理质量的配件，应更换。

⑤ 定损人员查勘定损时，应坚持一次定损原则，对确实需要拆检、复查或经试车确认的隐损件，必须粘贴"核损待检封"，并签署查勘人员姓名、查勘日期、车牌号码，以便复查。对需要回收的部件，也需粘贴"核损待检封"，以便回收人员核实、回收。

⑥ 定损人员查勘定损时，如遇到受损车辆安全气囊爆出，定损人员必须第一时间在安全气囊上签署姓名、日期，检查气囊是否拆检过，有必要时用检测仪调出故障码核对。

⑦ 定损人员查勘定损时，若发现车损有异常情况，必须明确要求修理厂不得拆检或修理受损车辆，并立即向相关案件负责人汇报，在得到案件负责人的明确指示后，方可按案件负责人的指示继续查勘定损。

⑧ 定损人员在初步核定维修方案后，必须明确告知修理厂要等保险公司将价格核定之后，方可修车，避免产生差价纠纷，特别是一些高档车的维修厂家。

4. 定损完成后的事项

① 定损人员在查勘定损完毕后，要对本次事故的真实性、碰撞痕迹以及是否有损失扩大等做出总结，并填写查勘工作日志。

② 应在要求的时限内将损失照片和定损单上传到理赔系统，并转入核价审核平台；定损人员在理赔系统上输入定损单时，配件名称必须标准、规范。必要时，须注明零件编码或指明安装位置及作用。定损人员在理赔系统上书写查勘备注时，必须完整、规范、明确。

③ 定损完毕后，修理厂要求增补配件及工时项目的，定损人员应要求承修厂出具书面增补报告。定损人员收到书面增补报告后，核实增补项目是否受损以及是否属于本次事故造成的损失，核定增补项目或工时后，报案件负责人审核，再补录到理赔系统中。

四、事故车辆的定损方法

在实际运作过程中,经常存在着这样的问题,被保险人与保险人在定损范围与价格上存在严重分歧,被保险人总希望能得到高的赔付价格,而保险人则正好相反。另外在保险业,特别是机动车辆保险业,经常有骗保案件发生。因此,为避免上述情况发生,定损人员应掌握正确的定损方法。

① 确定出险车辆的性质,确认是否属于保险赔付范围。根据有关机动车辆保险条款的解释及事故现场的情况,验明出险车辆号牌、发动机号、车架号是否与车辆行驶证及有关文件一致,验明驾驶员身份,驾驶证准驾车型是否与所驾车形相符,如驾驶出租车是否有行业主管部门核发的出租车准驾证,确认是否在保险赔付范围内及是否有骗保行为。

② 按事故查勘照相的要求,对现场及车辆损伤部位拍照,必须清晰、客观、真实地表现出事故的结果和车辆的损伤部位。

③ 对事故车辆损伤部位进行查勘,确定损伤程度。在对外部损伤部位照相的基础上,对车辆损伤部位进行细致查勘,对损伤零件逐个进行检查,即使很小的零件也不要漏掉,以确定损伤情况。如对车身及覆盖件查验时,应注意测量、检查损伤面积、塑性变形量、凹陷深度、撕裂伤痕的大小,必要时应测量、检查车身及车架的变形,以此确定零件是否更换或进行修理所需工时费用。对于功能件应检验其功能损失情况,确定其是否更换或修理方法及费用。

④ 对不能直接检查到的内部损伤,应进行拆检。如车辆发生强度较大的正面碰撞时,在撞击力的作用下,除车身及外覆盖件被撞损坏以外,同时会造成一些内部被包围件的损坏。如转向机构、暖风及空气调节装置等的损伤情况,则需要解体检查。所以发生碰撞事故后,应根据实际情况确定是否需要解体检查,以确认被包围件的损伤情况。

⑤ 确定损伤形成的原因。零部件及总成损伤形成的原因,可以由事故引起,也可能是其他原因,不能一概而论。

1. 定损注意事项

(1) 定损核价工作应掌握的原则

① 定损核价工作首要原则:积极掌握定损主动权。

② 严格遵照定损核价权限,超出权限范围的应及时上报有关部门或领导,协商处理意见。

③ 修理范围仅限于本次事故所造成的车身损失。

④ 事故车辆以修复为主,能修复的配件尽量修复,不能随意更换新的配件。

⑤ 可局部修复的,不可按总成大修计算工时费;可更换单独零件的,不能按更换总成配件计算费用。

⑥ 配件价格必须按本公司或各保险公司相关规定上报核价,配件费遵循"有价有市"和"报供结合"的原则。

⑦ 管理费、残值要参照当地汽修市场行情和保险同业的标准确定,更换配件的管理费率一般不得超过15%。

⑧ 残值应与被保险人或维修厂协商处理,并从总维修费中扣除,保险人收回的配件残值不再在总维修费中扣除。

(2) 需明确区分的界限

① 应注意本次事故造成的损失和非本次事故造成的损失的界限。区分时一般根据事故部位的痕迹进行判定,对本次事故的碰撞部位,一般有脱落的漆皮痕迹和新的金属刮痕;对

非本次事故的碰撞部位，一般有油污和锈蚀。

②应注意事故损失和机械损失的界限。保险人只赔偿条款载明的保险责任所导致的事故损失。因刹车失灵、机械故障、爆胎以及零部件的锈蚀、老化、变形、发裂等造成的汽车本身损失不应负责赔偿。但因这些原因造成的保险事故，可赔偿事故损失部分，非事故损失部分不予赔偿。

③应注意汽车保险事故损失和产品质量或维修质量问题而引发事故损失的界限。若由产品质量或维修质量引发的车辆损毁，应由生产厂家、配件供应厂家、汽车销售公司或汽车修理厂家负责赔偿。汽车质量是否合格，保险人不好确定，如对汽车产品质量问题有怀疑，可委托相关鉴定部门进行鉴定。

④应注意过失行为引发事故损失与故意行为引发事故的界限。过失行为引发的事故损失属于保险责任，故意行为引发的事故损失属于责任免除。

（3）注意车辆送修规定

①受损车辆未经保险人同意而自行送修的，保险人有权重新核定修理费用或拒绝赔偿。

②经定损后，被保险人要求自选修理厂修理的，超出定损费用的差价应由被保险人自行承担。

③受损车辆解体后，如发现尚有因本次事故造成损失的部位没有定损的，经定损人员核实后，可追加修理项目和费用。

2. 定损项目的修换原则

事故车辆定损时，除了坚持"以修为主，能修不换"的总原则外，在实际的定损中，对不同的部件或材料的修换原则又有差异。定损人员若能掌握正确的定损项目的修换原则，既能避免不法分子利用机动车骗保，也能保护广大车主的正当利益。

事故车辆损失应掌握"以修为主，能修不换"的总原则，但在实际定损过程中应掌握以下通用原则。

①不影响使用性能又不影响外观质量，且利用简单工艺即可恢复的，应以修复为主。

②以二类以上维修企业技术水平无法修复或在工艺上无法保证修后质量的应更换。

③受损配件修复后使用可能影响车辆安全及性能时，应考虑更换；若维修能够达到相应的技术要求和标准，从常规和技术的角度考虑，则不必进行更换，应坚持以修为主的原则。

④当配件修复费用超过或等于该配件更换费用时，应更换；当配件修复费用超过或等于该配件更换费用的70%时，可以更换；但若该配件价格昂贵且在市场上难以采购时，应协商修理，其修理费用可以依实际情况依照相应的比例进行上浮。

⑤所有更换件定损规格不得高于原车事故前装配的品牌、规格。

五、确定车辆损失

确定车辆损失的基本程序如下。

①出险现场查勘记录，详细核定本次事故造成的车辆损失部位和修理项目，逐项列明修理所需的工时、工时的定额（单价）、需要更换的零配件。

②由于零件一般占修复费用的比例较大，且零配件价格的市场价差较大，为此，对于必须更换的零部件应进行询价报价。

③估损人员在获得报价单后，即可以确定修复作业的全部费用，并与被保险人和可能涉及的第三方共同签订《机动车辆保险定损确认书》。

在确定车辆损失时应注意以下几个问题。

① 应注意区分本次事故和非本次事故造成的损失、事故损失和正常维修保养的界限，尤其是在查勘地点不是第一现场的情况下更应注意。

② 应尽可能一次性完成定损工作，尽量避免第二次损失鉴定。

③ 经保险公司事先书面同意，对被保险事故车的损失原因进行鉴定和修复费用进行评估的费用可以负责赔偿。

④ 应注意对更换零配件的控制和管理。

⑤ 若事故车在估损人员检验之前已经由被保险人自行送修，根据保险条款的有关规定，保险人有权重新核定修理费用或拒绝赔偿。

六、确定人身伤亡费用

1. 人身伤亡费用的确定

① 在保险事故中出现人身伤亡时，应当立即将受伤人员送医院急救，以抢救生命和控制伤情。

② 按照《道路交通事故处理办法》的规定：人身伤亡可以赔偿的合理费用主要包括受伤人员的医疗以及相关费用、残疾赔偿费用、死亡人员的赔偿以及相关的处理费用、抚养费用和其他费用。

③ 被保险人向保险人提出索赔前应对所有费用先行支付，而后将取得的单证以及相关资料提交给检验人员作为索赔依据。

④ 收到被保险人提供的上述单证后，定损人员应认真进行审核，根据保险条款和《道路交通事故处理办法》，对不属于保险责任范围内的损失和不合理的费用，如精神损失补偿费、困难补助费，处理事故人员差旅费、生活补助、招待费、请客送礼费等，应予剔除，并在人员伤亡费用清单上"保险人的意见"栏内注明剔除项目及金额。

2. 确定人身伤亡损失时应注意的几个问题

① 医疗费用是目前在人身伤亡损失控制中的一个突出问题。

② 伤者住院期间经医院确定需要护理时，护理人员最多不超过两人。伤者需要转院赴外地治疗的，须由所在医院出具证明并经事故处理部门同意。伤残鉴定费用需经过保险人同意。

③ 抚养费用也存在较多问题，如受害人户籍所在地的有关人员提供虚假证明，伪造和虚构抚养对象等。

④ 关于交警在事故处理过程中出具的《交通事故经济赔偿调解协议书》的法律效力问题。尽管交警在事故处理过程中是代表国家行使执法权，但是《交通事故经济赔偿调解协议书》是在其主持下由事故双方进行协商的结果。

⑤ 被保险人和受害者提供的索赔支持材料，如被抚养人的情况及生活费、医疗费、伤残鉴定证明等缺乏真实性、合法性、合理性。

七、确定其他财产损失

1. 确定其他财产损失

① 车辆事故除了导致车辆本身的损失外，还可能造成第三者的财产损失和车上承运货物的损失。

② 对于车上承运货物的损失，应会同被保险人和有关人员对受损的货物进行逐项清理，以确定损失数量、损失程度和损失金额。在损失金额的确定方面应坚持从保险利益原则出

发,注意掌握在出险当时标的具有或者已经实现的价值,确保体现补偿原则。

③ 第三者财产损失赔偿责任是基于被保险人侵权行为产生的,应根据民法的有关规定按照被损害财产的实际损失予以赔偿。确定的方式可以采用与被害人协商的方式,但是如果协商不成也可以采用仲裁或者诉讼的方式。

2. 在确定施救费用时应注意的几个问题

① 目前,施救费用的处理仍然存在一定的行业垄断问题。

② 保险车辆出险后,被保险人赶赴肇事现场处理所支出的费用不予负责。

③ 如果被保险车辆为进口车或特种车,发生保险责任范围的事故后,在当地确实不具备修理能力,事先经保险公司书面同意可以移送外地修理,对相应的移送费保险公司将予以赔偿。但是应当明确该项费用属于修理费用的一部分,而不是施救费用。

八、残值处理

残值处理是指保险公司根据保险合同进行了赔偿并取得受损标的的所有权后,对于这些受损标的的处理。通常情况下,对于残值的处理均采用协商作价归被保险人的做法,并在保险赔款中予以扣除。如协商不成,也可以将已经赔偿的受损物资收回。这些受损物资可以委托有关部门进行拍卖处理,处理所得款项应当冲减赔款。一时无法处理的,则应交保险公司的损余物资管理部门收回。

第二节 维修费评估

维修计划包括的内容一般有需要维修或更换的项目、维修工位、需要采购或外协加工的项目、维修时间等。无论是保险公司的定损还是承修厂家的费用估价都应该根据当地和厂家的实际情况进行统筹安排。尽量缩短维修的时间,充分利用人员和设备等资源,最大限度地完成维修工作。碰撞损伤维修工作如图 5-2-1 所示。制订出维修计划后,应根据计划做出维修工时的估算。

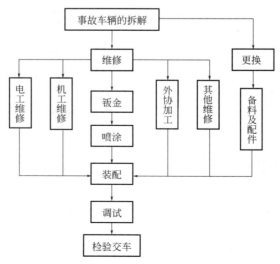

图 5-2-1 碰撞损伤维修工作

一、零部件更换与维修的原则和方法

1. 判断零部件更换与维修的技术标准

国标《机动车安全运行技术条件》（GB 7258—2004）规定了机动车辆（含挂车）的整车及其发动机、转向系统、传动系统、行驶系统、照明和信号装置等有关运行安全的技术要求。其中大部分要求与汽车修理（尤其是事故车辆修理）并无直接的规定关系，但间接地规定了车辆正常行驶所必需的技术条件，是事故车修复应重点参照的标准。

事故车辆由于碰撞、翻车等导致转向、制动等部件的机件受损，修复后转向系统、制动系统的机件必须达到"技术条件"的要求。但是，由于未受损机件在正常使用时磨损严重，往往使转向、制动等系统达不到技术要求，这时就需要按规定更换这些零部件，更换零部件的费用应当计入维修费用之中。但如果保险公司的定损超出了费用评估，那么这一部分的维修费用理应由车主承担。

2. 确定换件与维修的一般原则与方法

① 质量和寿命有保证。
② 修理零部件的费用与新件价格的关系。
a. 价格较低的，一般修理费用应不高于新件价格的30%。
b. 中等价值的，一般修理费用应不高于新件价格的50%。
c. 总成的修理费用，一般不应超过新件价格的80%。
③ 确保行车的安全。
④ 板件的损伤程度。
⑤ 老旧车型。
⑥ 特殊零部件的维修与更换。
a. 仪表类。
b. 电气元件。
c. 电镀装饰件。
d. 橡胶、塑料和玻璃制品。
e. 车身附加设备的损坏。

3. 关于外协加工和专项修理

在车辆定损时也要考虑到外协加工和专项修理等因素。

二、维修费用的确定

1. 车辆维修费用的组成

车辆的维修费用主要有以下几个部分：工时费、材料费、外协加工费和税费等。
① 工时费：工时费＝工时费率×工时定额。
② 材料费：材料费是维修工作中所需要更换的零件费用和使用材料的费用。
③ 外协加工费。
④ 税费。

2. 确定维修费用需要的资料

① 零配件和喷涂材料的价格。
② 维修工时定额和工时费率。

3. 维修工时的确定

根据车损情况做出维修计划，按照每个维修项目估计确定维修工时，再根据工时定额可以计算出维修工时费，确定维修工时是计算维修工时费的关键。车辆碰撞损伤维修中主要包含以下几种工时。

（1）拆装工时　事故车辆的修理和正常的汽车维修不同，事故车辆修理中拆装工时常占有很大的比例。为碰撞修复而产生的拆装工时有三种形式，即显性拆装工时、隐性拆装工时和整车拆装工时。在计算工时核算时，要根据实际情况分别计算。

① 显性拆装工时，即修理某些零部件时，拆装该零部件所需的工时。两车门需要整形，那么拆装这两个车门所需要的工时即为显性工时。

② 隐性拆装工时，即维修某些零部件时需要首先拆除不需要修理的完好部件，在修复装配时也是如此，这部分工时即为隐性工时。

③ 整车拆装工时。非承载式车身车辆在发生翻车和重大撞击事故时，会造成车架的严重变形。为校正或更换车架，就要拆下车体、吊下发动机、变速器、前后桥、悬架等几乎所有的车身零部件。在修复后则按照拆卸的相反顺序逐一装复，这就是整车的拆装。

（2）换件工时　事故车修理中，某些零部件经鉴定已经损坏，更换这些零部件所需要的工时称为换件工时。

（3）整形工时　事故车辆的钣金件因碰撞而变形，对其整形修理所需的工时称为整形工时（钣金工时）。整形工时的定额根据车辆的钣金件部位和损伤程度等有很大的区别，一般按照钣金件的损伤程度将其分为轻度、中度和重度损伤三类。

轻度损伤：局部的、小范围的，不影响整体安装的轻度变形。其钣金修理的工时费用为新件价格的10%～20%，如轿车的前翼子板、车门的轻微碰撞变形等。

中度损伤：局部框架的变形或板件中等程度的损伤。中度损伤的校正需要局部拆开进行整形操作，其钣金修理的工时费用为新件价格的20%～35%，如轿车的前门立柱、中柱等钣金修理。

重度损伤：板件或结构件已经整体变形，需要全部拆开进行整形校正操作。其钣金整形工时费用为新件价值的35%～50%。如平头货车的前门立柱、前围板、车门和驾驶室总成等。

损伤部位不同，其钣金整形的工时费用也有所差异。比较重要的结构性部件和外观要求比较高的外观板件，其工时定额要高一些。某省轿车车身金属构件整形工时的参考定额见表5-2-1。

表5-2-1　某省轿车车身金属构件整形工时的参考定额

序号	作业项目	变形程度/h			
		轻度	中度	重度	需更换
1	前围框架	6	9	12	16
2	发动机罩	10	15	20	
3	前翼子板	8	10	12	
4	前纵梁挡泥板总成	12	16	20	28
5	前挡风玻璃框架	8	12	16	
6	前门前立柱	10	15	20	25
7	车门中柱	12	16	20	20
8	车门	10	16	22	

续表

序号	作业项目	变形程度/h			
		轻度	中度	重度	需更换
9	后备厢盖	10	15	20	
10	后翼子板	10	15	20	24

（4）机修工时　事故车辆维修中，对机械部分进行的检查、调整和修理所需要的工时称为机修工时。

（5）电工工时　电工工时包括对电气设备的修理和配合其他工种作业进行的灯具拆装、线路的更换或修整、仪表台及仪表的拆装、蓄电池的电解液补充和充电、仪表传感器等拆装、发动机和起动机的检修等，可参照工时定额确定。

（6）调整工时　调整工时包括总成机件检修后的调试、磨合及制动、转向、离合器、四轮定位等修正后的路试检验，以及所有修理部位的检查等所需要的工时。

（7）喷涂维修费用　按喷、烤漆工时定额和收费标准，其费用为工时费＋喷、烤漆材料费。

以某省"轿车喷、烤漆成本核算参考定额"为例，一辆普通桑塔纳轿车喷、烤普通漆的工时如下。

① 铲底30％以下，全车喷、烤漆为120工时。

② 铲底30％～60％，全车喷、烤漆为160工时。

③ 铲底60％以上，全车喷、烤漆为200工时。

铲底即底材处理。全车喷涂应包括原子灰、底漆、中涂漆、面漆和打磨等处理的费用和材料费用。一般事故车辆全车喷漆，轿车内部不喷涂，其铲底面积可按30％～60％计算，如按每工时收费7元的参考价格，喷、烤漆工时的费用约为1200元，材料费约为900元，喷、烤漆房使用费为400元，加利润和税费（按成本的18％计）后，该车全部喷涂所需的费用总计约为2800元（表5-2-2）。

表5-2-2　某省轿车喷、烤漆成本核算参考定额

序号	项目	车型			
		飞度		捷达	
		用量	金额/元	用量	金额/元
1	原子灰	2桶	120	3桶	180
2	面漆	1.2L	450	1.5L	550
3	固化剂	0.6L		0.75L	
4	稀释剂	0.7L		0.8L	
5	底漆	1.3kg	45	2kg	80
6	稀释剂	13kg		2kg	
7	砂布	10张	30	15张	50
8	砂纸	15张		20张	
	胶带	7盘		10盘	
	贴护纸	—		—	

续表

序号	项目	车型 飞度 用量	车型 飞度 金额/元	车型 捷达 用量	车型 捷达 金额/元
11	材料费合计	—	654	—	860
12	普通漆内、外喷	增加250元	895	增加300元	1160
13	喷金属漆	增加300元	400	增加300元	400
14	烤漆房使用费	—	—	—	—
15	外表全喷工时费	5×120	600	5×160×1.4	1120
16	内、外喷工时费	5×150	750	5×200×1.4	1400
17	普通漆外表喷烤成本	—	1645	—	2380
18	增加18%利润、税费	—	约1900	—	约2800
19	普通漆内、外喷烤成本	—	约1900	—	2680
20	金属漆外表喷烤成本	—	1945	—	2680
21	增加18%利润、税费	—	约2300	—	约3160

捷达轿车车身（地板除外）各部分的单件喷、烤漆费用见表5-2-3。单件的喷、烤漆费用之和要高于整车的喷、烤漆费用，这是因为单件喷涂时涂料及消耗要高于整车喷涂的使用量和底材处理的比例。

表5-2-3 捷达轿车车身各部件喷、烤漆费用

序号	车身部件名称	喷、烤漆费用/元
1	前围框架	100
2	发动机罩（内、外）	450
3	前纵梁挡泥板总成	100×2=200
4	车顶	400
5	前翼子板	200×2=400
6	后翼子板	250×2=500
7	车门	250×4=1000
8	后备厢盖（内、外）	300
9	后舱后围	100

金属漆的费用要高于普通漆，因为金属漆的价格要高于普通漆。同时，漆，这是普通漆所不必的。因此，金属漆的整车喷烤价格比普通漆的整车右；珍珠漆的费用比金属漆还要高，整车喷涂费用比使用金属漆高200~30

（8）其他工时 汽车维修中还有外协加工工时和辅助工时等。

（9）特种车 在辆的维修工时在定损工作中有时会遇到特种车辆的费特种车辆的维修是比较专业的，有的车种还需要到专门指定的维修企业进种车定损时需要进行多方了解。特种车辆类型繁多，批量较小，发生事

这些车一旦发生事故，损失都会比较大，而且有的还需要到原制造厂或专业厂维修。修理工时没有可以参照的资料，确定起来有一定的困难。在定损时需要参考制造厂家或专业修理厂的标价进行。

第三节 车辆钣金件的估损

一、车身碰撞损伤的目测

① 钣金件截面变形。
② 零部件支架断裂、脱落及遗失。
③ 检查车身各部位的间隙和配合。
④ 检查汽车本身的惯性损伤。
⑤ 检查来自乘员及行李的损伤。

二、汽车正面碰撞损伤评估

1. 前保险杠
（1）功用
① 能吸收及缓和外界冲击力，有效地保护车身。
② 有利于减轻被撞人或物的伤害程度。
③ 具有很好的装饰性。
（2）类型
① 普通型。
a. 过去汽车保险杠是以金属材料为主。
b. 为了追求与车体造型的和谐与统一，追求本身的轻量化，轿车上采用塑料保险杠。
② 吸能型（图5-3-1）。

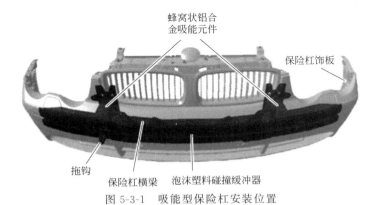

图5-3-1 吸能型保险杠安装位置

a. 橡胶吸能器（图5-3-2）。
b. 压溃式吸能器。
c. 泡沫垫层吸能器（图5-3-3）。
d. 充气或充液型吸能器。

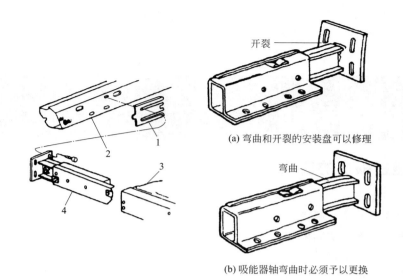

(a) 弯曲和开裂的安装盘可以修理

(b) 吸能器轴弯曲时必须予以更换

图 5-3-2 橡胶吸能器
1—垫片；2—加强梁；3—车架；4—吸能器

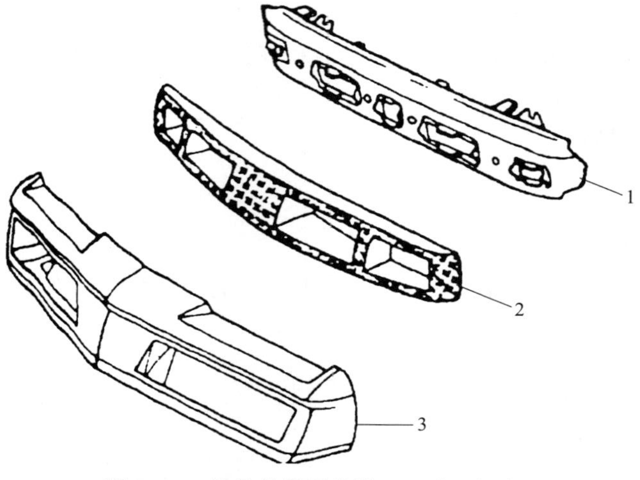

图 5-3-3 泡沫垫层吸能器（运动型轿车）
1—保险杠；2—吸能器；3—护罩

e. 弹簧吸能器。

(3) 保险杠损伤评估

① 常用保险杠损伤评估（表 5-3-1）。

表 5-3-1 常用保险杠损伤评估

部件	材料		性质	损伤情况	修复方法
保险杠	钢制	—	—	—	矫正和修复
		镀铬	—	—	更换
	热塑性塑料		价格昂贵、表面烤漆	破损不多	焊接

续表

部件	材料	性质	损伤情况	修复方法
保险杠饰条	橡胶或塑料	—	破损	更换
保险杠内衬	泡沫	多为中高档轿车	轻微损坏	可重复使用
保险杠骨架	铁质	—	轻度碰撞	钣金修复
		价值较低	中度以上碰撞	更换为主
	铝合金	—	轻微刮伤	抛光
		—	轻度碰撞	钣金修复
		修复难度大	中度以上碰撞	更换为主
保险杠支架	铁质	价格较低	轻度碰撞	钣金修复
			中度以上碰撞	更换
	塑料	—	损坏	更换
保险杠灯(转向灯、雾灯)	—	价格一般	表面破损	更换
		价格较高的雾灯	只损坏少数支撑部位	焊接、粘接

② 保险杠吸能器的损伤评估。

a. 橡胶吸能器：勘查定损时，要注意检查吸能器的固定轴和固定板是否弯曲，橡胶垫是否撕裂，如出现上述情况，则应更换吸能器。

b. 压溃式吸能器：勘查定损时，通过比较两个吸能器的长度，可确定是否变形。如果吸能器弯曲、开裂或压碎，则必须进行更换（图 5-3-4）。

图 5-3-4 压溃式吸能器

c. 泡沫垫层吸能器：勘查定损时，如果吸能器弯曲、开裂或压碎，则必须进行更换（图 5-3-5）。

图 5-3-5 泡沫垫层吸能器

d. 充气或充液型吸能器：勘查定损时，要注意检查其是否有开裂、凹陷、弯曲、渗漏等情况，如出现上述情况，则应更换吸能器。

e. 弹簧吸能器：勘查定损时，要注意检查其是否有开裂、凹陷、弯曲、渗漏以及弹簧折断等情况，如出现上述情况，则应更换吸能器（图5-3-6）。

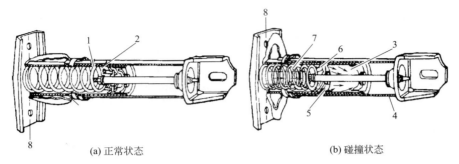

图 5-3-6　弹簧吸能器

1—回位弹簧；2—碰撞后油液返回储液腔；3—碰撞过程油液聚集区；
4—外缸筒；5—阀门；6—液孔；7—储液腔；8—内缸筒

2. 格栅

（1）格栅的结构和功用　格栅（中网）位于车辆前部中央，有的定在保险杠装饰板上，有的固定在散热器支架或发动机罩上（图5-3-7）。

图 5-3-7　格栅

（2）格栅损伤评估

① 带电镀层的格栅受损时，需要更换。

② 塑料或甲酸酯格栅受轻微碰撞时，可用塑料焊接技术或粘接修补方法修复，严重时则要更换（图5-3-8）。

图 5-3-8　格栅损坏

③ 有些车辆格栅上的车标、前照灯下饰条可单独更换，有些与格栅一体，应整体更换。

3. 散热器框架

（1）散热器 散热器框架的功能是支撑前部钣金件、散热器和冷却系统相关零部件，一般焊接在前翼子板和前横梁上形成车辆前板（图 5-3-9）。

图 5-3-9 散热器框架

在一些非承载式车身结构的车辆中，散热器框架用螺栓固定在翼子板、车轮罩和车架总成上。

（2）散热器框架损伤评估 框架轻微变形，可以修复；如果框架部分损伤，只需更换相应损伤部件；当框架严重变形时，应整体更换。

4. 发动机罩

（1）发动机罩的结构和功能 发动机罩位于发动机舱两侧翼子板之间，通常由冷轧板材制成，现代汽车也有采用铝、玻璃纤维和塑料制造（图 5-3-10）。

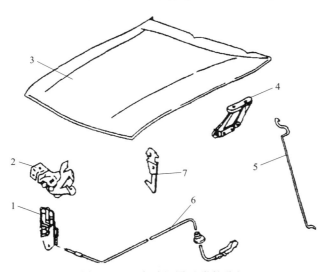

图 5-3-10 发动机罩及附件分解
1—锁下半部；2—锁上半部；3—发动机盖；4—铰链；5—撑杆；6—缆索；7—安全钩

（2）发动机罩损伤评估

① 冷轧钢板在遭受撞击后常见的损伤有变形、破损，根据损伤程度不同可选择钣金修复或整体更换。

② 若发动机罩是使用两个冲压成形的冷轧钢板经翻边粘接而成的，则在严重碰撞后，需将两层分开进行修理；若需将两层分开整形修理，则难以保证质量。

另外，若此种维修的工时费加辅料接近或超过其价值，则应更换发动机罩。

③ 铝质发动机罩产生较大的塑性变形时，需要更换（图5-3-11）。

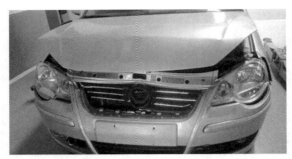

图5-3-11　发动机罩变形

④ 发动机罩锁止机构遭受碰撞变形、破损，以更换为主（图5-3-12）。

图5-3-12　发动机罩锁止机构

⑤ 发动机罩铰链碰撞后会变形，应以更换为主。

⑥ 发动机罩撑杆有铁质撑杆和液压撑杆两种，铁质撑杆基本上可校正修复，液压撑杆撞击变形后，以更换为主。

⑦ 发动机罩拉线在轻度碰撞后一般不会损坏，碰撞严重会造成折断，应更换。

5. 前翼子板

（1）前翼子板的结构与功用

① 翼子板与发动机罩、保险杠总成一起形成车身前端的外表面轮廓（图5-3-13）。

② 对于承载式车身，翼子板用螺栓固定在散热器框架以及挡泥板上。

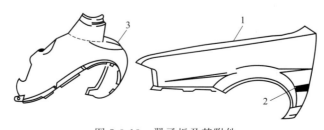

图5-3-13　翼子板及其附件
1—前翼子板；2—饰条；3—砾石板

（2）前翼子板损伤评估

① 损伤程度没有达到必须将其从车上拆下来才能修复，如整体形状还在，只是中部的局部凹陷，一般不考虑更换。

② 损伤程度达到必须将其从车上拆下来才能修复，并且前翼子板的材料价格低廉，材料价格达到或接近整形修复的工时费，应考虑更换。

③ 若翼子板上有较大的撕裂，应考虑更换（图5-3-14）。

④ 若每米长度超过3个折曲、破裂变形或已无基准形状，则应考虑更换；若每米长度不足3个折曲变形，且基准形状还在，则应考虑整形修复。

图 5-3-14　翼子板损坏

⑤ 如果修复工时费明显小于更换费用，应考虑以维修为主。

⑥ 前翼子板的附件有饰条、砾石板等。饰条损伤后以更换为主，即使未被撞击，也常因钣金整形，翼子板需拆卸饰条，拆下后就必须更换；砾石板因价格较低，撞击破损后一般更换即可。

⑦ 钢制翼子板变形后可经过钣金矫正修复；玻璃纤维和塑料上的凿孔和破碎可用玻璃纤维修补剂修复。

6. 前纵梁

（1）前纵梁位置（图5-3-15）

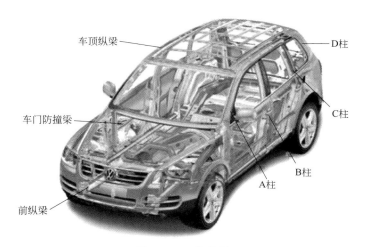

图 5-3-15　前纵梁

(2) 前纵梁损伤评估

① 前纵梁发生碰撞出现弯曲,以拉伸矫正为主。

② 若前纵梁碰撞后折在一起或经拉伸后严重开裂,应进行更换。可根据不同损伤程度截取更换(图 5-3-16)。

图 5-3-16　前纵梁碰撞出现弯曲

三、汽车侧面碰撞损伤评估

1. 车门

(1) 车门结构及类型

① 轿车上广泛应用的是旋转式车门(图 5-3-17)。

② 车门壳体由厚度 0.8～1.0mm 的薄钢板冲压、组焊而成。

图 5-3-17　轿车车门

车门附件包括门锁机构、门铰链、门限位器、玻璃升降机构等(图 5-3-18)。

微型、轻型客车和部分厢式货车上常用推拉式车门(图 5-3-19)。

其结构主要由车门内外板、限位器、滑轨及门锁等零件组成(图 5-3-20)。

(2) 车门损伤评估

① 若车门产生严重的撕裂,一般无法修复,应考虑更换(图 5-3-21)。

② 许多汽车的车门面板是作为单独零件供应的,损坏后可单独更换,不必更换总成。

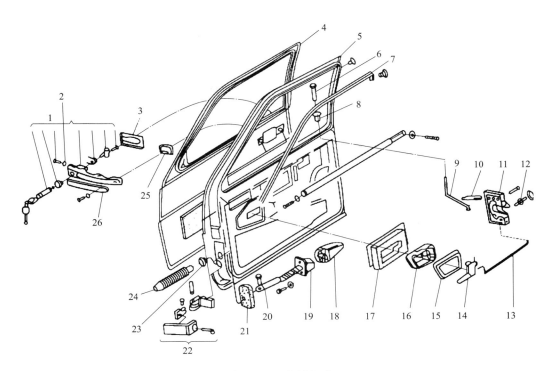

图 5-3-18 车门组成

1—弹簧垫圈；2—右前门外手柄总成；3—后垫板；4—外门板；5—内门板；6—车门锁杆按钮；7—前门头道密封条；8—车门锁杆按钮饰圈；9—右前门安全杆；10—锁拉杆；11—右前门锁总成；12—车门锁挺杆；13—前门拉杆；14—右门锁内手柄；15—右内手柄饰件；16—右门锁内手柄框；17—内手柄框架密封垫；18—车门限位器盖；19—前车门限位总成；20—车门限位器铆钉；21—软垫；22—门铰链总成；23—橡胶套；24—穿线护套；25—前垫板；26—车门外手柄饰条

图 5-3-19 推拉式车门

③ 如果车门锁块或铰链处产生塑性变形，由于有车门定位的要求，一般来说是无法修复的，应考虑更换。如果门框产生塑性变形，一般无法修复，应考虑更换。

④ 车门防撞饰条碰撞变形后应更换，车门变形后，需将防撞饰条拆下整形。多数防撞饰条为自干胶式，拆下后重新粘贴上不牢固，用其他胶粘贴影响美观，应更换。

⑤ 门锁及锁芯在严重撞击后会产生损坏，一般应以更换为主。

⑥ 后视镜体破损以更换为主，对于镜片破损，有些高档轿车的镜片可单独供应，可以

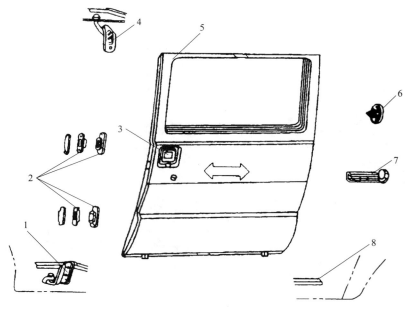

图 5-3-20 推拉式车门结构

1—下滚柱体；2—限位器；3—门把手；4—上滚柱体；5—门体；
6—门锁撞块；7—中间滚柱体；8—下滑轨

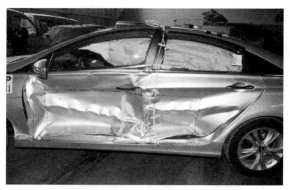

图 5-3-21 车门严重的撕裂

通过更换镜片的方法修复（图 5-3-22）。

图 5-3-22 后视镜损坏需更换总成

⑦ 玻璃升降机是碰撞中经常损坏的部件，玻璃导轨、玻璃托架也是经常损坏的部件，碰撞变形后一般都要更换。

⑧ 门框条缺损开裂，应考虑更换。

2. 前围板

（1）前围板的结构和功用　前围板是指发动机舱与车厢之间的隔板（图5-3-23）。

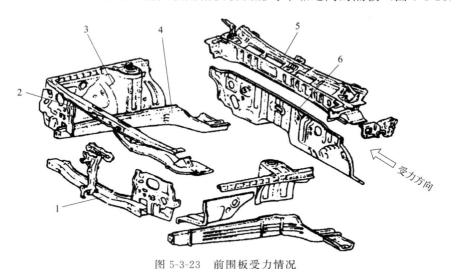

图 5-3-23　前围板受力情况

1,2—散热器框架；3—挡泥板；4—前纵梁；5—仪表盘板；6—前围板

（2）前围板损伤评估

① 因更换前围板工时多，涉及的部件多，原则上不更换前围板。

② 若要更换，则应考虑如下作业时间：仪表板的拆卸和安装、翼子板的拆下和安装、挡风玻璃的拆卸和安装、车门的拆卸和安装、空调和暖风装置零部件的拆卸和安装。

3. 仪表板

（1）仪表板的结构和功用　仪表板总成集中了全车的监察仪表，驾驶员可以通过仪表板随时掌握和控制车辆的运行状况，同时，仪表板也是部分设备的控制中心和被装饰的对象（图5-3-24）。

① 一般中低档轿车仪表板本体采用一体注射成型仪表板，多用PP复合材料。这种结构质量轻、易于加工、造价低，当受到冲击时可吸收一部分能量。

② 高级轿车的仪表板多采用软化结构，主要包括骨架、蒙皮和中间发泡层三部分。骨架按材料不同主要有钢板冲压件、树脂注塑件、纤维板、硬纸板等类型。钢板冲压件骨架质量重、成本高、焊接工作量大、装配质量低。树脂注射成型的仪表板骨架应用最多。

（2）仪表板损伤评估

① 由于一般的修理厂都没有检测的手段，并且仪表也不容易检测，因此，一旦发生碰撞，只要发现有明显的损伤、破损，都应该予以更换。

② 更换时，假如可以单独更换仪表，要注意不去更换总成；但若遇到某些整个仪表都安装在一体的仪表台破损，只能更换整个仪表台。

③ 需要注意的是，在检测仪表的工作状态，以判别其是否损坏时，一定不要单纯看仪表自身是否有所反应，还要充分注意相关传感器工作是否正常、线路中的保险是否断路、开关工作是否灵敏。

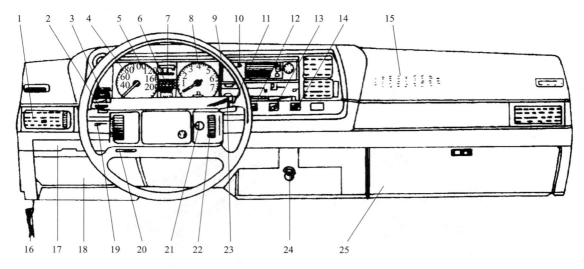

图 5-3-24 仪表板

1—出风口;2—灯光开关;3—阻风门与制动信号灯;4—车速里程表;5—电子钟;6—报警灯;7—冷却液表;8—带有燃油表的发动机转速表;9—暖风机通风控制杆;10—收音机;11—空格;12—雾灯开关;13—后挡风玻璃加热开关;14—紧急灯开关;15—扬声器放音开口;16—发动机盖锁钩脱开手柄;17—小杂物盒;18—熔断器保护壳;19—转向信号及变光灯拨杆开关;20—阻风门拉手;21—转向器锁与点火开关;22—扬声器按钮;23—刮水器及洗涤器拨杆;24—点烟器;25—杂物箱

4. A 柱和 B 柱

(1) A 柱和 B 柱的结构及功用　A 柱是前门铰链立柱和挡风玻璃立柱的统称,是由内、外板件焊接在一起形成牢固紧凑的结构(图 5-3-25)。

B 柱又叫中柱,通常由内、外板件组成,焊接在车门槛板、底板和顶盖纵梁上,形成一个紧凑的结构。

B 柱不仅为车顶盖提供支撑,而且为前门提供门锁接触面,又是后门的门柱。

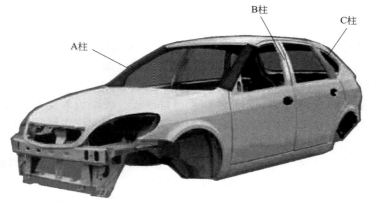

图 5-3-25　A 柱和 B 柱

(2) A 柱和 B 柱损伤评估

① A 柱和 B 柱是车身上两个重要的部位,定损时要慎重。若更换,则牵涉许多部件的拆卸,工作量大;若不更换,则影响车身安全。

原则上，若变形不太严重，则通过矫正修复（图 5-3-26）。

图 5-3-26　B 柱变形

② A 柱损伤无法通过矫正维修时，可通过切割、分离，再将配件焊接到此位置上的方法进行维修。切割时必须按维修手册的要求进行。

③ B 柱因碰撞而严重变形时，应进行更换。更换 B 柱前，通常在车顶盖下沿处切割 B 柱（切割部位按维修手册要求）。当 B 柱和车门槛同时损坏时，一般两者作为总成同时更换。

损伤评估时，要考虑 B 柱的切割和焊接作业以及其他的辅助作业（如拆后门、拆卸和安装装饰件以及密封条、防腐处理等）的工时。

5. 车顶

（1）车顶的结构和功用　车顶用于将车身顶部围住，由前后横梁、左右纵梁和一块金属板组成（图 5-3-27 和图 5-3-28）。

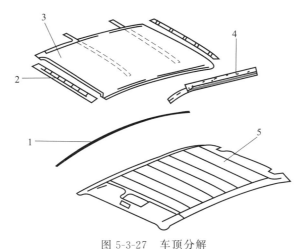

图 5-3-27　车顶分解
1—落水槽；2—车顶横梁；3—车顶；4—车顶边梁；5—内衬板

（2）车顶损伤评估　车顶碰撞严重损坏时，恢复原样较为困难，特别是有天窗的车顶，

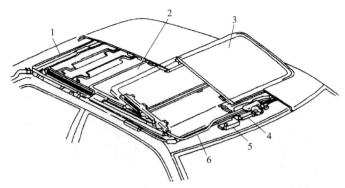

图 5-3-28 天窗结构

1—支架；2—遮阳板；3—玻璃；4—驱动电动机及齿轮；5—控制继电器；6—驱动钢索

这种情况下可考虑更换。

更换时还要考虑拆卸和安装其他相关零部件（如拆卸车顶内饰板、遮阳板、车顶灯、前后座椅等）的工时（图 5-3-29）。

图 5-3-29 车顶变形

6. 车门槛板

（1）车门槛板的结构和功用 车门槛板通常由内、外板件组成，是承载式车身的重要组成部分。

（2）车门槛板损伤评估

① 车门槛板损伤严重变形时，应进行更换。

② 不同的车辆，车门槛板也不同，有的内、外门槛板可单独更换或整体更换；而有的车辆车门槛板与侧围一体，更换的工程量大。

③ 更换时先进行切割，再进行焊接，最后进行防腐处理。

④ 损伤评估时要考虑相关工时和材料的费用。

四、汽车后面碰撞损伤评估

1. 后保险杠及其附件

（1）后保险杠及其附件的结构和功用 汽车后保险杠的结构材料与前保险杠相似，所不同的是，有的车后保险杠上装备有倒车雷达（图 5-3-30）。

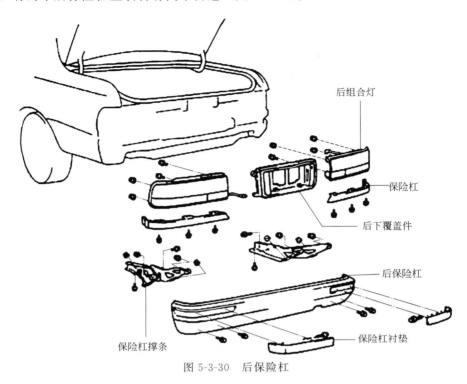

图 5-3-30　后保险杠

（2）后保险杠及其附件损伤评估

① 后保险杠及其附件的损伤评估参考前保险杠。

② 若后保险杠上倒车雷达系统的倒车警报传感器损坏，应考虑更换，但要仔细检查倒车雷达系统是原车安装的还是后加的，根据情况，确定是否在定损范围内（图 5-3-31）。

图 5-3-31　后保险杠损坏

2. 后备厢盖

（1）后备厢盖的结构和功用

① 后备厢盖与发动机罩的结构、材料相似（图 5-3-32 和图 5-3-33）。

② 后备厢盖总成由内板件、外板件、锁芯、门闩总成、锁销以及铰链等组成。

（2）后备厢盖损伤评估　后备厢盖的损伤评估可参考发动机罩的损伤评估进行（图 5-3-34）。

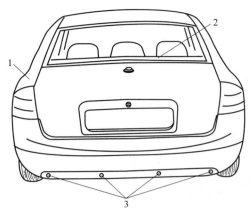
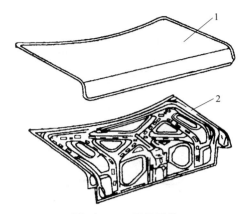

图 5-3-32 带有倒车雷达系统的后备厢盖
1—倒车警报控制单元安装位置；2—倒车警报蜂鸣器
安装位置；3—倒车警报传感器

图 5-3-33 后备厢盖
1—外钣件；2—内钣件

3. 后翼子板

（1）后翼子板的结构和功用　后翼子板焊接在车门槛板、顶盖纵梁及外轮罩上，形成后车身的一侧（图 5-3-35）。

图 5-3-34　后备厢盖严重变形

图 5-3-35　后翼子板

（2）后翼子板损伤评估

① 因为轿车后翼子板属于不可拆卸件，所以，当碰撞造成中度以下损伤时，应尽量修复。

② 当后翼子板损伤严重时，应进行更换（图 5-3-36）。

4. 后车身钣件

（1）后车身钣件结构　一般承载式车身车辆的后车身包括后围板、后翼子板、后底板、后纵梁以及横梁、加强件等（图 5-3-37）。

（2）后车身钣件损伤评估

① 对于承载式车身来说，后车身钣件一般情况下不考虑更换。

② 若后部钣金件严重变形或无法修复，可考虑更换。

5. 后举升门

（1）后举升门的结构（图 5-3-38）

图 5-3-36 后翼子板的结构及切割方法

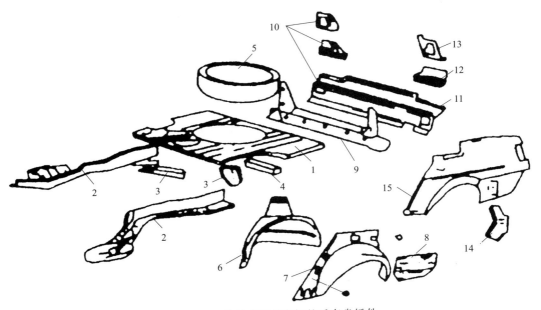

图 5-3-37 承载式车身车辆的后车身钣件

1—后底板；2—后纵梁；3—支撑板；4—排气管支架；5—备胎座；6—后轮罩内板；
7—后轮罩外板；8—连接板；9—后围板横梁；10—后围板；11—后围板下板；
12—后围板边板；13—尾灯底板；14—后门锁加强板；15—后翼子板

（2）后举升门损伤评估

① 后举升门（图 5-3-39）发生碰撞，铰链会变形，应以更换为主。

② 后车门锁止机构变形，应以更换为主。

③ 如果损伤部位接近玻璃时，要考虑玻璃的拆装以及更换或移装举升门附属件（如玻璃导槽及调节器、外把手、高位制动灯总成等）的工时。

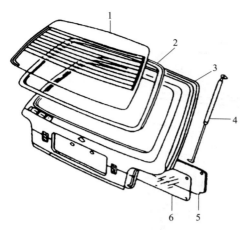

图 5-3-38 后举升门的结构
1—玻璃；2—密封条；3—后举升门；
4—支撑杆；5—内饰板；6—密封薄面

图 5-3-39 后举升门

五、座椅损伤评估

1. 座椅的结构

座椅由骨架、弹性元件、缓冲垫、装饰蒙皮和调节机构等组成（图 5-3-40 和图 5-3-41）。

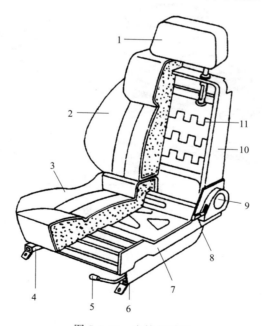

图 5-3-40 座椅的结构
1—头枕；2—靠背芯子及蒙皮；3—坐垫芯子及蒙皮；4—右滑轨；5—行程调节手柄；6—左滑轨；
7—坐垫骨架；8—调角手柄；9—靠背角度调节器；10—靠背骨架；11—S形弹簧

2. 座椅损伤评估

① 座椅的机械部分损坏，如座椅的骨架、导轨等轻微变形，可以矫正；调整棘轮、调

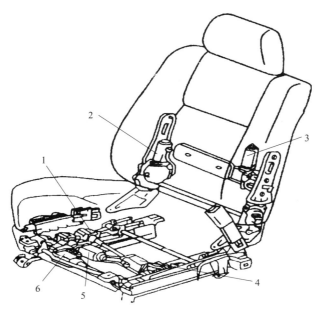

图 5-3-41 电动座椅
1—导轨；2—靠背倾斜调整电动机；3—腰部支撑调整电动机；4—后方上下调整电动机；5—前方上下调整电动机；6—前后滑动调整电动机

整螺钮、移动把手等损坏，可以更换。

② 座椅的真皮损坏，可以修复。

③ 座椅的电气元件，如电动机、传感器损坏，可以更换。

④ 若座椅变形严重，则可考虑更换。若电气元件与座椅连成一体，无法单独更换，也可考虑更换。

第四节 机械电气部件及估损

一、发动机定损分析

汽车发生一般事故时，大多不会使发动机受到损伤。只有比较严重的碰撞、发动机进水、发动机拖底时，才可能导致其损坏。

1. 发动机及附件的定损

① 发动机附件。

② 散热器及附件。

③ 散热器框架。

④ 铸造基础件。

2. 发动机的拖底

（1）发动机拖底的形成原因　汽车发动机在以下几种情况下易拖底。

① 通过性能较差的汽车通过坑洼路段时，可能会因颠簸而使位于较低部位的发动机油底壳与路面相接触，从而导致发动机拖底（图 5-4-1）。

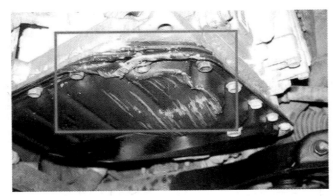

图 5-4-1 发动机拖底

② 汽车在坑洼程度并不严重的路段行驶，由于速度偏高，遇到坑洼时上下颠簸严重，也可能导致发动机拖底。

③ 汽车在路面状况良好的路段行驶，没有察觉前车坠落的石块，有可能导致发动机拖底。

④ 汽车不慎驶入路坡等处时，被石头垫起，造成拖底。

（2）发动机拖底后的损坏范围　发动机拖底后，往往会对机件造成一些损失，这些损失可以划分为直接损失和间接损失。

3. 发动机进水后的损坏分析

四冲程工作循环的发动机，包括进气行程、压缩行程、做功行程和排气行程。如果汽车进了水，水就有可能通过进气门进入气缸。由于发动机气缸内已经进了水，在发动机的压缩冲程，活塞在上行压缩时，所遇到的不再只是混合气，还有水。由于水是不可压缩的，那么曲轴和连杆所承受的负荷就要极大地增加，有可能造成弯曲，在随后的持续运转过程中就有可能导致进一步的弯曲、断裂，甚至会使气缸损坏（图 5-4-2）。

图 5-4-2　发动机进水后的损坏

需要说明的是，同样是动态条件下的损坏，由于发动机的结构不同、转速高低不同、车速快慢不等、发动机进气管口安装位置不一、吸入水量多少不一样等，所造成的损坏程度自然也就有所不同。有时候，发动机因进水导致自然熄火，机件经清洗后可以继续使用，但有个别的汽车经一段时间的使用后，造成连杆折断，捣坏缸体，这是因为：当时的进水导致了连杆的轻微弯曲，为日后的故障留下了隐患。

二、底盘定损分析

1. 机械零部件的定损

① 铸造基础件。

② 悬架系统和转向系统零件。

③ 车轮轮辋遭撞击后以变形损伤为主（图5-4-3），应更换。轮胎遭撞击后会出现爆胎，应更换。轮罩遭撞击后常会产生破损，应更换。

④ 前悬架零件。

a. 前纵梁及悬架座。承载式车身的汽车前纵梁及悬架座属于结构件，按结构件方法处理。

b. 前悬架系统及相关部件。制动盘、悬架臂、转向节、稳定杆和发动机托架均为安全部件，变形后均应更换（图5-4-4）。

图5-4-3　车轮轮辋变形

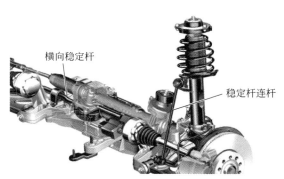

图5-4-4　稳定杆

对于减振器，主要鉴定是否在碰撞前已损坏。减振器是易损件，正常使用到一定程度后会漏油，如果外表已有油泥，说明在碰撞前已损坏；如果外表无油迹，碰撞造成了弯曲变形，应更换（图5-4-5）。

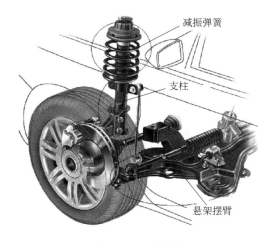

图5-4-5　减振器

图5-4-6　安全气囊展开

⑤ 安全气囊。遭到撞击损伤后,从安全角度出发应该更换。安装有安全气囊的汽车,驾驶员气囊都安装在转向盘上,当气囊因碰撞引爆后,不仅要更换气囊,通常还要更换气囊传感器与控制模块等。需要注意的是,有些车型的碰撞传感器是与 SRS/ECU 装在一起,要避免维修厂重复报价(图 5-4-6)。

变速操纵系统遭撞击变形后,轻度的常以整修修复为主,中度以上的以更换为主。

⑥ 后桥及悬架。

a. 后桥及后悬架。后悬架(图 5-4-7)按前悬架方法处理;后桥按副梁方法处理。

b. 后部地板、后纵梁及附件。后纵梁损坏时按前纵梁方法处理,其他与车身底板处理方法相似。

图 5-4-7　后悬架

⑦ 变速器及传动轴。

a. 传动轴及附件。中低档轿车多为前轮驱动,碰撞常会造成外侧等角速万向节破损,需更换。有时还会造成半轴弯曲,也以更换为主(图 5-4-8)。

图 5-4-8　传动轴

b. 变速器损坏后,内部机件基本都可独立更换,对齿轮、同步器、轴承等的鉴定,碰撞后只有断裂、掉牙才属于保险责任,正常磨损不属于保险责任,在定损中要注意界定和区分。

从保险角度来看,变速器的损失主要是拖底,其他类型的损失极小(图 5-4-9)。

图 5-4-9　手动变速器

2. 自动变速器拖底后的处理流程

（1）报案　接到自动变速器拖底碰撞的报案后，立即通知受损车辆，就地熄火停放，请现场人员观察自动变速器下面是否有红色的液压油漏出（大部分自动变速器液压油为红色）。不允许现场人员移动车辆，更不允许任何人擅自启动发动机。

（2）根据查勘结果救援　根据现场查勘结果，分别采取不同的救援处理方案：假如自动变速器油底壳只有变形而没有漏油，可将受损车辆拖到附近修理厂。进行受损汽车的牵引时，原则上距离不要超出3km，变速器应置于空挡，车速不得大于10km/h。假如认定自动变速器油底壳已经漏油或虽然没有漏油但离汽车修理厂路途较远时，不允许直接牵引，要采用可以将受损车辆拖走的拖车，将其拖运到汽车修理厂。

（3）修复处理　将属于保险责任的受损车辆运到汽车修理厂修复。

自动变速器壳体损坏后，一般情况下，只需更换壳体即可。但有时候，汽车配件市场上可能只有自动变速器总成而没有单独的壳体。

3. 驱动桥

前轮驱动发动机所产生的动能通过驱动桥和两个半轴传到驱动轮，为实现驱动轮的转向功能，每个半轴两端都各有一个等速万向节，每个等速万向节都包括一个球笼、轴承、驱动器和支架、壳体和防尘套（图5-4-10和图5-4-11）。

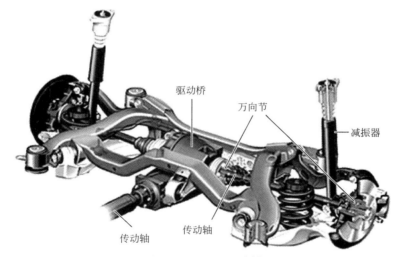

图 5-4-10　后驱驱动桥

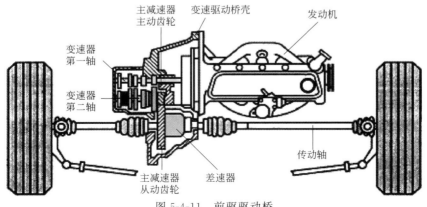

图 5-4-11　前驱驱动桥

防尘套的作用是保护润滑脂，对万向节的正常工作很重要。驱动轮处严重的撞击会将半轴从变速驱动桥中推出，甚至折断等速万向节。只要发现驱动轮受损，就应该对半轴进行检查。查看防尘套有无破裂。拉动半轴检查是否松动。受损的防尘套和等速万向节可以进行更换。有时需要更换整个半轴。

4. 发动机副车架

用于安装发动机、变速驱动桥、齿轮齿条式转向器等大质量总成，其结构类似车架式车辆中的车架（图 5-4-12）。

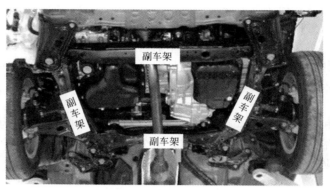

图 5-4-12　副车架

5. 传动轴

对于后轮驱动型车辆，由传动轴将发动机和变速器的动力传递给后桥的差速器，传动轴是一个中空管，两端各带一个万向节（图 5-4-13）。

在后桥受到严重撞击时，传动轴可能会在碰撞力的作用下从变速器中脱出。受损的传动轴不要再尝试修复，应当更换整个总成。

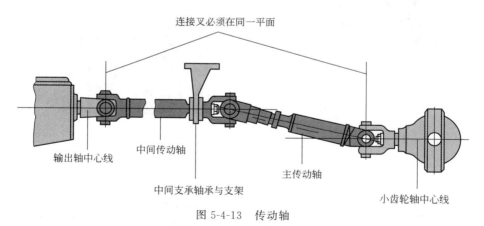

图 5-4-13　传动轴

6. 后桥总成（图 5-4-14）

后轮驱动型车辆的后驱动轮是由后桥驱动的。后桥总成包括车桥壳体、主减速器、差速器、两根半轴。主减速器进一步降速增扭。

差速器能够让两个后轮分别以不同的转速转动。后轮受到的撞击会使车桥弯曲，甚至折断桥壳。要检查车桥是否弯曲，应首先用千斤顶将车桥后端顶起并支撑住车桥壳体。如果车轮弯曲，应换装一个好的车轮。转动车轮，站在后面查看车轮是否摆动。如果车轮摆动，则说明车桥弯曲。要检查弯曲的壳体，则应从个参考点向两侧测量。对于弯曲的车桥或壳体应当进行更换。

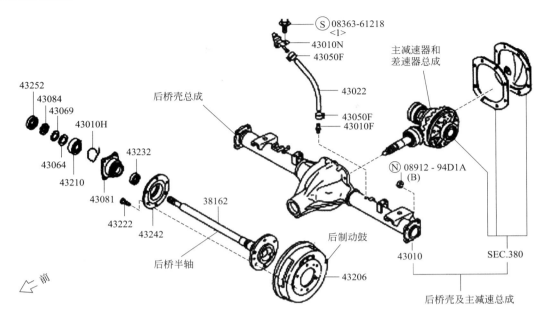

图 5-4-14　后桥总成

7. 四轮驱动

越野车（SUV）和一些皮卡车采用四轮驱动形式，与前轮驱动或后轮驱动车辆相比，其传动系统中多了一个分动器、一套传动轴和半轴（图 5-4-15）。

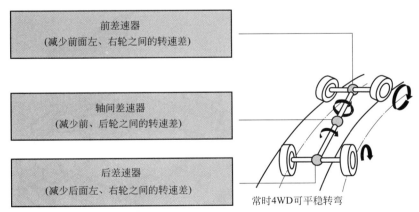

图 5-4-15　四轮驱动

三、冷却系统定损分析

1. 冷却系统

目前汽车上最常用的汽油发动机或柴油发动机绝大多数都采用水冷方式进行冷却，即通过冷却液在缸体和缸盖内循环使发动机保持正常的工作温度。

前轮驱动的车辆上至少配备了一个温度控制的电子扇总成，装在散热器后面。

2. 冷却系统损伤鉴定

散热器处在进气格栅和发动机之间,因此它是冷却系统中最容易被撞坏的部件(图 5-4-16)。

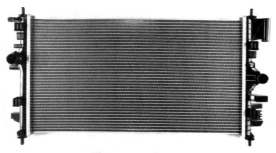

图 5-4-16 散热器

更换散热器时一般包括下列操作。
① 排空冷却液,检查,重新加注冷却液。
② 断开和重新连接软管。
③ 拆装电子扇总成。
④ 拆装风扇护罩。

注意:更换散热器时不要忘记计算冷却液的费用。

四、空调系统定损分析

1. 空调系统简介

汽车空调系统主要由压缩机、冷凝器、储液罐/干燥器、制冷剂控制、蒸发器等零部件组成(图 5-4-17)。

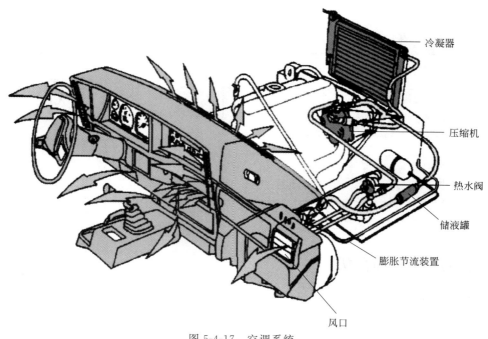

图 5-4-17 空调系统

2. 空调损伤的鉴定

在碰撞中很多空调部件都可能受到损坏。其中一些可以修理，而另一些则必须更换。

当压缩机在碰撞中受损时，离合器和皮带轮总成通常首先被损坏（图5-4-18）。这些配件可以拆下后单独进行修理或更换。

图5-4-18　空调压缩机

冷凝器可能会在前端碰撞中受损。它上面的导流翅片与散热器翅片类似，可以进行拉直操作，通过焊接可以修复其泄漏问题（图5-4-19）。

图5-4-19　冷凝器

如果冷凝器严重损坏则必须更换。冷凝器损坏后，应检查储液罐/干燥器有无损坏。

制冷剂和机油的费用也必须要加到估损费用中。

五、电气系统简介

每次启动发动机时，由蓄电池供给启动系统和点火系统所需的全部电流（图5-4-20）。

汽车上的蓄电池不具备长期给电气系统（图5-4-21）供电的能力，所以需要不断充电。

1. 照明系统

汽车照明系统主要用于夜间照明道路，标示

图5-4-20　汽车蓄电池

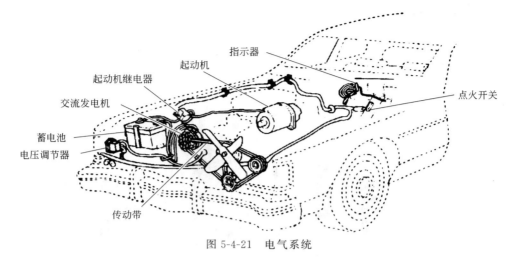

图 5-4-21 电气系统

车宽度,车内照明,仪表和夜间检修等(图 5-4-22~图 5-4-25)。

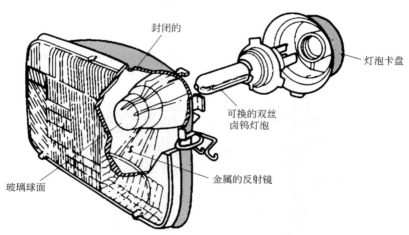

图 5-4-22 前照灯组成

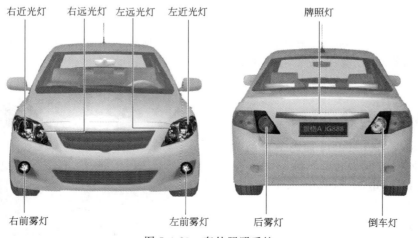

图 5-4-23 车外照明系统

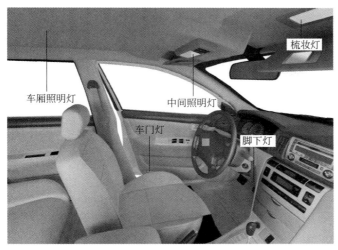

图 5-4-24 车内灯光

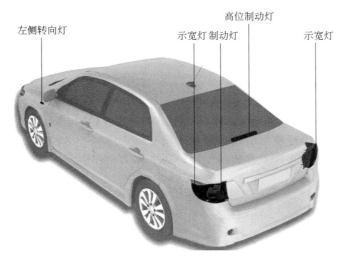

图 5-4-25 信号系统

2. 其他电气电路

每辆汽车上都有的电气电路还包括刮水器和清洗器以及喇叭。其他电气设备包括收音机、CD 机、扬声器系统、时钟、蜂鸣器、仪表、电动加热座椅、电动车窗和门锁、电动外后视镜、自动前照灯调光器、倒车雷达、气囊系统和巡航控制装置等。

六、悬架系统简介

悬架系统是车架（或承载式车身）和车桥（或车轮）之间的传力连接装置的总称。

1. 前悬架

前悬架系统的结构比较复杂，它必须能够保持车轮的正确定位，而且还能够左右转向。此外，由于制动时的轴荷转移，前悬架系统要吸收绝大多数制动力矩。要达到这一点，悬架必须要达到良好的操纵性和稳定性。目前乘用车上常用的独立前悬架主要有螺旋弹簧式、扭力杆式、单控制臂式（支柱式）。螺旋弹簧和扭力杆是传统的悬架形式，现在最常用的是支柱式悬架，即麦弗逊支柱悬架（图5-4-26）。这种悬架结构紧凑，质量较轻，在发动机舱中占用的空间较少，有利于节油。应当注意的是，在更换独立悬架零件时，要加上车轮定位的工时。悬架的大修作业包括的操作有拆解、检查、清洁、更换旧件、重新组装，以及脱开转向节或横拉杆端头，另外可能还涉及以下内容：车轮定位（前或后），转向器、转向连杆或稳定杆的拆卸和安装，制动系统的放气和调整。

（1）不等长双横臂式独立悬架（SLA） 不等长双横臂式独立悬架（图5-4-27）系统在汽车上也已应用多年，每个车轮都是通过转向节、球节总成和上下控制臂独立连接到车架上。由于臂长不等，可以保证在行驶过程中车轮和主销的角度以及轮距变化都不大，获得了较好的舒适性和平顺性，轮胎寿命也有保障。

图5-4-26 麦弗逊式独立悬架

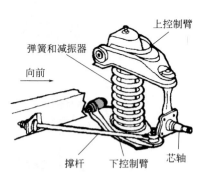

图5-4-27 不等长双横臂式独立悬架

（2）扭杆悬架 在扭杆独立前悬架系统中没有螺旋弹簧，这种系统中，一根能纵向扭转的钢杆取代了螺旋弹簧，起到了弹簧的作用，通常称为扭杆弹簧（图5-4-28）。

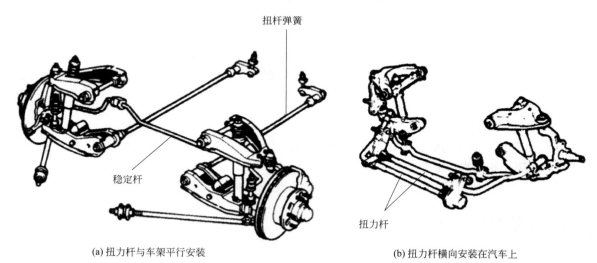

(a) 扭力杆与车架平行安装　　　　　　(b) 扭力杆横向安装在汽车上

图5-4-28 扭杆悬架

2. 后悬架

后悬架系统可能采用独立悬架，与前悬架相似。也有的后悬架采用非独立悬架，如轿车上常用螺旋弹簧式非独立悬架（图5-4-29）。货车常采用的为板簧式非独立悬架（图5-4-30）。

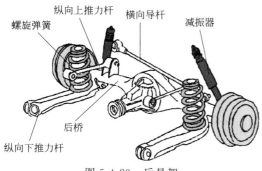
图 5-4-29 后悬架

图 5-4-30 板簧式非独立悬架

七、车轮定损分析

车轮通常会出现三类损伤,轮唇朝内或朝外侧弯曲可以通过矫直进行修复(图 5-4-31 和图 5-4-32)。

注意:损伤报告中还应考虑平衡块、配重和气门芯。

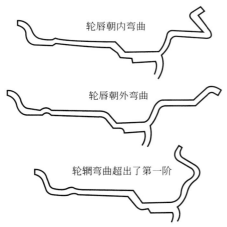
图 5-4-31 车轮常见三类损伤

图 5-4-32 车轮轮辋变形

八、转向系统及调整

1. 转向系统

典型的转向系统包括以下几部分:转向盘、转向机、转向管柱、助力泵等(图 5-4-33)。

2. 转向系统调整

有些情况下,车辆在进行前端定位时,可能需要对转向机进行细微的调整。

① 将转向盘向右打死。
② 在转向盘上做个标记,然后记下转向盘向左打死时转动的圈数。
③ 将总圈数除以 2,然后将转向盘朝中间位置回转此圈数。
④ 这时转向盘处于清晰视野位置,而车轮应该处于直行位置。

在损伤报告中添加任何调整之前,必须检查所有的车辆前端因素并要满足规范。在对转向机做调整之前,轮胎、车辆平衡、前端定位、转向连杆以及减振器都应符合规范要求。

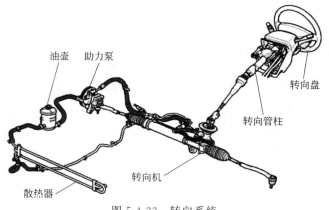

图 5-4-33 转向系统

九、制动系统

乘用车制动系统（图 5-4-34）通常是液压操控的。当驾驶员踩下制动踏板时，制动液从主缸流出，推动前后盘式制动器或鼓式制动器工作，使车辆减速。

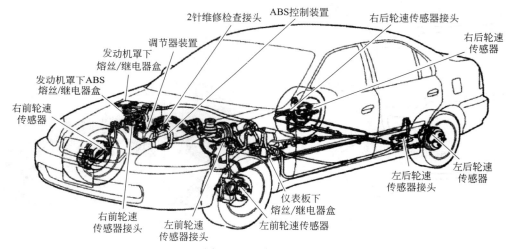

图 5-4-34 制动系统

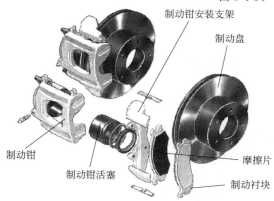

图 5-4-35 盘式制动器

盘式制动器（图 5-4-35）由制动盘、制动钳和制动衬块等组成。有些车辆的所有四个车轮全都采用盘式制动。

鼓式制动器由制动鼓、制动轮缸、回位、弹簧和制动蹄等组成（图 5-4-36）。

防抱死制动系统（ABS）（图 5-4-37）用于调节制动压力，在光滑路面制动时保持对车辆的控制能力。ABS 系统由一个齿圈、速度传感器、电控单元和液压泵组成。最大的制动力出现在车轮即将完全停止转动之前。车轮完全停止转动会造成车轮打

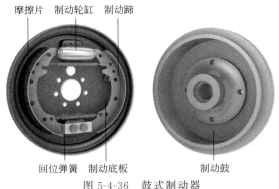

图 5-4-36　鼓式制动器

滑和失控。速度传感器用来检测与车轮相连的齿圈转动速度并向电控单元发送信号，电控单元则通过制动主缸调节制动压力，以获得最佳制动效果且不会打滑。

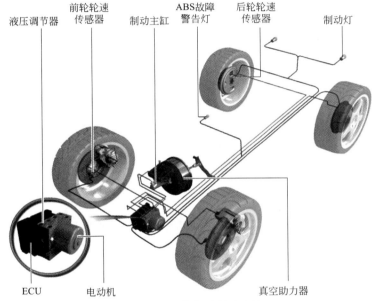

图 5-4-37　防抱死制动系统

车轮受到碰撞后可能会损坏制动系统。检查制动器工作是否正常，制动踏板受压后贴近地板表明制动管路断裂。仪表板上的 ABS 灯亮起表明系统损坏。系统发生损坏后必须通过更换零件进行修理。

十、辅助约束系统简介

辅助约束系统或安全气囊系统已经在车辆上广泛应用，有些车辆只在驾驶员侧安装了气囊，有些车辆在驾驶员和乘员侧都安装了气囊，甚至还装有侧气囊或气帘。

辅助约束系统主要由安全气囊传感器、防撞安全气囊及电子控制装置等组成。驾驶员侧防撞安全气囊装置在转向盘中，乘员侧防撞安全气囊装置一般在仪表板上。安全气囊传感器分别安装在驾驶室间隔板左、右侧及中部，中部的安全气囊传感器和安全气囊系统与电子控制装置安装在一起。气囊组件主要由安全气囊、气体发生器和点火器等组成。电子控制装置如用来进行数据采集与数据处理、诊断安全气囊的可靠性，保证在达到预设的数值时，及时发出点火信号，而且正时点火，保证驱动气体发生器有足够大的驱动电流等（图 5-4-38 和图 5-4-39）。

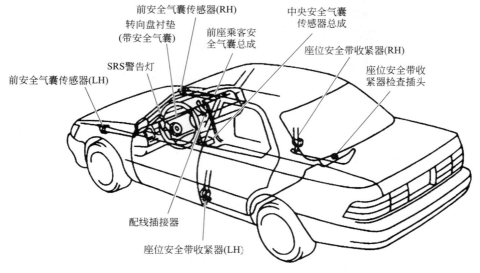

图 5-4-38　辅助约束系统

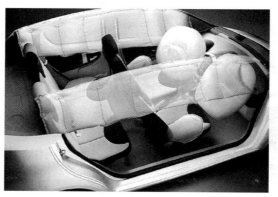

图 5-4-39　安全气囊展开

第五节　车辆全损和残值处理

1. 车辆全损

理论上，任何受损的车辆都可以修复到原状，甚至修复到全新的状态。任何车辆在使用中都会不断磨损，因此都有一定的寿命。

如果车辆的维修费用超过了车辆的寿命，即实际现金价值，保险公司当然就不能再支付维修费用，而是将车辆定为全损。

需要考虑下面三种情况。

① 当维修总费用等于或超过 ACV 时。

② 当维修总费用等于或超过ACV的某个百分比时，如75%或80%。
③ 当维修总费用加上车辆的残值等于或超过ACV或ACV的某个百分比时。
对于所有的全损，保险公司的核赔员都应当对维修方法和费用进行复核，以确认是否合理，是否真的达到了本公司的全损标准。保险公司将向车主支付车辆实际现金价值（ACV）的金额，车辆残值的所有权随之转到保险公司名下。

每辆汽车都有一个ACV值和一个根据ACV计算出来的全损上限，对于一般的小修或中度修理，其维修费用远低于全损上限。对于发动机和变速器等总成，一般在拆解之前很难精确地计算出其维修费用，因此在估损时通常会留出一些余量。留出余量并不意味着估损报告可以是不完整的，估损人员还是要尽力做出一份完整而精确的估损报告，同时要弄清楚哪些地方还会有一些隐藏的损伤，可能需要补充。

2. 事故车修理厂、ACV和全损

对于维修厂的估损人员来说，ACV和全损上限也是非常重要的，因为75%以上的事故车维修是通过保险理赔结算的。也就是说，每4个事故车维修业务中，就有3个需要在价格上与保险公司达成一致。虽然维修厂的估损人员应当在估损单中写明所有他们认为需要更换的零件及相关维修操作，但如果在估损时不考虑全损上限，可能会与保险公司的估损人员产生较大的分歧。

无论保险公司还是维修厂都不希望出现全损，因为全损意味着修理厂得不到任何业务，而保险公司也要支付最高限额的理赔款。所以双方应当共同努力，尽量防止车辆全损。

3. 车辆残值的处理

在做保险车辆估损时，经常需要确定更换件的残值。绝大多数保险条款都规定残值协商作价折归被保险人，但在实际操作中残值大多数折归给修理厂。当保险公司与被保险人或修理厂协商残值价格时，保险公司为了提高效率和减少赔付，常常会做一些让步。

第六节 制作估损报告

一、车损评估报告格式

当车辆损伤鉴定、核查完成后，需要列出具体损伤零件和年需维修工时，应编写车辆损伤评估报告。

二、车损报告的具体内容

1. 基本信息

车损报告中的基本信息主要是指车主姓名、地址、电话号码、保险信息、车辆VIN码、油漆代码、牌照号、行驶里程等。

2. 确定是否有重要选装件

① 特定大小的发动机尺寸或其他。
② 汽车天窗。
③ 中波/调频收音机、立体声音响、录音机、CD播放器（仅限原装件）。
④ 遥控门锁、车窗自动升降器和座椅自动调节器。
⑤ 巡航控制、倾斜式转向盘。

⑥ 真皮座椅、特制轮箍罩盖、后备厢（原装件）和专用修理包。

3. 判断事故前损坏

① 旧划痕和凹痕。

② 锈、腐蚀或喷漆抛光的缺口和瑕疵。

③ 在保险杠、框架、护罩上的塑料件和橡胶件的裂缝、凹痕。

④ 座椅或内饰撕裂口。

⑤ 座椅、地毯和内部表面的污点和损坏。

⑥ 玻璃或后视镜的破碎和裂纹。

⑦ 轮箍罩盖或装饰条的损坏或缺失。

⑧ 灯罩开裂或破碎，灯泡烧损。

⑨ 单独选配设备的损坏，如空调、暖风、后防霜等。

4. 确定更换零件及其价格

根据碰撞方向和程度，确定受损零件，其确定方法是，从直接碰撞点开始检查，向内检查整个损坏区域，列出受影响的全部零件；按着冲击力贯穿全车的路径进行检查。在最常见的前端碰撞事故中，检查过程是从汽车前端开始，逐渐向后。

5. 确定维修项目及价格

对于需要维修的板件和车架，必须合理确定维修项目，分别列出需维修矫正的零件。

6. 填写车损评估表注意事项

（1）避免缩写　除非缩写在评估报告中已定义，否则不要过多地使用缩写。

（2）字迹要整洁　干净、整洁的表格会给用户和理赔员留下深刻的印象。这很好理解，也容易做到。

（3）特殊说明　任何特殊说明都应当清楚地在输入项中予以注明。

（4）顾客要求　如果用户希望进行条款未规定的附加作业（如修复事故前的损坏），这应视为"顾客要求"修理。

（5）审阅车损报告　在完成车损报告编制并汇总和核查数字后，与用户共同审阅报告。

（6）拍照记录　一般事故车的损坏摄影照片属于车损报告的一部分。

7. 机动车辆保险定损报告（表 5-6-1）

表 5-6-1　机动车辆保险定损报告单

被保险人：		报案号：		
所属号码		交强险保险号码		
厂牌型号		商业险保险号码		
发动机号		底盘号（PLX）		
保险险别	□车损险 □商业三者险 □交强险	出险时间	年　月　日　时	变速箱形式	□自动 □手动
更换配件名称	数量	配件价格	修理项目	工时费
			事故拆装：	

续表

更换配件名称	数量	配件价格	修理项目	工时费
			事故钣金：	
			机修：	
			电工：	
			事故油漆：	
材料费小计：			工时费小计：	
残值：			总计金额：	

① 经甲、乙、丙、丁四方协商：完全同意按以上核定的价格修理。总计工料费人民币_____元。

② 乙方按以上核定项目保质保量修理，且履行以上规定的修理及换件项目，如有违背，甲方有权向乙方追回价格差额。若核定项目有明显遗漏的，乙方需经甲方同意认可签字后方可追加修理项目，否则甲方拒绝赔偿追加部分。

③ 乙方保证在_____日内保质保量按时完成修理；若违约，愿意赔偿对拖延时间或修理质量问题而造成丙方的利润损失。

④ 丙方(丁方)对以上核定的修理项目和价格无任何异议。如存在修理质量问题或价格超标，由乙方负全部责任。

⑤ 其他约定：

甲方(保险公司)签章：	乙方(修理厂)签章：	丙方(车主)签章：	丁方(第三者)签章：
查勘定损人：			
核价人：			
年　月　日	年　月　日	年　月　日	年　月　日

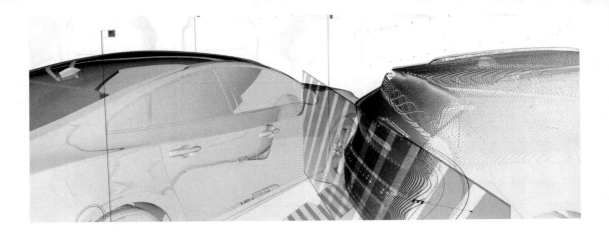

第六章
电子定损

第一节 电子定损系统及其功能介绍

一、电子定损系统概述

1. 电子定损的发展过程

随着近年来我国汽车工业的发展和进口车数量的增多,保险估损业务中涉及的汽车制造厂家和车型种类激增。

同时,高强度薄钢板等新型材料广泛用于承载式车身,使车身零件的种类和数量大增,导致车身钣金件、车身涂料和辅料、汽车机械和电子器件等零部件的种类越来越庞杂。

在估损中,还要处理经常变动的零件价格、大量换件和修理工时数据,以及重叠工时的计算等,以致传统的人工定损已无法满足业务需要,迫切需要引入电子定损理赔系统。

很多公司都在为我国保险公司和维修机构提供第三方定损估价平台服务,如欧洲的DAT、Eurotex、Audatex,美国的ADP、CCC、Mitchell 等。在国内,也有诸如精友时代公司开发的本地化汽车定损软件系统。

2. 电子定损的意义

基于互联网的估损系统可以使得在不同地区的定损人员使用统一的定损标准,降低了理赔的风险,提高了保险定损的准确性和统一性。

使保险公司能充分掌握事故车辆的估损相关的技术资料,减少因缺乏相应信息而导致的误赔风险,实现了保险公司与修理厂的技术信息的对称。

估损系统为保险公司和汽车维修企业搭建起了互动交流平台;实现案件的快速审核,提升了保险公司的定损审核效率;科学地制定出量化管理措施,实现车险理赔的数据化管理。

3. 电子定损系统简介

电子定损系统整合了原厂 EPC 信息,原厂拆装工时、车辆维修逻辑及全球保险研究机构的标准工时，并以图形化的方式展现。能够在直观图形上完成车辆的损伤确定，再通过网络获取零件及工时数据并进行计算，自动输出估损清单。它是基于网页的专用于事故车维修成本估价的在线系统。

数据库收集了广泛的车辆信息，包括机动车制造商的电子配件目录、工时手册、维修原理及零件价格等信息，并且数据库会不断地更新与维护。

二、电子定损系统功能介绍

1. 车辆定型

目前车辆都具有 VIN 码，该代码就如同车辆的身份证一样，通过解码可以准确解出车辆生产的年款（有的车型可以到月）、内饰等级、发动机和变速器的型号、车身形式，有的还可以解出车型适用地区（如拉美地区或海湾地区）。由于现阶段我国保有的车型十分复杂，各种款式的车型以及适用于各个地区的车型都可能存在，因此只凭经验是很难准确定型的。就此，借助定损理赔系统中的 VIN 码解码功能，使车辆定型工作更准确更高效。

2. 工时费率

严格意义上的工时费率是由各维修企业根据其财务核算，结合整体经营策略提出的不同工种或不同技术等级的工时费用单价，通常用"元/h"或"元/工时"表示。在国外往往根据不同工种或不同技术等级进行区分。在汽车制造厂家维修手册中会标识某些操作必须由某个等级的工程师完成，从而确保高精度和高安全性。

工时费率的设定以及工时费的核算，只有在确定了合理工时数的前提下才有意义；工时数以原厂维修手册为依据，工时数的多少不受地域、时间及人为的影响；工时费率是维修厂商结合自身运营成本及发展策略综合考量后的报价，工时费会因维修商所在的区域、规模、经营状况、合作对象、合作深度等有所不同。

定损人员可将当地保险公司与车辆维修机构合作的协议工时单价填入系统，实现工时费用自动计算。

3. 图形化定损

电子定损系统为用户提供简单直观的操作界面，有些系统采用了基于互联网的 3D 图形定损界面。通过点选即可选择事故车需要修理或更换的零部件，查阅相关拆解安装流程，从而轻松完成车辆定损。系统中还设置了零件搜索、残值添加等工具，使用方便，可以使估价过程更加快捷、精确。

4. 智能钣金工时计算

有些定损系统具有智能钣金工时计算功能，比如 Audatex 的智能钣金工时计算（"IRE"）是基于 Cesvimap 研究中心长期对钣金损伤和维修时间的研究成果开发而成的。IRE 除可自动基于损伤零件的材料、损伤位置、维修难度等因素提供钣金维修所需要的维修时间外，还可智能提示钣金维修需要拆装的零件。IRE 应用于除车顶外的绝大部分的钢、铝和塑料材料的外部及部分内部零件。

5. 总成与总成组件的逻辑关系

不同厂商车辆总成件与总成组件的包含关系设计特点都有不同，有些厂商配件供货以总成提供，有些厂商配件供货以总成组件提供，有些零件供货既提供总成件又提供总成组件。定损系统数据库针对车型及配件均作了包含关系的确认。当在系统中点选了总成件及该总成件包含的组件，系统会自动剔除总成组件，有效避免总称组件的重复更换。

6. 专业透明的定损报告

在定损过程中，用户可随时使用计算预览功能对估价计算进行预览，在定损环节结束后，系统根据定损过程中用户的输入结合系统数据库生成包括零件、工时及漆料等详细明细的估价报告。用户可对估价结果进行打印或发送给合作的保险公司/经销店，商讨最终的确定方案。

7. 根据需求定制的数据分析报告

电子定损系统可以根据管理层需求量身制作数据分析报告，对赔案涉及的车型信息、赔案金额、使用量，以及对定损人员的工作质量和工作效率等情况按月进行分析，管理层所需了解的信息通过数据分析报告的呈现一目了然。

第二节　电子定损系统使用方法

一、使用环境

推荐的系统配置见表 6-2-1。

表 6-2-1　推荐的系统配置

操作系统	CPU	内存	显卡	浏览器	软件
Windows 7 VISTA	2.0GHz 以上	4G 以上	支持 3D 图形渲染	IE9	JAVA 版本 1.6.2.1 以上 AdobeReader9.0

二、赔案管理

登陆 www.audatex.cn/casemanager，进入 casemanager 后，显示欢迎页面，在赔案管理页面点击"处理中"即会跳转到处理中的赔案清单页面（图 6-2-1）。

图 6-2-1　赔案管理

三、创建赔案

点击"创建新赔案"后，在页面中输入需要的信息，其中带红色标记的为必填项。建议填入车牌号码、赔案编号、车主姓名等信息（图 6-2-2）。

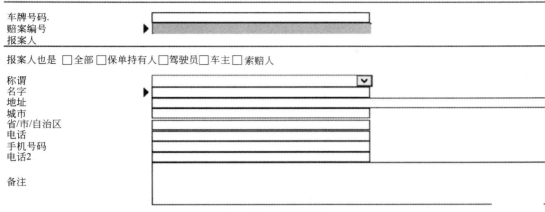

图 6-2-2 创建赔案

四、车辆定型

（1）定型　用下拉菜单逐级选择制造商、车型、子车型，并在进入定损后按照车辆实际情况进行车型配置选择（图 6-2-3）。

车辆定型	
制造商	EMW(宝马) [01]
车型	3系(E93) (2007.03-)敞篷跑车[10]
子车型	3201

图 6-2-3　定型

（2）用 VIN 码定型　在空白处输入 17 位 VIN 码，点击"确定"即可得到车辆的具体信息（图 6-2-4）。

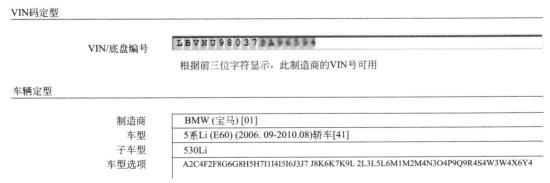

图 6-2-4　用 VIN 码定型

五、设定工时费率

设定工时费率是对人工价格及价格调节因素的确定。在计算时，计算机可以根据这些数据直接导出估损报告。通过设定工时费率和零件折扣，可以对计算出来的人工工时部分及配件部分的费用进行调整（图 6-2-5）。

图 6-2-5　设定工时费率

六、定损

1. 启动在线图形系统 OnePad 并进入图形定损界面

下载数据文件完成后，系统即进入图形定损界面，同时显示提示信息，确定阅读之后即可定损（图 6-2-6）。

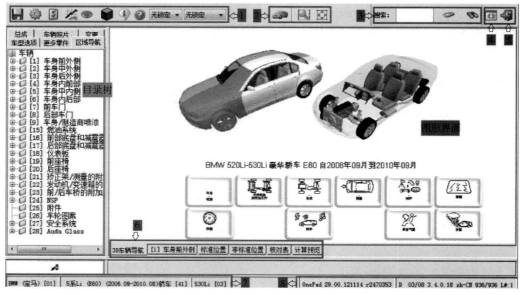

图 6-2-6　定损

2. 删除及添加车型选项

点击工具栏上弹出的菜单（图 6-2-7）。

（1）必选的车型选项　车辆的制造日期、发动机、变速箱、底盘、油漆类型及与维修内容相关的选项，如车身前部受损时，请确定大灯类型、是否有清洗装置等。

（2）可选择的添加项　能确定的该车所有配置。

图 6-2-7　删除及添加车型选项

3. 选择维修零件和不同颜色零件

选择维修零件如表 6-2-2 所示，不同颜色零件如图 6-2-8 和图 6-2-9 所示。

表 6-2-2　选择维修零件

颜色	零件材质及性质	颜色	零件材质及性质
浅绿色轮廓零件	金属部件	红色零件	高强度金属零件
深绿色零件	非金属部件（塑料件）	红色轮廓零件	选定的已激活零件
浅蓝色零件	该车型配置内不包含的部件	橙色轮廓零件	选定的未激活零件
粉红色零件	高强度钢	蓝色轮廓零件	选定的右侧未激活零件
橙色零件	纺织皮革	紫色轮廓零件	选定的左侧未激活零件
黄色零件	镁合金件、轻金属零件	黑色轮廓零件	已选择待修理的零件
正方形绿色边框	修理中可能会使用的胶、电线或者某些维修套件及固定组件		

4. 选择维修区域

选择要修复的零件首先要选择相应的区域，可以直接点击左边的自录树选择，也可通过导航按钮选择。

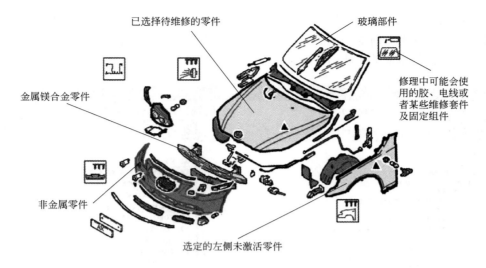

图 6-2-8 不同零件的颜色（一）

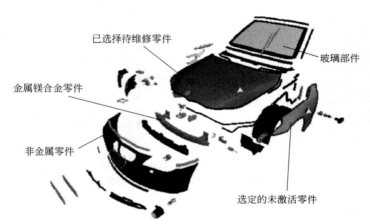

图 6-2-9 不同零件的颜色（二）

5. 确定维修零件

（1）单个零件选择　在图形面板中点选一个零件，然后在维修方法面板中确定修复方法即可（图 6-2-10）。

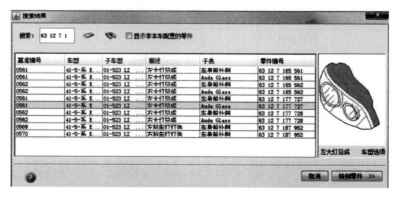

图 6-2-10 搜索结果

(2) 通过搜索功能确定零件　在工具栏上的搜索框中输入零件编号，或 Audatex 系统中的基准编号，或零件描述，在弹出页面中选择零件，点击要选择的零件并确定修复方法（图 6-2-11）。

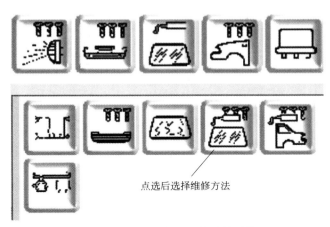

图 6-2-11　在弹出页面中选择零件

(3) 固定组件、线束、维修套件的选择　因固定组件、线束、维修套件等物不方便用图形表示，在 Audatex 中，会以方框显示，它与其他零件选择修复的方法是相同的。方块内可以选择多个配件，如各种线束、电脑模块、固定套件等。

(4) 选择辅助工作　辅助工作（图 6-2-12）在平时定损中经常使用，它包括了大的总成件的拆解与安装、检查工作，非常规维修喷漆，玻璃快捷方式，安全系统快捷方式，轮毂花纹选择，非标准位置维修，添加油品工时等项目。

图 6-2-12　辅助工作

第六章　电子定损

(5) 矫正架、测量

① 根据不同的车型数据文件，发动机变速箱分解吊装和四轮定位可以在目录树中（有可能会称为矫直机）测量如图 6-2-13 所示，其图形界面也可能有差异，但其包含的工作内容是基本一致的。

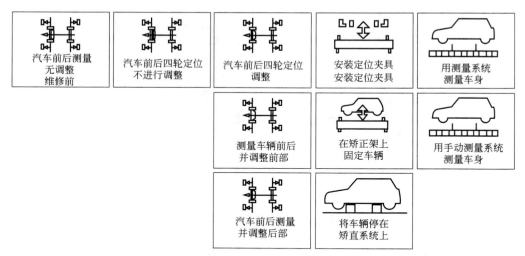

图 6-2-13　测量

② 发动机、变速箱拆装组装以及检查项目（图 6-2-14）。

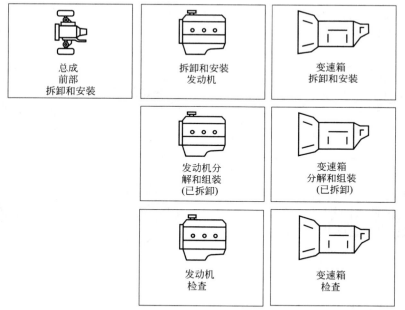

图 6-2-14　发动机、变速箱拆装组装以及检查项目

③ 前后桥及空调拆装、检查项目（图 6-2-15）。

6. 选择维修方法

点击"零件"后，只有确定了维修方法，才会在计算报告中体现（图 6-2-16）。

(1) IRE (Intelligent Repair Estimator)　除车顶外绝大部分的钢、铝和塑料材料的外

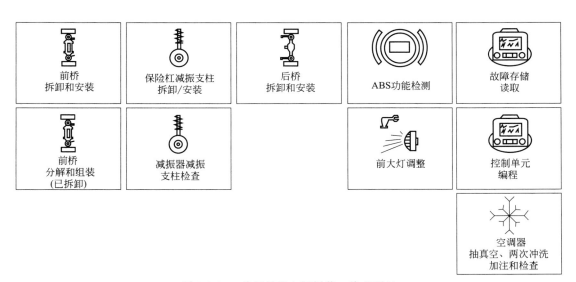

图 6-2-15　前后桥及空调拆装、检查项目

图 6-2-16　选择维修方法

部及部分内部零件都可使用 IRE，包括但不限于前翼子板、后翼子板、前机盖、尾厢门/后备厢门、门槛板、前横隔板、后围前/后车门、前/后保险杠、门槛/B 柱等。

在维修面板上选择 IRE。打开 IRE（图 6-2-17），绘制变形区域，然后确定损伤深度，确定可能需要拆除的零件。在此基础上，也可以对已经绘制的变形区域进行修改、删除等操作（图 6-2-18）。

图 6-2-17　打开 IRE

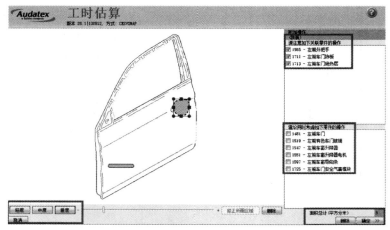

图 6-2-18　绘制变形区域

（2）变更项目　点击维修方法面板上的变更项目（图 6-2-19）。

图 6-2-19　变更项目

Audatex 系统中维修方法面板上提供的每个零件的修复方法都是依照原厂的修复方法显示的，当所选零件没有需要的修复方法时，可以点击"标准维修方法变更"（图 6-2-20）。

```
EV-仅做标记，此零件还可用
EVI-车辆修复后，此零件可再次使用
HE-维修方法由"更换"变更为"内部防腐处理"（需输入工时）
IE-维修方法由"更换"变更为"维修"（需输入工时）
LEE-维修方法由"更换"变更为"效果喷涂"（需输入工时）
NE-维修方法由"更换"变更为"拆装"（需输入工时）
PE-维修方法由"更换"变更为"检查"（需输入工时）
UE-维修方法由"更换"变更为"外部防腐处理"（需输入工时）
LV-仅标记-维修后此零件不需要喷漆
SN-维修方法由"附加工作"变更为"拆装"
```

图 6-2-20　标准维修方法变更

```
EM-零件价格变更(不保留原零件编号)
IM-工时价格变更(单位金额)
TM-多个车型零件交叉参考
MM-%增加制造商RRP
WM-%制造商折扣RRP
XM-使用增值税零件
BM-零件价格变更(保留原零件编号)
```

图 6-2-21　标准数值变更

7. 变更标准工时/零件价格等

对于更换、拆装、喷漆等标准操作，系统会根据数据文件自动确定其工时，如果需要更改，可选择零件并确定维修方法，然后点击"标准数值变更"（图 6-2-21）。

8. 设定残值

在"残值"后的空白处填入数字即可，不需填入百分号，此数值为比值（%）（图 6-2-22）。

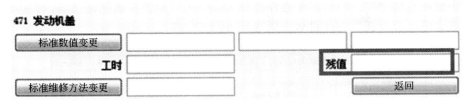

图 6-2-22　设定残值

9. 局部更换/维修/喷漆

车辆修理中，有时可以对一个整体面板进行部分修复，这样可以减少对车辆的拆解，同时也可降低修复的费用。如图 6-2-23 中所示的右后翼子板，如果需要对整个右后翼子板做修复操作，点击"零件"即可。

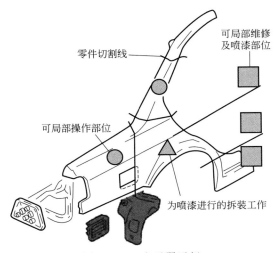

图 6-2-23　右后翼子板

OnePad 中，可实现从维修到更换或从更换到维修的费用优化。首先点击"工具栏"，勾选"设置"，选择要优化的项目（图 6-2-24）。

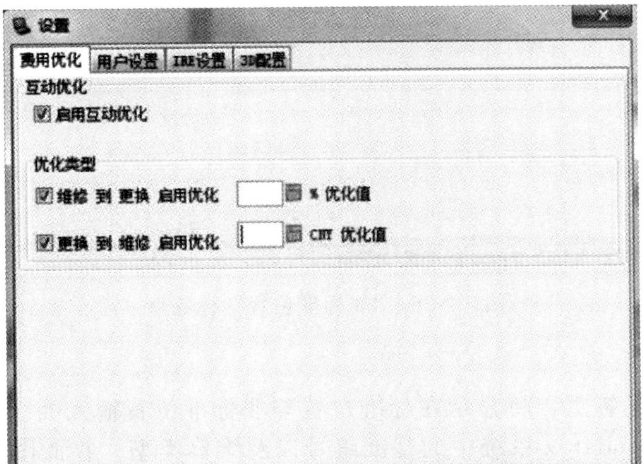

图 6-2-24　费用优化

如果不想在点选"零件"时逐个选择优化方案，可以取消互动优化选项，点选完所有零件后，系统会将所有可优化的项目列出供选择（图 6-2-25）。

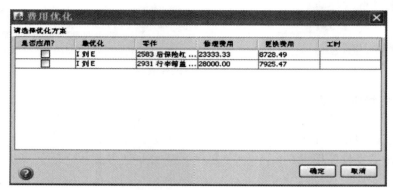

图 6-2-25　费用优化

10. 非标准位置输入

（1）输入内容　根据原厂标准，系统中对于在标准位置中找不到的高价值的零配件，或经销商外采购零件等项目并没有标准零件价格，可根据当地供应商的具体情况，手动在系统中添加。

（2）输入方法　点击图 6-2-26 所示的"非标准位置"标签页。然后点击"![]"系统，弹出如图 6-2-27 所示的页面，选择修复方法，填写描述及金额，此条目即输入完成。输入的金额及描述将在计算报告中同标准位置的零件一样体现出来。如需要输入多个条目，则在输完上一条后再次点击"![]"。

图 6-2-26　"非标准位置"标签页

11. 核对表

点击"核对表"标签页，将显示在标准位置与非标准位置输入的全部信息，如图 6-2-28 所示，包括了描述、Audatex 系统中的基准编号以及维修类型。在此图中，可以核对所有输入项是否正确，选中项目点击"![]"删除。

定损完成后，点击"保存数据"，然后点击退出 OnePad，系统将自动跳转到计算选项页面（图 6-2-29）。

图 6-2-27 插入一个新的非标准位置

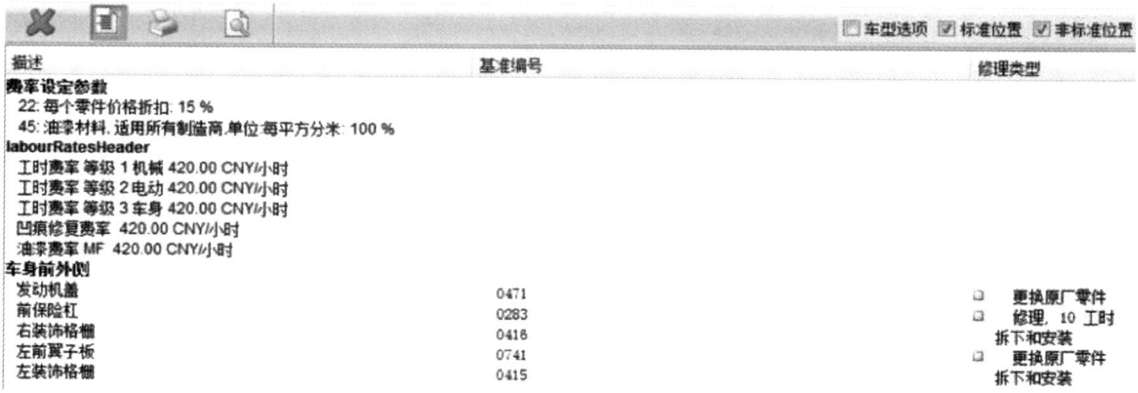

图 6-2-28 核对表

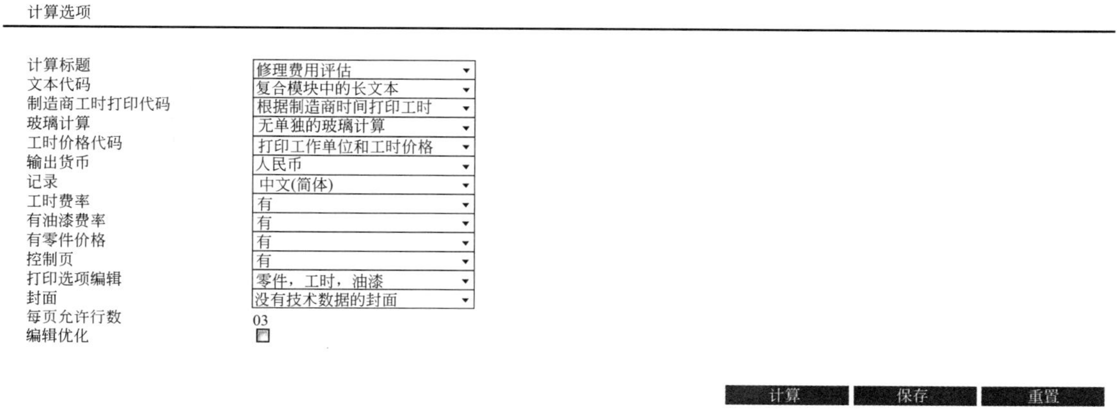

图 6-2-29 计算选项页面

第六章 电子定损 171

七、计算及打印

点选计算按钮后，即可得到一份计算报告，可以在有至少一次计算结果后，在该赔案中任意页面点选"打印"按钮，即可获得一份完成的计算分析报告。计算报告中包括赔案基本信息、车辆信息、每个零件费用、工时基准价及工时单价、工时代码、工时数量、油漆工时代码、油漆工时数量、油漆工时费用等。

确定计算后，即可将赔案自动下载至理赔系统（图 6-2-30）。

车辆配置			
自2008年03月起	电动滑动式玻璃天窗	自动空调扩展	带有绿色嵌条的有色挡风玻璃
高光内饰条	无线电频率315MHz	专业收音机	氙气灯
大灯清洗装置	DAKOTA皮革座套	前后饮料架	侧面遮阳卷帘
后窗玻璃遮阳卷帘	防盗报警装置	2497CCM 130kW	低压发动机
6挡自动变速箱	夜视辅助系统	轮胎225/50 R17..W	铝合金轮辋7.5J×17
驻车距离报警	2层金属漆		

零件				
				价格日期：2014-12-10
代码	说明	零件编号	数量	价格
0283	前保险杠	51 11 7 178 079	1	6171.00
0561	左大灯总成	63 12 7 177 751	1	9860.00
0562	右大灯总成	63 12 7 177 752	1	9860.00

工时				
				12TU=1h
				费率：工种1：420CNY/h
				费率：工种2：420CNY/h
				费率：工种3：420CNY/h
修理/代码	修理详细信息	工种	TU	费用价格
KN	一项主要工作的附加时间	3	2	70.00
51 11 656	拆卸/安装前保险杠	3	5	175.00
51 11 592	更换前保险杠（已拆卸）包括：拆卸/安装前扰流板，进气格栅 散热格栅、牌照和前雾灯 调整前雾灯	3	9	315.00
66 20 610	驻车距离控制系统辅助工作	3	4	140.00
63 12 826)	拆卸/安装2个大灯	2	6	210.00
63 12 524	更换左大灯（已拆下）	2	3	105.00

喷漆				
				费率：420CNY/h
操作/代码	说明	TU	工种	费用价格
99 99 000	一项主要工作的附加时间	26	1	910.00
99 68 529	前保险杠(喷漆等级2)	29	1	1015.00
99 61 539	车前盖(喷漆等级3)	46	1	1610.00
99 35 529	左前翼子板(喷漆等级3)	12	1	420.00
喷漆材料费用				
	杂项喷漆材料		100.00%	97.26
	新件喷漆	4.77	145 SQU	691.65
	修补喷漆	4.00	250 SQU	1000.00

图 6-2-30　报告页

第三节
事故车定损实例

根据定损员现场查勘确认损伤的三者车辆为宝马车型，车架号LBVNU98037××××××。

更换项目：前保险杠、前保险杠拖车盖板、右前雾灯、右前大灯、右前电眼（摄像头）、右前翼子板、阻风门控制、水箱框架、冷凝器、干燥瓶、散热器、右前轮毂、右前横摆臂。

维修项目：右前门钣金、前保险杠骨架钣金、四轮定位、空调加氟。

喷漆项目：前保险杠、右前翼子板、右前门。

1. 创建赔案（图 6-3-1）

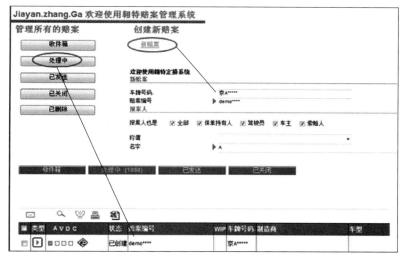

图 6-3-1　创建赔案

2. 车辆定型（图 6-3-2）

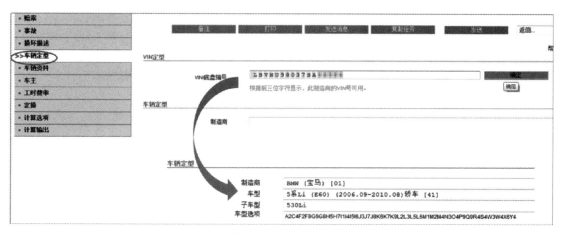

图 6-3-2　车辆定型

第六章　电子定损　173

3. 设定工时费率（图 6-3-3）

图 6-3-3　设定工时费率

4. 图形定损

（1）零件更换　根据损伤选定受损区域车身前外侧，点击左侧汽车前部白色部分（箭头），进入车身前外侧区域（图 6-3-4）。

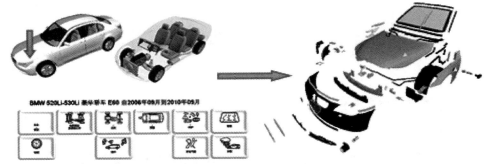

图 6-3-4　选定受损区域

点击"前保险杠"，选择维修方法，点击"更换"按钮，系统会自动关联新零件喷漆（图 6-3-5）。

图 6-3-5　选择更换

依次选择前保险杠拖车盖板、右前雾灯、右前大灯、右前电眼、右前翼子板。由于左右对称的零件在图中只显示一个，因此在维修面板上进行确认右侧（图6-3-6）。

图6-3-6　逐个零件选择确认

阻风门控制位于内前部，点击最上方（方框标记处）一键回至车辆导航页面。选择"车身内前部"，然后选择"水箱框架"，再选择"更换"（图6-3-7）。

图6-3-7　车身内部阻风门更换

第六章　电子定损　175

在空调系统中依次选择零件水箱框架、冷凝器、干燥瓶、散热器的"更换"操作（图 6-3-8）。

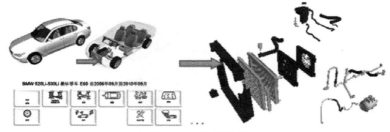

图 6-3-8　空调系统

冷凝器与干燥瓶为一个总成件。在冷凝器维修面板上会出现 A64，点击该按钮同一组件会变为粉色，同理在干燥瓶的维修面板上会出现 B64，点击该按钮同一组件也会变为粉色（图 6-3-9）。

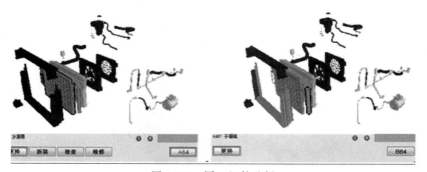

图 6-3-9　同一组件选择

在前部悬架中，依次选择右前轮毂、右前横摆臂并选择更换（图 6-3-10）。

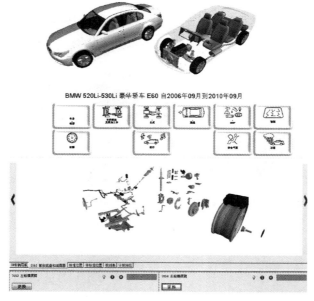

图 6-3-10　前悬架部件

（2）维修项目　选择右前车门区域，点选"右前车门"，选择"维修方法"，在弹出的对话框中选择"IRE"。在图上画出受损区域并选择，点击"确定"。IRE将自动关联需要关联的零件的拆装并自动计算修复区域的面积以及维修车门的钣金工时（图6-3-11）。

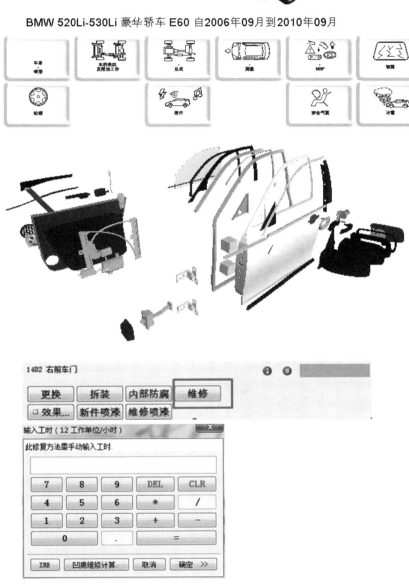

图 6-3-11

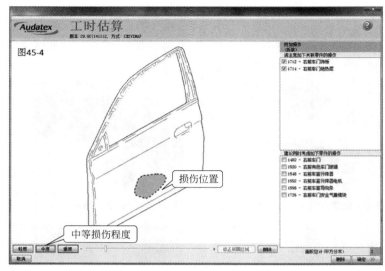

图 6-3-11　选定右前车门维修操作

前保险杠的修复操作：选中"前杠铁"，选择"维修"，在弹出的对话框中输入修复的时间。1h＝12 工作单位，此处损伤的维修时间为半小时，换算成工作单位为 6 工作单位，即填入数值 6（图 6-3-12）。

图 6-3-12　前保险杠维修操作

（3）机修项目

① 四轮定位。选择辅助工作中的"测量"项目，根据实际工作测量车辆前后并调整前部。点选"测量/校准"（图 6-3-13）。

② 空调加氟。同理，在辅助工作中选择"前后桥附加工作"，点选"空调抽真空加氟"，点选"拆装"（图 6-3-14）。

（4）喷漆项目　系统中凡是涉及维修及更换的零件，如果需要喷漆，系统会自动关联喷漆。激活前保险杠、右前翼子板、右前门零件后，在维修面板上均已自动关联并以黄色原点显示（图 6-3-15）。

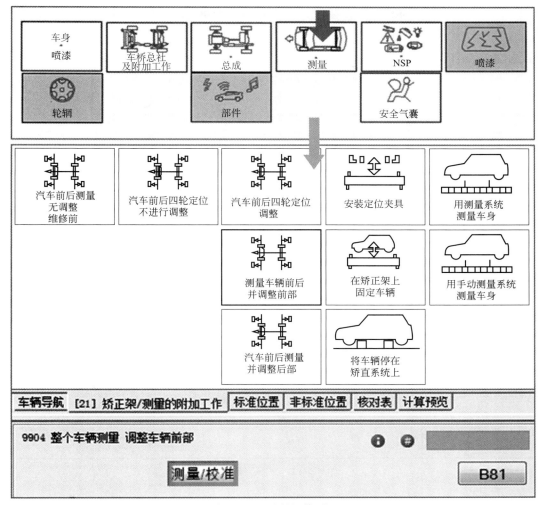

图 6-3-13　选择机修项目

5. 核对项目录入

当全部维修项目录入完成后,可以点击"核对表"标签页,在此检查录入项目,确认准确无误后即可点击"退出图形定损页面",进入计算(图 6-3-16)。

6. 计算

点击"计算"按钮,点击"打印",选择"到处 PDF"即可得到一份电子版定损报告(图 6-3-17)。

7. 计算报告

第一部分为赔案及车辆配置信息(图 6-3-18)。

第二部分为零件部分,包含零件编号及价格,价格为含税价(图 6-3-19)。

第三部分为工时部分,包含工时单价、工时换算关系、维修工时代码、修理信息、工时数量及工时费用(含税价)(图 6-3-20)。

第四部分为喷漆部分,包含喷漆工时单价、喷漆操作代码、工作内容描述、工时数量及工时费用(含税价)(图 6-3-21)。

第五部分为最终计算,包括各项费用总计及维修费用总计(含税)(图 6-3-22)。

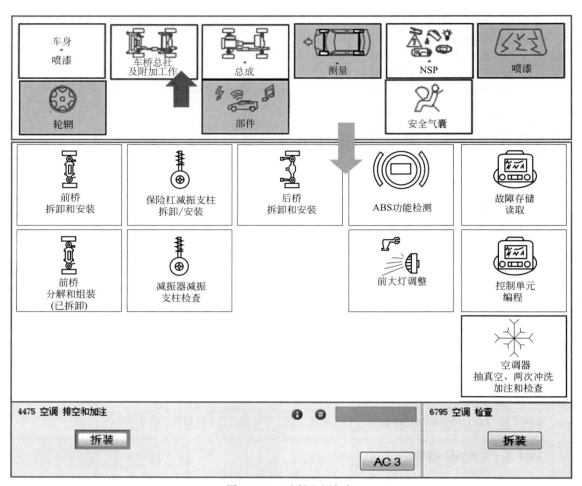

图 6-3-14 选择空调加氟

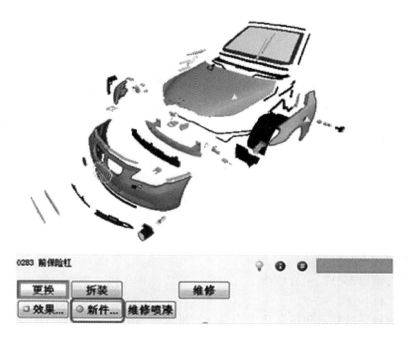

180 汽车碰撞查勘定损与修复

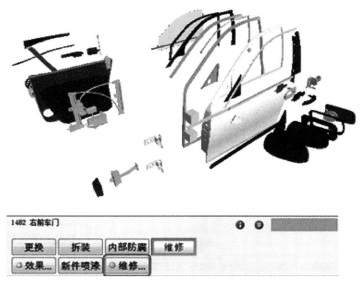

图 6-3-15 关联喷漆

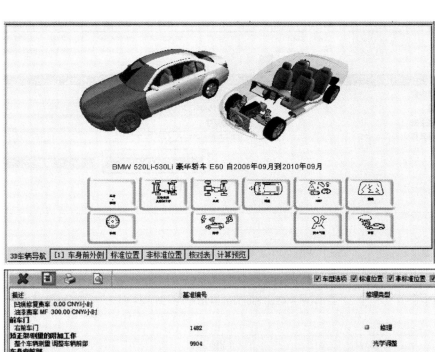

图 6-3-16 核对项目录入

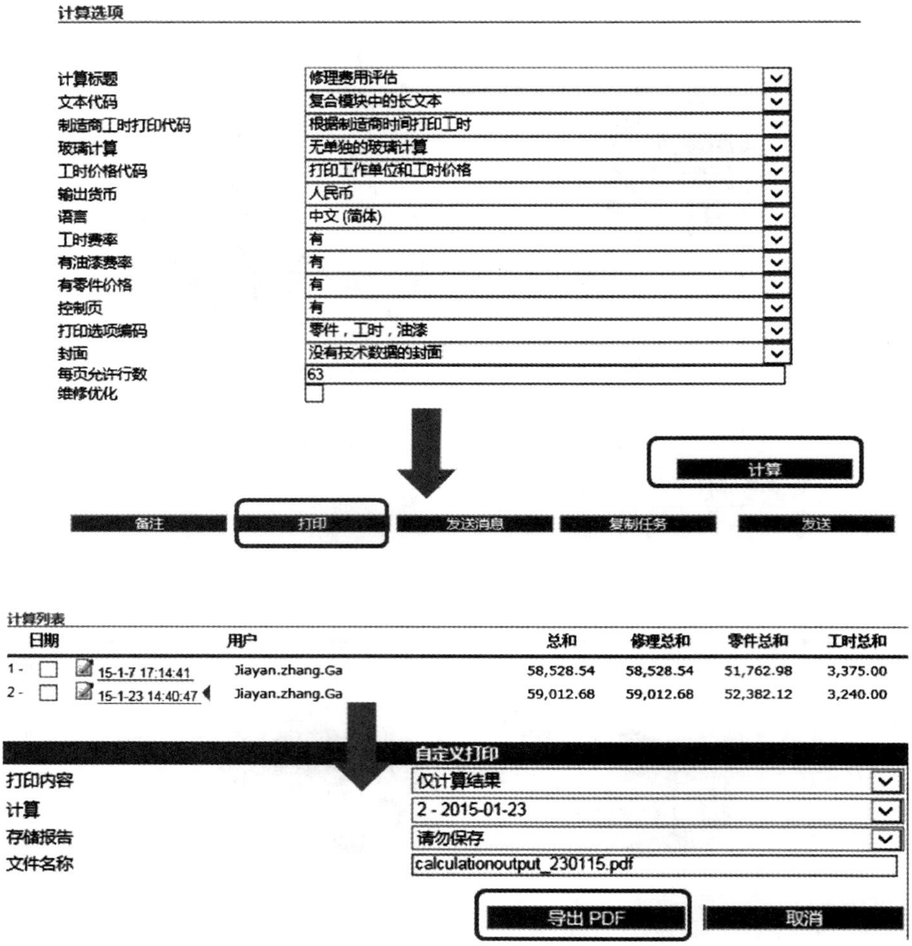

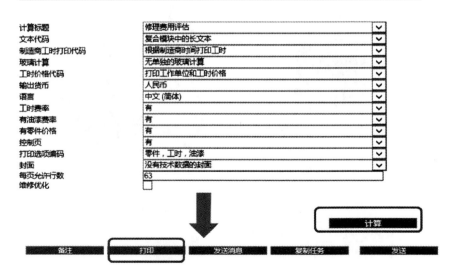

图 6-3-17 打印导出报告

赔案编号	: demo****
VIN号(底盘编号)	: LBVNU98037SA96594
车牌	: 京A*****
车主	: BA
制造商及车型	: BMW 5-系E60/530Li (01 41 03)

车辆配置			
自2006年09月起	电动滑动式玻璃天窗	自动空调扩展	带有绿色嵌条的有色挡风玻璃
防眩/折叠车外后视镜	无线电频率315MHz	高保真音响系统	CD转换盒
氙气灯	自适应随动转向灯	环境照明/灯光套件	大灯清洗装置
DAKOTA皮革座套	前座椅加热装置	后座椅加热	前舒适型座椅
电视接收装置	专业型导航系统	前后饮料架	后座区冷藏箱
侧面遮阳卷帘	后窗玻璃遮阳卷帘	防盗报警装置	上等杨木木材
防眩目车内后视镜	2996CCM 190kW	低压发动机	6挡自动变速箱
车速调节控制装置	轮胎225/50 R17..W	铝合金轮毂7.5J×17	后娱乐系统
后折叠桌	驻车距离报警	2层金属漆	

图 6-3-18 赔案及车辆配置信息

零件				
				价格日期：2014-12-10
代码	说明	零件编号	数量	价格
0283	前保险杠	51 11 7 111 740	1	7260.00
0313	前牵引钩盖板	51 11 7 111 787	1	198.00
0348	右前外超声波传感器	:66 20 6 989 106	1	1970.00
0419	阻风门控制	51 71 7 050 537	1	1090.00
0562	右大灯总成	63 12 7 160 150	1	13400.00
0638	右前雾灯	63 17 6 910 792	1	1580.00
0742	右前翼子板	41 35 7 111 430	1	4900.00
4465	冷凝器	64 50 9 122 825	1	6700.01
7054	右前横摆臂	31 12 2 347 965	1	2890.01
7202	右前铝制辐板式车轮	:36 11 6 776 7761	1	4870.00
7761	冷却液散热器	17 11 7 534 914	1	4700.00
7769	散热器固定框	17 11 7 545 866	1	1190.00

图 6-3-19　零件信息及价格

工时				
				12TU=1小时 费率：工种1：300CNY/h 费率：工种2：300CNY/h 费率：工种3：300CNY/h
	拆卸/安装前保险杠			
修理/代码	修理详细信息	工种	TU	费用价格
KN	一项主要工作的附加时间	3	2	50.00
32 00 590	电子底盘测量系统 （无调整）	1	17	425.00
32 00 610	调整前桥(前束和车轮外倾角) (用于操作号3200590)	1	5	125.00
41 35 000)	拆卸/安装右前翼子板 包括:拆卸/安装前保险杠，保险杠支架 转向灯，前车轮和车轮罩饰板： 不包括:拆卸/安装门槛饰条	3	17	425.00
66 20 522	拆卸/安装右前超声波转换器 (前防撞梁已拆卸)	2	1	25.00
51 11 592	更换前保险杠 (已拆卸) 包括:拆卸/安装前扰流板，进气格栅，散 热格栅，牌照和前雾灯 调整前雾灯	3	9	225.00
66 20 610	驻车距离控制系统辅助工作	3	4	100.00
51 71 598)	拆卸/安装散热器通风道	3	5	125.00
63 12 529)	拆卸/安装右大灯 (前保险杠盖板已拆卸) 包括调整大灯	2	3	75.00
63 12 532	更换右大灯(已拆下)	2	4	100.00
51 71 947	拆卸/安装右门槛加宽件	3	7	175.00
64 50 510	空调设备抽真空并加注制冷剂	2	6	150.00
17 11 510	拆卸/安装水冷却器	1	12	300.00
17 11 546)	拆卸/安装前固定框	1	6	150.00
64 53 551	拆卸/安装空调冷凝器	2	5	125.00
36 11 505	拆卸/安装右前轮胎/轮毂	1	5	125.00
31 12 552	更换右横摆臂 包括:拆卸/安装车轮	1	3	75.00
0336	前保险杠支架(维修)	3	6	150.00
1482	右前车门(维修)	3	18	450.00

图 6-3-20　工时信息

	喷漆			费率: 300CNY/h
操作/代码	说明	TU	工种	费用价格
99 99 000	一项主要工作的附加时间	25	1	625.00
99 68 529	前保险杠(喷漆等级2)	29	1	725.00
99 35 519	右前翼子板(喷漆等级2)	10	1	250.00
99 51 558	右前车门(喷漆等级3)	19	1	475.00
喷漆材料费用				
	杂项喷漆材料		100.00%	97.26
	新件喷漆	4.77	190 SQU	906.30
	修补喷漆	4.00	78 SQU	312.00

图 6-3-21 喷漆信息

最终计算				
工时(12TU= 1小时)			工时总计	3375.00
总计计算1	26工时	300CNY/h		650.00
总计计算2	19工时	300CNY/h		475.00
总计计算3	68工时	300CNY/h		1700.00
四轮定位计算	22工时		工种1	550.00
喷漆			喷漆总计(含材料)	3390.56
TU	83工时	300CNY/h		2075.00
喷漆材料				1315.56
零件			零件总计	51762.98
零件小计				50748.02
杂项零件(+2.0%)				1014.96
			修理费用总计	58528.54

图 6-3-22 费用总计

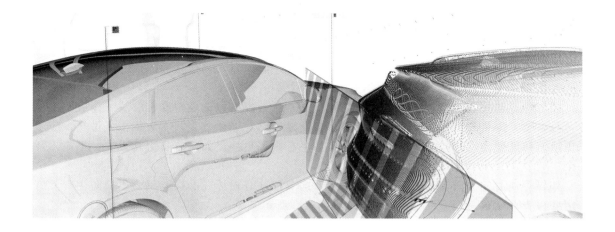

第七章
事故车的修复

第一节
机械系统原理和维修

一、动力系统的检查与维修

1. 动力系统概述

动力系统（图 7-1-1）通常包括发动机以及与之紧密相连的离合器、变速器、主减速器和差速器等部件。它们是汽车的动力之源，发动机的动力通过离合器（装载自动变速器的车辆是液力变矩器）传递给变速器，由变速器降速增扭之后传递给主减速器（对于后轮驱动车辆，要经过传动轴），主减速器进一步降速增扭之后再传递给差速器，最后由差速器输出到半轴，由半轴驱动车轮转动。发动机和传动系统包括产生动力及将动力传递给驱动轮的所有

图 7-1-1 动力系统

部件，包括发动机、变速器或变速驱动桥、驱动桥、差速器及其他相关部件。

2. 检查动力系统

损坏检查从检查等速万向节防尘套的状况开始。若由摩擦造成裂缝、裂纹、撕破、小孔或薄段，要立即更换万向节防尘套。如果防尘套显得已经老化，表明润滑不当或过热，应予以更换。挤压防尘套，检查是否有漏气声，如果有则需更换。如果有防尘套丢失，也应再装一个。

如果等速万向节防尘套撕破或脱落，则万向节往往有损坏或磨损。只要更换防尘套，就一定要检查万向节是否有问题。传动轴如图 7-1-2 所示。

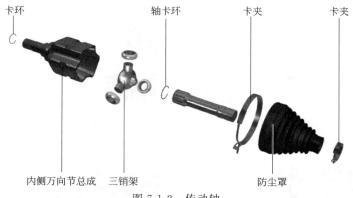

图 7-1-2　传动轴

在严重碰撞时，发动机总成（图 7-1-3）、传动系统一般会损坏或产生推动错位。修理时必须要找到和修复此类问题。经常要更换下列损坏的机械部件：压坏的散热器、切断的软管、破裂的水泵、弯曲的皮带轮、断裂的传动带、发动机进气管、发动机顶部保护罩、风扇叶片及相关部件。

图 7-1-3　发动机总成

修理车身时，通常需要将传动系统从承载式车身上完全拆下。在拆除传动系统以后，可以方便地接近各种车身板件，给维修和更换部件提供方便。在某些情况下，花费一点时间拆除传动系统是值得的，因为这样会在维修或更换车身板件时节约大量的时间，一些机械部件从车上拆下来维修更方便、更快捷。维修时是拆除传动系统还是将它保留在车上，应该由修理人员决定。

有些发动机要从发动机舱的顶部拆下来，而有些要从底部拆下来；有些发动机要与变速器分开拆卸，而有些要一起拆卸。将车辆停在地面上，拆下发动机罩，以便有更多的空间在发动机舱中工作。传动系统的结构如图7-1-4所示。

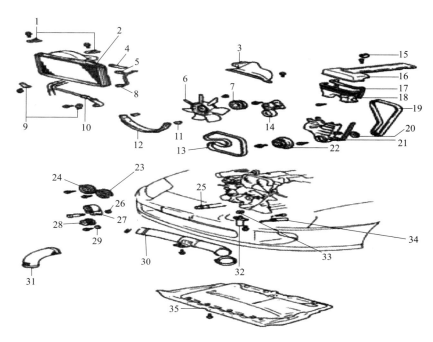

图 7-1-4 传动系统的结构

1—散热器上支架；2—散热器总成；3—空气滤清器管；4—储液罐进水口软管；5—电动冷却风扇电动机接头；6—风扇和液体联轴器总成；7—水泵带轮；8—冷却液温度开关接头；9—软管夹（自动变速器）；10—油冷却器管（自动变速器）；11—卡子；12—风扇护罩；13—传动带；14—传动带张紧器；15—机油加油口盖；16—正时带盖；17—衬垫；18—前上正时带盖；19—正时带；20—正时带导板；21—前下正时带盖；22—曲轴皮带轮；23—进气凸轮轴正时带轮；24—排气凸轮轴正时带轮；25—散热器下软管；26—平垫圈；27—皮带张紧轮；28—曲轴正时带轮；29—正时带板；30—空气管；31—空气软管；32—正时带张紧器；33—防尘套；34—左侧前照灯光束角度量规；35—发动机下盖

3. 传动系统的拆卸

按照下列步骤，从承载式汽车上拆除传动系统。

① 断开蓄电池上的电缆和蓄电池底板上的接地线，电缆与发动机连接端应保持连接。

② 拆除空气滤清器，以接近软管和拉索。

③ 排掉冷却系统中的冷却液。

④ 断开从车身连到发动机和变速器上的真空软管。断开发动机电气线束。

⑤ 断开节气门体联动装置和变速器或变速驱动桥联动装置。

⑥ 对于手动变速驱动桥，断开离合器拉索、从动缸或联动装置（图7-1-5）。

⑦ 断开里程表软轴。在散热器处断开变速驱动桥或变速器冷却管路。

⑧ 断开加热器软管。

⑨ 如果需要，断开易接近的动力转向油泵管路，这会使从发动机上拆卸泵容易一些。

⑩ 拆下空调（A/C）压缩机。如果空调系统未损坏且不需要充注，则从安装支架上拆

下空调压缩机。

⑪ 断开发动机和车身之间的燃油管路，将其塞住，以防漏油。

⑫ 为了将车辆抬高，如有可能使用车架矫正设备。如果使用旧设备，则在拆卸一些部件前，可能要在车下放一个千斤顶。

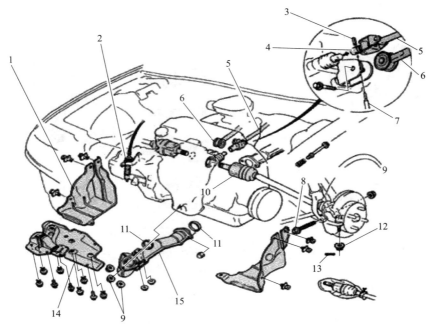

图 7-1-5　发动机及变速器附件

1—轮室挡泥板；2—离合器拉索调整螺母（仅手动变速器）；3—弹簧销；4—销固定器；5—换挡拉杆；6—换挡杆扭矩杆；7—8mm 销冲；8—减振器叉螺栓；9—自锁螺母；10—传动轴；11—衬垫；12—球节螺母；13—开口销；14—发动机挡泥板；15—排气管 A

二、悬架系统的检查和维修

悬架系统主要包括下列部件：悬架横梁、减振弹簧、减振器等（图 7-1-6）。

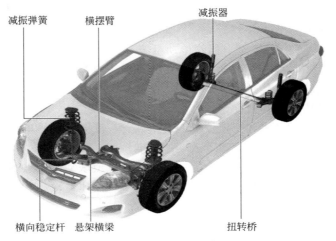

图 7-1-6　悬架系统

1. 前悬架

客车和轻型货车上使用的悬架系统有几种基本类型。多数车架式车身的汽车上都使用螺旋弹簧、钢板弹簧或扭杆系统。麦弗逊式独立悬架广泛应用于承载式车身的汽车（图 7-1-7）。

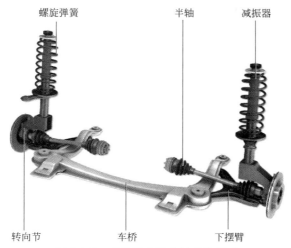

图 7-1-7　麦弗逊式独立悬架的组成

螺旋弹簧和钢板弹簧式非独立悬架在后轮驱动车型上应用最为广泛（图 7-1-8）。大空心桥壳中包括差速器、实心轴、车轮轴承和后轮制动器总成。

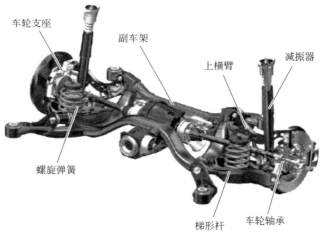

图 7-1-8　后驱车后悬架

2. 悬架故障诊断（表 7-1-1）

表 7-1-1　悬架故障诊断

检查	故障					
	噪声	不稳定性	向一侧跑偏	转向间隙过大	转向困难	震颤
轮胎/车轮	道路或轮胎噪声	气压低或不相等；子午线轮胎和带竖斜交线轮胎混用	气压低或不相等；轮胎尺寸不相同	气压低或不相等	气压低或不相等	车轮失去平衡或轮胎磨损不均匀或磨损严重；子午线轮胎和带竖斜交线轮胎混用

续表

				故障			
减振器（支柱/减振器）	支座或衬套松动或磨损	支座或衬套松动或磨损；支柱或减振器磨损或损坏	支座或衬套松动或磨损		支柱总成上的支座或衬套松动或磨损	支柱或减振器磨损或损坏
支柱	支座或衬套松动或磨损	支座或衬套松动或磨损	支座或衬套松动或磨损			支座或衬套松动或磨损
弹簧	磨损或损坏	磨损或损坏	磨损或损坏，尤其是后弹簧		磨损或损坏	
控制臂	转向节控制臂停住；支座或衬套磨损或损坏	支座或衬套磨损或损坏	支座或衬套磨损或损坏		支座或衬套磨损或损坏	支座或衬套磨损或损坏
转向系统	部件磨损或损坏	部件磨损或损坏	部件磨损或损坏	部件磨损或损坏	部件磨损或损坏	部件磨损或损坏
车轮定位		前轮和后轮，尤其是主销后倾角	前车轮外倾角和主销后倾角	前轮	前轮，尤其是主销后倾角	前轮，尤其是主销后倾角
车轮轴承	转弯或速度改变时，前轮轴承有噪声	松动或磨损（前轮和后轮）	松动或磨损（前轮和后轮）	松动或磨损（前松）		松动或磨损（前轮和后轮）
制动系统			与制动有关		与制动有关	
其他	速度改变时有沉闷的金属声；变速驱动桥异常。转弯时有咔嗒声；等速万向节失效、球头润滑不良				球头润滑不良	球头松动或磨损

三、助力转向系统的检查和维修

1. 助力转向系统的结构

助力转向系统是一套兼用驾驶员体力和发动机动力为转向能源的转向系统。在正常情况下，汽车转向所需的能量只有小部分由驾驶员提供，而大部分能量由发动机通过转向加力装置提供。

助力转向系统分液压助力转向系统（图 7-1-9）和电动助力转向系统（图 7-1-10）。

齿轮齿条式液压助力转向系统主要由齿轮齿条转向器和液压助力两部分组成，主要包括转向盘、转向柱管和万向节、齿轮齿条转向器，以及液压助力系统的储油罐、转向液压泵、转向控制阀和转向动力泵等。

目前，一些中高档轿车大都采用了电动助力转向系统。

电动助力转向系统是一种直接依靠电动机提供辅助转矩的动力转向系统，与传统的液压助力转向系统相比具有很多优点。电动助力转向系统主要由转向柱、转矩传感器、电动机、减速机构、传动轴、机械转向器等组成。

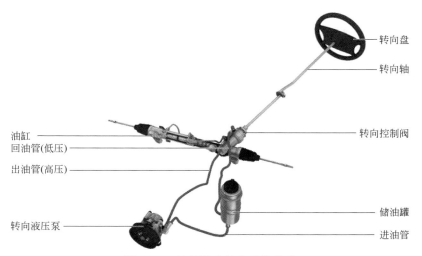

图 7-1-9 液压助力转向系统组成

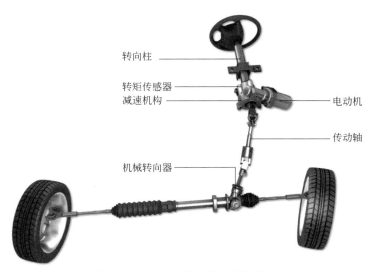

图 7-1-10 电动助力转向系统组成

2. 检查转向系统

（1）检查助力转向操纵力　检查方法：将汽车停放在水平干燥的路面上，油液温度达到 40~80℃，轮胎气压正常，并使前轮处于直线行驶位置。发动机怠速运转，将弹簧秤钩在转向盘边缘上，拉动转向盘，检查转向盘左右转动一圈所需拉力变化。一般来说，如果转向盘操作力超过 44.5N，说明助力转向工作不正常，应检查有无皮带打滑或损坏、转向油泵输出的油压或油量是否低于标准、油液中是否渗入空气、油管是否有压瘪或扭曲变形等故障。

（2）转向盘回位检查　检查时一边行驶一边观察下列各项。

① 缓慢或迅速转动转向盘，检查两种情况下转向盘的操作力有无明显差别，并检查转向盘能否回到中间位置。

② 使汽车以约 3.5km/h 的速度行驶，将转向盘顺时针或逆时针转动 90°，然后放开手 1~2s，如果转向盘能自动回转 70°以上，说明工作正常，否则应查明故障原因并予排除。

（3）机械转向器的检查　检查转向器壳体上是否有裂纹，并注意转向器上的零件不允许焊接或矫正，只能更换。还要检查轴承及衬套的磨损与损坏，以及油封、防尘套的磨损与老化情况，并及时更换。

3. 助力转向系统故障诊断（表 7-1-2）

表 7-1-2　助力转向系统故障诊断

检查	故障					
	噪声	不稳定性	向一侧跑偏	转向间隙过大	转向困难	震颤
车轮/轮胎	道路或轮胎噪声	气压低或不相等；子午线轮胎导致的	气压低或不相等；子午线轮胎导致的	气压低或不相等	气压低或不相等	车轮失去平衡、轮胎磨损不均匀、轮胎磨损严重
横拉杆	转弯时有尖锐的声音；横拉杆端头磨损		束距不正确；检查横拉杆长度	横拉杆端头磨损	横拉杆端头磨损	横拉杆端头磨损
支座、衬套	平行四边形助力转向系统：转向器安装螺栓、连动装置连接异常。齿轮齿条式转向系统：齿条支座异常	随动臂衬套		平行四边形助力转向系统：转向器安装螺栓、连动装置连接异常。齿轮齿条式转向系统：齿条支座异常	平行四边形助力转向系统：转向器安装螺栓、连动装置连接异常。齿轮齿条式转向系统：齿条支座异常	平行四边形助力转向系统：转向器安装螺栓、连动装置连接异常。齿轮齿条式转向系统：齿条支座异常
转向连动装置部件	转向齿条弯曲/损坏	中间连杆/齿条高度不正确	中间连杆/齿条高度不正确	随动臂、中间连杆或转向摇臂螺柱磨损；齿条磨损/损坏	随动臂弯曲	随动臂、中间连杆或转向摇臂螺柱磨损
转向器	齿轮齿条转向系统的叉调整不当			齿轮齿条转向系统的叉调整不当；平行四边形助力转向系统的转向器磨损或调整不正确；转向轴联轴器松动或磨损	平行四边形助力转向系统：转向器润滑不良、调整不当。齿轮齿条转向系统：齿条弯曲、叉调整不当	
动力转向					油泄漏、转向泵带松动/磨损/打滑、泵功率不足、油液不足	
车轮定位			车轮外倾角和主销后倾角不相等		正主销后倾角过大、磨胎半径过大［车轮后倾角不正确］	主销后倾角不正确

4. 转向系统的维修
① 更换转向齿条。
② 维护车轮和轮胎。
③ 维修转向柱。

四、车轮定位的检查与维修

1. 四轮定位参数

转向桥在保证汽车转向功能的同时,应使转向轮有自动回正作用,以保证汽车稳定、直线行驶。即当转向轮在偶遇外力作用发生偏转时,一旦作用的外力消失后,应能立即自动回到原来直线行驶的位置。这种自动回正作用是由转向轮的定位参数来保证的,也就是转向轮主销和前轴之间的安装应具有一定的相对位置。转向轮的定位参数主要有主销后倾角、主销内倾角、前轮外倾角、前轮前束等(图 7-1-11)。

图 7-1-11 转向轮的定位参数

(1) 主销后倾角　设计转向桥时,使主销在汽车的纵向平面内,其上部有向后的一个倾角 γ(主销后倾角),即主销轴线和地面垂直线在汽车纵向平面内的夹角(图 7-1-12)。

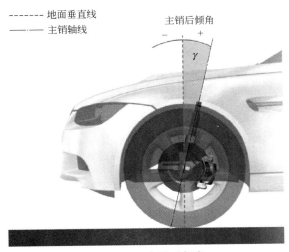

图 7-1-12 主销后倾角

主销后倾角能形成回正的稳定力矩。当汽车直线行驶时,若转向轮偶然受到外力作用而稍有偏转,将使汽车行驶方向左右偏离。这时,由于汽车本身离心力的作用,车轮与路面接触处,路面对车轮作用着一个侧向作用力,作用力对车轮形成绕主销轴线作用的力矩,其方向正好与车轮偏转方向相反。在此力矩作用下,将使车轮回到原来的中间位置,从而保证汽车稳定、直线行驶,故此力矩称为稳定力矩。

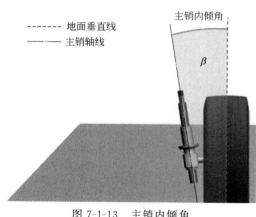

图 7-1-13 主销内倾角

(2) 主销内倾角 在设计转向桥时，主销在汽车的横向平面内，其上部向内倾斜一个 β 角，称为主销内倾角（图 7-1-13）。

主销内倾角也有使车轮回正的作用，当转向轮在外力作用下由中间位置偏转一个角度时，车轮的最低点将陷入路面以下。但实际上车轮下边缘不可能陷入路面以下，而是将转向车轮连同整个汽车前部向上抬起相应的高度。这样，汽车本身的重力有使转向轮回到原来中间位置的效应。

(3) 前轮外倾角 前轮外倾角也具有定位作用。如图 7-1-14 所示，α 是通过前轮中心的汽车横向平面与前轮平面的交线与地面垂直之间的夹角（前轮外倾角），如果空车时前轮的安装正好垂直于路面，则满载时，车桥将因承载变形而可能出现前轮内倾，这将加速汽车轮胎的偏磨损。另外，路面对前轮的垂直反作用力沿轮毂的轴向分力将使轮毂压向轮毂外端的小轴承，加重了外端小轴承及轮毂紧固螺母的负荷，降低了它们的使用寿命。

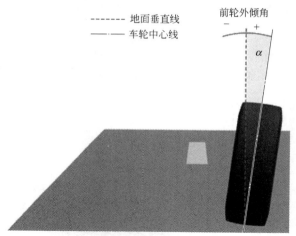

图 7-1-14 前轮外倾角

因此，为了使轮胎磨损均匀和减轻轮毂外轴承的负荷，安装前轮时因预先使其有一定的外倾角，以防止前轮内倾。同时，前轮有了外倾角也可以与拱形路面相适应。

(4) 前轮前束 前轮有了外倾角后，在滚动时就类似于滚锥，从而导致两侧前轮向外滚开。由于转向横拉杆和车桥的约束使前轮不可能向外滚开，前轮将在地面上出现边滚边滑的现象，从而增加了轮胎的磨损。为了消除前轮外倾带来的这种不良后果，在安装前轮时，使汽车两轮的中心面不平行，两轮前边缘距离小于后边缘距离，后边缘距离减去前边缘距离之差称为前轮前束，用角 φ 表示（图 7-1-15）。

2. 车轮定位程序

① 车辆一定要摆放在水平的位置上，包括左右水平和前后水平。
② 如有必要，进行轮胎换位，检查各个轮胎的尺寸、胎面花纹、深度和结构是否相似。
③ 各轮胎都必须按规定的压力数值充气。

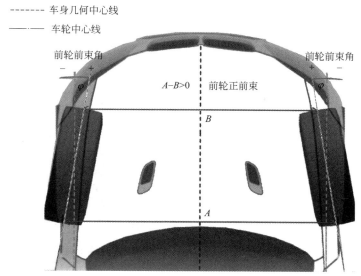

图 7-1-15 前轮前束

④ 检查是否有磨损或弯曲的部件并进行更换。
⑤ 如有必要,检查和调整车轮轴承,转动轮胎,检查有无松动或不正常的噪声。
⑥ 检查载荷是否不平衡(底盘高度是否正确)。应在车身/车架修理工作后进行此项检查。
⑦ 检查各球头、横拉杆球头、转向随动杆、控制臂和横向稳定杆附件是否松动。
⑧ 检查车轮和轮胎的跳动。
⑨ 检查减振器是否损坏。
⑩ 要考虑到各种附加载荷,例如工具箱等。
⑪ 查看定位检查设备的型号和工作状况,并按照制造厂的规定使用。

五、制动系统的结构、检查和维修

1. 制动系统的结构(图 7-1-16)

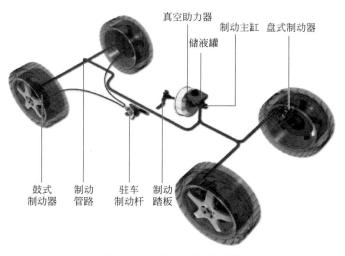

图 7-1-16 制动系统的结构

2. 制动系统的检查

(1) 检查制动液液量 制动液的储量应在储液罐的上下刻线之间（图7-1-17）。如果缺少制动液，应添加同种、同品牌型号的制动液，不可添加其他种类的制动液或酒精代用品。

图 7-1-17 检查制动液液量

(2) 检查液压制动系统制动踏板 踩下制动踏板，首先应能感觉出踏板的微小自由行程（符合各车型的要求），自由行程应在6～20mm之间。继续踩下制动踏板，应有明显的阻力直至踩不动为止。

如果制动踏板踩下去软绵绵的，没有明显的阻力，说明制动系统有故障，应进行修理；如果踩下制动踏板时，第一脚踏板非常低，而第二脚却又恢复正常，但用力踩下制动踏板有微量的弹性，则表明制动管路里有空气，应排除制动液压管路中的空气。

制动踏板踩到底时，制动踏板应与驾驶室地板之间保持一定的距离，该距离应符合车型的要求。距离过小，说明车轮制动器蹄片间隙过大，应调整车轮制动器的蹄片间隙。

(3) 检查制动系统泄漏情况 检查制动系统的技术状况，排除各连接部位的松动、漏油或漏气现象。

(4) 停车状态下的检查 启动发动机后，在发动机运转数分钟后，对于液压（含真空助力类型）制动系统，若踩下制动踏板反应正常，则管路系统正常。

(5) 行驶状态下的检查 启动发动机，松开手制动，使汽车以20～30km/h的速度行驶，在干燥平直的路面上踩下制动踏板，汽车应迅速减速及停车，且无跑偏现象。汽车制动后，当松开制动踏板并继续行驶时，应能顺利起步和行驶，而且在行驶中当不动转向盘时，汽车应保持直线行驶而不跑偏。

3. 制动系统的维修

(1) 制动衬块的维修 更换浮式制动钳上磨损的制动衬块：将车辆置于千斤顶上，拆下车轮和轮胎；将制动器松开并滑离制动片，拆下旧制动衬块；在新制动衬块上安装防噪夹，然后将它们装入制动钳；将制动钳总成滑到制动盘上，按与解体相反的顺序装配制动钳零件，确保所有螺栓正确拧紧；安装车轮，然后将车轮用带耳螺母按规范力矩拧紧，按需要对另一个盘式制动器总成重复上述操作。

按与解体相反的顺序重新装配盘式制动器。安装制动盘后，将制动钳总成装入到位。确保新的衬块安装正确，将所有紧固件按规范力矩拧紧。

(2) 主缸 主缸是液压系统的"心脏"。它位于发动机舱内，通常在驾驶员侧，通过一个专门的连杆与制动踏板相连。当制动踏板被踩下时，就推出主缸内的活塞，使液压传递到整个制动系统，从而开始制动。如果发现主缸出现漏油等现象，应由专业人员修理。

（3）制动液　制动液吸收水分后，其沸点会急剧降低。对于重载和盘式制动器中使用的高温制动液，水分的影响更为明显。为了防止受到污染，对制动液进行处理时应严格遵守以下注意事项：如果油液已污染，应将其倒掉；不要用已用过的制动液；不可使用旧的制动液容器，因为无法知道容器内有无杂质；不可将制动液从原装的容器内转移到任何其他容器内，只能将制动液倒入制动液专用容器，例如压力泄放器。

（4）制动管路　制动管路在主缸和轮缸及相关的部件之间传递液压，其容易在碰撞事故中损坏。进行碰撞检查时，应检查制动管路有无擦破、卷曲、油管夹松动或脱落、弯折、凹陷和泄漏。连接处有液体渗漏或软管端部有油污证明有泄漏。管路堵塞一般表现不太明显，但是会对制动系统功能造成不利的影响，堵塞往往会起到单向阀的作用，阻碍制动器的释放。在制动过程中，压力迫使油液流过障碍物，但当压力减小后，油液就不容易克服堵塞和制动阻力而流回。制动管路通常都是钢管，需要挠性的地方例外，如在底盘和各前轮之间以及底盘和后桥之间使用的是柔性软管。更换损坏的制动管路时，应使用和原厂同样类型的管路，包括不锈钢管、带电镀层的管或软管。某些特殊型号的管在当地可能难以购买到，但必须尽量使用与制造厂的零部件相同的管。一定不要用强度差的材料来做制动管路，否则可能会导致制动失灵。大多数轿车上采用双活接头连接，所以一定要仔细检查。在修理制动管路的过程中，不需用压合接头，应更换修理过程中拆下的所有固定夹。支撑弹簧对防止管路弯曲有重要作用，如有损坏，应予以更换。一定要按照原来的布置安装制动管路，以避免管路将来损坏。最后检查管路在悬架跳动和回弹期间及前轮转动期间，有无干涉现象。

（5）制动系统的放气　只要制动系统被打开，就应对制动系统放气，且应尽量缩短打开的时间，以免水分进入造成腐蚀，排放气体就是将制动系统内的空气清除掉。

空气比液体轻，它会在液压系统中寻找高点。在各个制动轴、轮缸和主缸的最高处都装有排气螺塞。需要排放气体时，可按一定的顺序打开这些螺塞，将气体排出。在排出气体的同时，空气便会进入液压缸。给储油罐重新装满制动液，如果油液有损耗，应向主缸内补充。一定先检查主缸，然后缓慢地泵送制动踏板若干次。这样做如果制动液高度降低到入口以下，一般可以排除掉所有的气体；如果不行，再给系统排气。

前轮/后轮双向系统与双向交叉系统的各车轮液压缸的排气顺序有所不同。另外，各制造厂都给自己的车辆规定了排气顺序。应查阅每辆车的维修手册。某些活塞制动钳有两个放气螺钉。在这种情况下，应先将较低的一个螺塞打开。在双向交叉系统中，一次只能排放一个系统的气体，应先排放前轮盘式制动器内的气体，然后再给对角的后轮制动鼓排气。

（6）动力制动系统　动力制动系统就是在标准的液压制动系统中，在踏板和主缸之间装有一个真空助力器或助力装置，来辅助制动。修理受到碰撞的车辆时，应仔细检查制动助力器，应特别注意真空软管、单向阀、紧固件和主缸。要更换所有损坏的部件。

为了测试真空助力器，泵送制动踏板几次，以排除助力器内剩余的真空。然后，踩下制动踏板并保持住，启动发动机。如果真空助力器起作用，发动机一启动，制动踏板就会稍向下降。如果在发动机启动时未感觉到制动踏板下降，则说明助力器可能有问题。

（7）驻车制动器　驻车制动器利用钢索机械连接到后制动蹄或制动块上。后轮制动器的作用是停车时保持车辆固定不动。驻车制动器是机械的，而非液压的。当向下踩驻车制动踏板或拉起驻车制动操纵杆时，就会拉动钢索，使后制动器锁止车轮。

调整驻车制动器时，一般要拧紧驻车制动拉索总成上的小螺母，这样就会缩短拉索，使制动器和车轮锁止得更紧。调整时不要将拉索拧得太紧，以免驻车制动器不能释放，造成行驶时烧毁制动衬块或制动蹄。

第二节
电气/电子系统的原理和维修

汽车线束沿着车身部件曲折布置，如挡风玻璃立柱、门槛、车门、后侧围板和车顶板以及其他一些部件。这些区域的损坏常常会切割或磨损保护导线的绝缘层，从而导致短路或断路。

碰撞力还会拉扯导线接头，腐蚀损坏可以使地线连接松脱，同样会使电路断开。

当必须更换外侧车门板时要考虑到涉及电气方面的工作。车门从车上拆下前，所有的电气元件与相关的线束都应分开。

事故车的大多数电气故障都是电路断开引起的。

一、照明电路及其他电路

汽车照明系统已经发展得日益精密。前照灯和尾灯已经发展到多灯系统。仪表板上的指示灯时常对充电系统、安全带、制动系统、驻车制动器、门锁、转向灯和电脑系统的故障发出警告。发生正面碰撞时，前照灯总成常会损坏。更换损坏的前照灯时，必须更换新的前照灯外壳。前照灯有近光和远光2个电路与灯泡相连，通常是转向信号仪表组上的开关操作近光灯和远光灯。少量汽车仍然使用安装在地板上的开关，应确保维修之后检查近光灯和远光灯。

1. 前照灯对光

如果汽车受到前端碰撞，在更换必要的零部件之后要对前照灯进行调整。大多数现代车辆的前照灯灯泡都是小的管式灯泡，卡扣在塑料壳体内。玻璃或塑料灯罩装在灯座的前面。调整前照灯光束的基本方法如下。

① 许多汽车，特别是旧式汽车，在装饰环下面装有小螺钉，可以使前照灯灯泡在壳体内转动。

② 新型汽车的前照灯在灯座的侧面和后部通常有调节螺钉。

③ 一些新型汽车的前照灯在灯座的上面有一个调平气泡，用来帮助调整前照灯。转动调节螺钉，直到气泡挨着刻度线对中。

在正常情况下，车身维修厂都备有前照灯对光装置，可以用来进行正确的调整。在将汽车与灯光调整装置正确对接好之后，就可以调整前照灯上的水平和垂直调节螺钉，直到调整装置上显示正确的读数。也可以使用前照灯对光仪来调整前照灯，使其以正确的高度和侧向照射汽车前方。有些新型汽车上内置有前照灯调平系统，用来调整前照灯光束，它们常需安装在每个前照灯总成的顶部。

2. 尾灯、倒车灯和制动灯

尾灯、倒车灯、制动灯或转向灯出现故障通常是由于灯泡损坏引起的。常常是湿气进入灯座导致触点和灯泡腐蚀。腐蚀故障可以通过用砂纸打磨腐蚀区域来修复。情况严重时，应更换灯座或灯泡。

倒车灯、尾灯、制动灯和转向灯也包括在灯罩或玻璃框总成之内，倒车灯、转向灯通常为琥珀色，制动灯、尾灯通常为红色（图 7-2-1）。破裂的总成很容易更换，它们是用紧固件固定的，很容易找到。转向灯、制动灯和行驶灯的灯泡装在活动灯座内。汽车维修手册中一般都给出了灯泡的维护和更换说明。在很多情况下还必须在灯泡的后面旋出灯泡和插座进行维修。

二、其他电路

汽车上的其他几个电路包括电动的座椅、车窗、门锁、后视镜和巡航控制系统。其他的电气装置包括收音机、CD 播放器、扬声器系统、报警器、蜂鸣器、图形显示器、模拟仪表和计算机控制装置。在维修任何电路时，一定要确保所有的导线都是按原始位置布置的，另外还要检查确认所有导线夹都已重新安装好，这样可以防止导线移动或与热的或活动部件接触而损坏。音响系统如图 7-2-2 所示。前车门音响安装位置如图 7-2-3 所示。

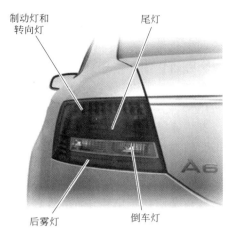

图 7-2-1 车辆后部组合灯

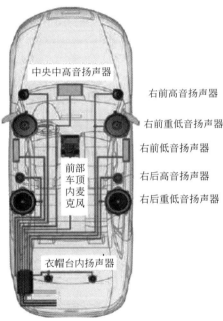

图 7-2-2 音响系统

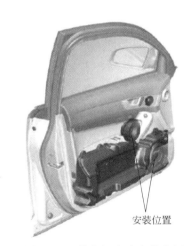

图 7-2-3 前车门音响安装位置

1. 刮水器和清洗器

刮水器电动机通常固定在前围板上，要么在发动机舱内，要么在仪表板下面。清洗器容器常常会在汽车受到前部碰撞时损坏，应检查其是否泄漏和能否正常工作。

2. 喇叭

大多数喇叭系统使用转向盘开关和继电器来使喇叭发出声音。按下喇叭按钮、刷环或装有衬垫的装置后，电流从蓄电池流出，通过喇叭引线，进入喇叭继电器内的电磁线圈，最后接地。通过线圈的少量电流使电磁铁通电，从而移动活动臂。电流与活动臂接通，从而闭合主电路并使喇叭发出声音。

3. 启动和充电系统

启动系统通过起动机将电能转变成动能驱动发动机飞轮转动，它转动或"盘动"曲轴，直到发动机启动并依靠自身的能量运转。蓄电池通过转向柱上的点火开关与起动机电磁线圈或继电器相连。起动机通常由螺栓固定在发动机的下后部。在少量车型上，起动机安装在发动机内部，在进气歧管下面。启动时，起动机驱动齿轮与飞轮齿相啮合。

充电系统负责对蓄电池进行充电以及在发动机运转时提供电能，交流发电机或传动带驱动的直流发电机产生电能。电压调节器控制着交流发电机的输出电压，通常安装在交流发电机上。充电系统电压通常为13～15V。

为了快速检查充电系统的状态，可将电压表连接在蓄电池之间，在发动机关闭的情况下读取蓄电池电压，电压应超过12.6V，否则说明蓄电池需要充电或者蓄电池出现故障。在所有电气附件（灯、收音机等）打开的情况下启动发动机时，电路必须保持在蓄电池电压以上，否则充电系统可能出现某种故障。当所有附件都关闭时，蓄电池漏电会导致电流从蓄电池中放出。例如，如果有电的线路破裂造成一个低电流的短路，就会逐渐地将蓄电池电量耗尽。为了查找蓄电池的漏电情况，在蓄电池的一条电缆与蓄电池之间接上电流表，将所有附件都关闭，断开时钟熔丝，电流表上应显示很小的电流或没有电流。如果仍然漏电，再继续拆下其他的熔丝，直到显示的电流为0，通过这种方法就可以查出哪个电路发生了短路。再对这条短路的电路进行定点测试，直到找出短路的导线并进行修理。

三、电子系统的原理和维修

许多电子故障的诊断和维修程序并不复杂。维修人员只要弄清楚基本电路，并按照一些简单的原则，就能查出多数电子故障。

1. 电子显示器（图7-2-4）

图 7-2-4　电子显示器

现在使用的电子显示器有以下3种。

（1）发光二极管（LED）　它们既可以用作单个的指示灯，也可以组合在一起显示字母或数字组合。LED显示器通常为红色、黄色或绿色。LED显示器比其他显示器更耗电，在强光下面它们还难以看清楚。

（2）液晶显示器（LCD）　这种显示器应用非常普遍，包括手表、计算器和仪表板仪表。LCD的构造是在两片平行的玻璃基板当中放置液晶盒，下基板玻璃上设置TFT（薄膜晶体管），上基板玻璃上设置彩色滤光片，通过TFT上的信号与电压改变来控制液晶分子的转动方向，从而控制每个像素点偏振光出射与否而达到显示目的。

（3）真空荧光显示器（VFD）　这种显示器使用装有氩气和氖气的玻璃管，显示节段是小的荧光灯。电流通过荧光管时，它们会变得非常亮。这种显示器既耐用又明亮。

所有的仪表都需要传感器的输入信号。现代汽车仪表都是采用计算机控制显示的，传感器采集到数据首先传送到计算机控制单元，计算机控制单元再将信号发送到仪表显示板。

2. 电脑控制系统

现在，几乎所有的汽车都有电脑控制系统，包括燃油喷射系统、充电系统、悬架系统、制动系统、空调系统、气囊系统、自动变速器等装置及系统，电脑也称为电子控制模块，它们遍布整个汽车。如果在车身维修中需要焊接，一定要对电脑进行隔热或将其拆下。

（1）电脑控制系统结构原理　电脑控制系统由以下几个部分组成：传感器（输入装置）、执行器（输出装置）、电脑（电子控制单元）。传感器是将各种状态（温度、压力和部件移动等）转换成电信号的装置，它们将电输入信号传递给计算机。计算机对传感器数据进行分析处理后，产生一个预编程的输出信号并发送给执行器。执行器（如电磁阀或伺服电动机）根据电脑的电信号产生相应动作。为了追求汽车行驶过程中更好的安全性、舒适性和操控性，各种电脑控制系统越来越多地被应用到汽车上。电脑技术的迅速发展也为汽车技术的改良提供了条件，各种车用控制系统应运而生，逐渐发展为电脑集中控制系统。

（2）车载诊断系统（OBD）　车载诊断系统（OBD）可以检测汽车运行状态和控制参数等数据，这些数据包含着可用于故障诊断的信息。1996年，全世界所有汽车制造商都已经采用了OBD Ⅰ 标准，使各汽车厂家采用统一的诊断模式、统一的诊断插座、统一的故障码、统一的通信协议等。在我国，所有符合国家（等效于欧用）及更高排放标准的车辆都必须安装车载诊断系统。车载诊断系统的功能包括三个方面：一是监测控制系统的工作状况，一旦发现异常（如某个传感器信号或执行器参数超出正常范围），就立即通过仪表板上的故障指示灯（MIL）进行报警；二是存储故障信息，以故障码（DTC）和数据流的形式将故障信息存储在车载计算机的存储器中，以便维修时调用；三是启用相应的备用功能，使控制系统以应急状态运行，保证车辆能够以失效保护（或"跛行回家"）模式行驶到维修站进行维修。

自诊断测试是指利用故障诊断仪或按照特定操作方式来读取或清除故障码、检测各种传感器或执行器的工作情况，检测相关控制电路是否正常，检查电控单元（ECU）及车载网络的通信情况等。汽车电子控制系统有无故障，均可通过自诊断测试进行检测诊断。

在读取故障码以前要进行直观检查，检查所有的导线和真空软管连接，确定故障不是由于接头破损、松动或真空软管故障引起的。目前的电子电路中的信号电压值很低，不允许因接头触点腐蚀而引起的较大电阻。对于不同的车型或不同的系统，其诊断操作步骤不尽相同，但基本步骤如下。

① 将合适的诊断仪连接到汽车的故障诊断插座上，有时可能要用到适配接头。

② 选择与被检测车型相适应的检测程序。

③ 根据诊断仪屏幕上的提示输入被测车型的车辆识别码（VIN）。

④ 根据汽车自诊断系统的功能范围和检修要求，选择对发动机、自动变速器、ABS、空调、气囊等系统进行检测。

⑤ 选择读取故障码、清除故障码、显示汽车运行参数、测试执行器工作情况等项目，按步骤完成检测工作。

⑥ 查阅被检测车型的维修资料，根据读取的故障码判断故障部位，确定进一步检测诊断方向。

当发动机运转时，利用故障诊断仪将车载ECU内部的控制参数和计算结果等以数据和串行输出方式在检测仪屏幕上一一显示出来的过程，称为数据传输，通常也称为"数据通信"或"读取数据流"。数据传输可以将各种传感器输出信号电压的瞬时值、ECU的计算与判断结果、各执行器的控制参数等一目了然地显示在诊断仪屏幕上。这样,维修技师就可以根据发动机运转状态和传输数据的变化情况,判断控制系统的工作状态,将特定工况下的传输数据与标准数据进行比较,就能准确地判断故障类型和故障部位。

在发动机熄火状态下或运转过程中,可以通过故障诊断仪向执行器发出强制驱动或强制停止指令来监测执行器的动作情况,从而判断执行器及其控制电路有无故障。

(3) 车载网络系统　车载网络系统(图 7-2-5)通常也被称为汽车总线系统,实质上就是通过某种通信协议(如 CAN),将车上各个 ECU 节点连接起来,从而形成一个汽车内部的局域网络。

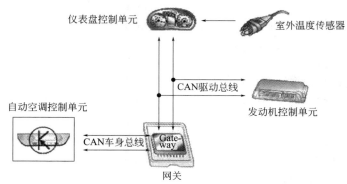

图 7-2-5　车载网络系统

目前汽车总线的种类很多,如 CAN 总线、LIN 总线、VAN 总线(法国车系专用)、IDB-M、MOST、USB 和 EEE1394 等。这些车用总线由于在应用对象和网络性能上各有特色,将会在竞争中共存相当长一段时间。另外,随着车载网络技术的发展进步,一些特定用途的新型总线还会被陆续研发出来。

对于汽车数据总线系统故障的检修,应根据数据总线系统的具体结构和控制回路具体分析。一般来说,引起汽车数据总线系统故障的可能原因有三种:一是汽车电源系统引起的故障;二是汽车数据总线系统的节点故障;三是汽车数据总线系统的链路故障。

① 汽车电源系统故障引起的总线系统故障。汽车数据总线系统的核心部分是含有通信集成芯片的电控单元,电控单元的正常工作电压在 10.5～15.0V 的范围内。如果汽车电源系统提供的工作电压低于该范围,那些对工作电压要求高的电控单元可能就会短暂地停止工作,从而可能造成整个汽车数据总线系统出现短暂的无法通信。这种现象就如同在未启动发动机时就设置好诊断仪要检测的传感器界面,当发动机启动时,往往诊断仪又回到初始界面。

② 节点故障。节点是指汽车数据总线系统中的电控单元,因此节点故障就是数据总线中的电控单元自身有故障,包括软件故障和硬件故障。软件故障一般是传输协议或软件程序有缺陷或冲突,从而使汽车数据总线系统通信出现混乱或无法工作,这种故障一般成批出现,且无法维修。硬件故障一般是由于通信芯片或集成电路故障,造成汽车总线系统无法正常工作。

③ 链路故障。当汽车数据总线系统的链路(或通信线路)出现故障时,如通信线路的始路断路以及线路物理性质引起的通信信号衰减或失真,都可能会引起多个电控单元无法工作或电控系统错误动作。判断是否为链路故障时,一般采用示波器或汽车专用光纤诊断仪来观察通信数据信号是否与标准通信数据信号相符。

第三节
约束系统的工作原理和维修

现代的汽车约束系统包括安全带、气囊和仪表板下面的护膝装置。

主动约束系统是一种乘员必须主动使用的系统。例如，大多数汽车的安全带必须用手扣紧才能起到碰撞保护的作用。习惯上手动操作的安全带被归类为主动约束系统。

被动约束系统是一种自动操作的系统，不需要任何操作就可以生效。自动安全带和安全气囊就是这类装置。

一、安全带系统

1. 安全带系统构造

当探测到碰撞时，烟火式卷收器使用一个气体发生装置使卷收器产生压力来快速张紧安全带。这种安全带卷收器常常与气囊约束系统协同工作，和气囊约束系统类似。气囊膨开后，烟火式卷收器通常必须更换。

2. 安全带的检查和维修

检查安全带时，应当检查安全带是否由于接合锁扣定位不正确而发生扭曲。还应从卷收器中完全拉出安全带进行检查，如果发现下列情况则需更换新的安全带：扭曲；裂口或损坏；纤维断开或拉出；割伤；褪色或染色；卡在导向板中。

3. 安全带的维修

（1）锁扣的维修

① 如果锁扣无法扣上，则更换安全带总成。

② 如果锁扣护罩出现裂缝或按钮松动，则更换安全带总成。

③ 如果松开锁扣需要的压力过大，也要更换安全带总成。

（2）固定器的维修　检查安全带固定器和螺栓是否有活动或变形的迹象。如有必要，进行更换。

（3）卷收器的维修

① 卷收器不能锁止，则拆下并更换安全带总成。

② 如果汽车装配的是烟火式安全带卷收器，那么气囊膨开后必须将其更换。因为推进剂已经在碰撞期间被安全带的拉力耗尽。

二、气囊约束系统

1. 气囊约束系统的结构原理

（1）气囊约束系统传感器　首先是气囊约束系统传感器向计算机发送遇到严重碰撞的电信号。在只有前部气囊的情况下正面区域受到的撞击必须足够强，才能闭合两个碰撞传感器中的开关。然后气囊控制总成产生一个电信号以引爆气囊（图7-3-1～图7-3-3）。

气囊约束系统使用了两个（碰撞传感器和警戒传感器）或两个以上的传感器。一些新型汽车也在电子控制单元上安装了安全传感器。碰撞传感器是最先探测到碰撞信号的传感器，因为它们一般安装在汽车前部，通常位于发动机舱内。警戒传感器的作用是确定碰撞是否已经严重到需要打开气囊的程度，通常安装在汽车前保险杠或散热器的固定架附近。装在汽车前部有助于它们在遇到剧烈碰撞时立即触发或闭合。

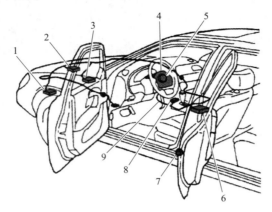

图 7-3-1　气囊约束系统的构成

1—左侧碰撞传感器；2—中间碰撞传感器；3—右侧碰撞传感器；4—气囊模块；5—螺旋电缆；
6—控制模块；7—驾驶员侧车门开关；8—通道传感器和安全传感器；9—线束

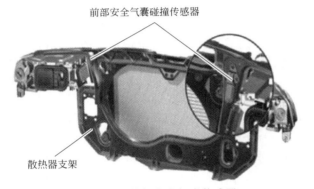

图 7-3-2　前部安全气囊传感器

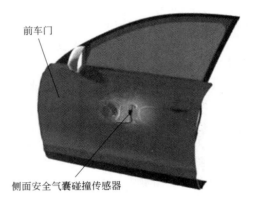

图 7-3-3　侧面安全气囊传感器

为了防止气囊意外打开，一些汽车还装备了第三个安全传感器。安全传感器的主要功能是用来防止气囊系统在非碰撞状况下引起气囊的误动作。安全传感器通常位于乘员室内。只有当这三个传感器都闭合时，计算机或电子控制单元才能接收到碰撞发生的信号。它们组合在一起就形成了一个故障保护系统，可以防止气囊意外打开。当碰撞传感器和安全传感器都闭合时，诊断控制模块发送一个信号给气囊引爆器，从而激活化学反应以打开气囊。至少一个主传感器和一个安全传感器共同工作才能激活气囊系统。

有时使用变形传感器操作侧面安全气囊。为了防止气囊意外打开，变形传感器探测车门的内凹损坏和结构件的碰撞损坏，它不探测惯性载荷或重力载荷。侧面撞击引起的金属变形会改变传感器的气隙，从而触发传感器。传感器通过一些塑料管（与侧气囊相连）向侧气囊发送冲击波。当冲击波激活气囊模块时，会引爆充气剂，从而使侧气囊打开。

（2）安全气囊组件　安全气囊组件（图 7-3-4）包含气体发生器和坚韧的尼龙气囊。汽车在受到碰撞时，气体发生器通电触发，然后产生气体充入气囊衬垫中。

驾驶员处的气囊从转向盘中央的气囊盖中打开。这种气囊总成替代了以前无气囊的汽车上的喇叭按钮。气体发生器安装在气囊后面，气囊折叠在气体发生器上面，装在转向盘罩的

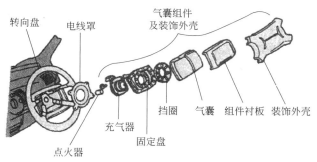

图 7-3-4　安全气囊组件

后面。当电子控制单元发送一个电信号时，气囊引爆器产生一个小火花。接通电流后，引爆器在两个小插脚之间产生电弧，火花点燃引爆器中的气体发生剂。引爆器点燃一块较大的气体发生剂，气体发生剂燃烧产生打开气囊的气体。气体发生剂通常是片状的叠氮化钠。当引燃这些可燃的片剂时，叠氮化钠快速燃烧，产生大量的氮气，爆炸释放的气体使气囊打开。几乎是气囊一充满，气体就开始冷却并排出。驾驶员被辅助约束气囊支撑住，而不是向前撞到转向盘上或被安全带传来的惯性能量伤害。

乘客处的气囊从仪表盘右侧的一个小门后面打开。它的气囊垫要大得多，打开时从座椅区域的中部延伸到右侧车门。因为这种气囊内部空间较大，所以需要很大的片状气体发生剂。风窗玻璃有时会因为气囊打开面破碎。乘客处的气囊打开后常常会撑破或强行打开仪表板护罩内带有铰链的门。

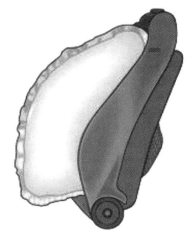

除了两个前部气囊，座椅侧面、车门装饰板内、立柱内，甚至在后部座椅区域都可以安装附加的气囊（图 7-3-5 和图 7-3-6）。侧气囊可能位于车门面板、车顶、立柱或座椅内，用于防止侧面撞击造成的伤害。

如果没有侧气囊，当汽车的侧面受到撞击时，乘客头部会猛烈地撞到一旁的车门玻璃、门框和坚硬的立柱上。帘式气囊从前部立柱和车顶装饰板中打开，它是侧气囊的一个变种。帘式气囊较长较薄，价格较高且更换起来更费时。

图 7-3-5　前座椅侧面气囊

另一个与气囊相关的汽车部件是护膝板。汽车受到撞击时，护膝板垫住驾驶员膝部，以防受到碰撞并帮助避免驾驶员滑到气囊下面。它位于转向柱下面，转向柱装饰板后面。

多临界点打开表示气囊系统可以以不同的速度打开气囊。多临界点打开系统使用专门的

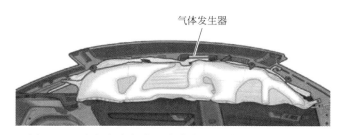

图 7-3-6　头部安全气囊（安装在 B 柱或 C 柱上部区域）

传感器测量减速度。电脑探测碰撞力，然后点燃气囊模块中不同量的气体发生剂。气体发生剂被分流进入气囊模块中不同的空腔。例如，在低速碰撞事故中，传感器会发出一个信号，告诉电脑惯性力较小且不太猛烈。然后，电脑会发出命令点燃部分气体发生剂，气囊会较慢地打开以防对人体造成伤害。在高速碰撞时，传感器会发出汽车快速减速的信号。然后，电脑就会点燃所有的气体发生剂以使气囊更快地打开。在高速碰撞中，气囊必须更快地打开才能防止驾驶员和乘客撞到正在打开的气囊上。当驾驶员身体接触到气囊时，气囊应该已经完全打开。

（3）气囊控制器　气囊控制单元是操纵气囊约束系统的专用电脑。气囊控制器分析传感器输入信号以确定是否需要打开气囊。如果至少一个碰撞传感器和一个警戒传感器，则控制器向气囊模块输送电流，这样会使气囊打开。电子控制单元还提供故障数据和故障码，供故障诊断和维修电路及部件时使用。

（4）气囊线束和气囊报警灯　气囊线束包括连接碰撞传感器、控制单元和气囊组件等的线束和接头。仪表板上的气囊报警灯在系统出现故障时点亮。

2. 气囊约束系统的维修

维修装有气囊的汽车之前，必须将系统解除。通过断开所有可以引爆气囊的电源来解除气囊约束系统。解除气囊约束系统的程序各有不同。许多汽车维修资料要求断开蓄电池负极电缆并用绝缘胶带包住电缆端部。胶带使金属电缆末端绝缘，这样就不会意外接触到蓄电池接线柱。制造商可能还规定拆下系统熔丝或断开模块。一定要参考维修手册中解除系统的准确步骤，这样可以帮助避免电气系统损坏和新气囊意外打开。

气囊约束系统可能装有储能模块，以保证在电源万一出现故障时也可以使气囊打开。即使断开了蓄电池，储能模块也能引爆气囊。必须将它从系统中拆下，或者在断开蓄电池之后等待几秒到30min，以进行放电。

（1）气囊传感器的更换　对于不同的汽车，气囊打开后更换系统部件的步骤不完全相同。检查关于部件更换是否有详细的厂商建议。许多汽车制造商建议维修已打开的气囊时更换所有的传感器，有时也更换电子控制单元。传感器会因为严重碰撞而内部损坏。

更换气能约束系统传感器时，反复检查拆下任何传感器之前是否解除了系统。维修手册会给出传感器位置。安装气囊传感器时，检查传感器箭头（印在传感器上的方向箭头）是否朝前。如果箭头朝后安装，以后遇到事故时气囊将无法打开。

（2）已打开气囊的拆卸　在气囊打开后维修汽车时，首先应使用真空吸尘器清洁乘员舱。乘员舱内会存在气囊残留的粉末，这种粉末对眼睛和皮肤有刺激性。粉末是在生产期间添加的，以减少气囊打开时的摩擦，可以用真空吸尘器清洁仪表板通风口、座椅等。

在拆卸打开的驾驶员位气囊时，从转向盘后部拆下小螺钉，然后可以按照厂商的步骤抬出气囊模块并断开它的导线。气囊打开后，通常必须更换螺旋电缆或时钟弹簧。检查所有部件的损坏情况。所有肉眼能够看出损坏的部件都应当更换，包括转向盘、转向柱、螺旋弹簧和相关部件。损坏的电线可能还需要更换线束或仔细地维修导线。如果发现转向柱损坏，那么应在安装新气囊前进行维修。此时还应检查组合开关是否工作正常。

（3）气囊的安装　在搬动未打开的气囊模块时，一定要让气囊和装饰盖背对身体。这样可以减小气囊意外打开导致严重伤害的可能。将气囊模块放到工作台面上时，一定要让气囊和装饰盖朝上，这样可以减小气囊意外打开时向上"弹射"的可能。在气囊打开后要遵照厂商的要求更换部件。绝对不要利用线束或引线移动任何系统部件。对于任何摔过的或有明显损坏痕迹的部件，都要遵照厂商的要求进行处理。不要试图维修部件，除非制造商要求这么做。如果厂商没有说明，不要将任何部件通电。

气囊打开后,气囊总成必须更换。螺旋弹簧通常也必须更换,螺旋弹簧是转向柱和气囊模块之间的电气连接。在更换螺旋弹簧时,必须对准定位标记以便正确地装配。在安装驾驶员侧气囊时,要反复检查所有的传感器是否更换了或是否没有损坏,以及蓄电池是否仍然断开着。插入气囊电气接头,然后,将气囊向下装到转向盘上。安装并拧紧固定气囊的紧固件。新的乘客侧气囊的安装程序与此相似。有时,为了拆下固定气囊的紧固件,必须拆下杂物箱和暖风管。如果不确定如何拆下这些螺栓,维修信息会给出详细说明。还必须断开乘客侧气囊的线束接头,线束上可能有一些卡夹,用于固定通向气囊的导线。拆下车门装饰板后,可以轻易找到侧气囊固定螺栓。应该用小的转矩扳手将这些螺栓最后拧紧。更换装在座椅上和装在车顶上的气囊的步骤与此相似。

(4)气囊控制单元的维修　对于气囊控制单元,少数汽车制造商建议只要气囊打开就需要更换,而有些制造商则允许重复使用,但前提是经诊断测试合格。气囊的电子控制单元一般安装在仪表板中部的下面、座椅下面或中央控制台下面。确保有正确的气囊控制单元更换件,正确地拧紧固定螺栓,还要确定电气接头完全接合锁定。

(5)使用解码器检查气囊电路故障　每当点火开关转到"ON"位置时,气囊约束系统都要进行自检。自检期间,气囊的仪表板指示会稳定点亮或闪烁。自检完成后,灯应熄灭。如果灯一直点亮,表明系统出现故障。如果出现故障,可以用解码器搜索故障码或故障信息。

第四节
车身结构件的矫正

车辆固定就是将车辆夹紧,使它在矫正过程中不会移动。矫正将使车身构件承受很大的拉伸作用力,必须对车身进行可靠地固定,否则既不可能使修理、矫正到位,同时还给测量工作带来许多困难和麻烦(图7-4-1)。

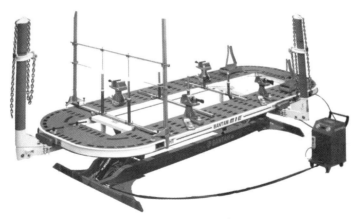

图7-4-1　大梁校正仪

选择车身固定位置时,在满足矫正力作用方向的前提下,选择车身上强度较高的封闭式或半封闭式构件作为优选固定点,如底板梁、车架、门槛、侧梁等,这样不仅使固定有效、可靠,而且能避免因矫直所引起的固定点构件的二次损坏。

应根据力的合成与分解法则多选几个固定点,使车身实现多方位固定(仅于一处固定车身也容易造成构件的局部损坏，而且多点固定对复杂变形车身的矫正也是必需的），避免受力过于集中及损坏单一固定件。而且多点固定还能实现任意方向的矫正。对几个不同方向进行矫正操作，可以收到事半功倍的效果。

确定了牵引位置后，就可在该处装上牵引夹具，按要求进行牵引。如果要牵引的地方没有空间安装夹具，可以焊上一个焊接牵引接头。牵引夹具最好安装在下列位置：保险杠能量吸收器的安置点和螺栓孔，转向、悬架的机械安装点（不要将牵引夹具连接到任何悬架或机械部件上），损坏的金属板，焊接接头，加强件的凸缘等。

一、应力释放

金属有"记忆"特性（或弹性），因此它"知道"自己原来的状态。金属材料如果没有经过弯折，它的晶粒或分子都处于相对松弛的状态。金属一旦被弯折，这些晶粒就会轻度变形，从而产生应力。如果一块金属在压力解除时还有足够的弹性，晶粒将会回到原来的状态。如果金属被弯折得很严重，外侧的晶粒将会在张力作用下而严重扭曲，内侧的晶粒则在压力作用下而扭曲。由于大量应力存在，金属将会保持住这种变形。应力消除就是利用锤击（有时利用可控的加热）使损伤的金属恢复其原来的形状和状态。在拉伸过程中，需要解决两个独立的问题：恢复车身原来的形状；事故中的车身变形会在金属中产生应力集中，应当消除这些应力，即恢复原来的状态。

1. 用锤击消除应力

用锤击（或综合利用加热和锤击）的方式，可以帮助特定部位的金属晶粒消除应力，使其恢复到原来的状态。在分析完损伤情况，确定了拉伸的角度和方向后，就可以施加拉力进行拉伸，同时通过弹性锤击消除应力。弹性锤击时通常利用修平刀或木块将打击力分散到较大面积上，这样就消除了应力，使金属在弹性作用下恢复原来的大小和形状。另外，对主要损坏部位的相邻部位，也要进行弹性锤击。

用一块顶铁（或大木块）和锤子，就可以消除大部分应力。大多数应力消除是"冷加工"，很少需要加热。

2. 用加热消除应力

与弹性锤样，可控制的加热也可以用来消除部件或面板上的应力。大多数新型汽车使用的是高强度钢板（HSS），加热时要特别小心。一般来说，所有钢板都应当作高强度钢板，以免在加热时出现问题。只有功能、寿命和外形都得到了恢复，才算是合格的修理。

如果没有消除应力，可能会出现下列情况：悬架和转向部件会因不断的加载和卸载而疲劳损坏；再次遭到相似的碰撞时，较小的碰撞力就会引起同样的或更大的损坏，甚至危及乘员的安全；车身尺寸变形，引起各种操纵性问题。

3. 应力集中件的处理

承载式车辆中应用了多个应力集中件，用来控制和吸收碰撞力，使车身结构件的损坏减小到最低程度，增加乘员的安全性。有了这些零件，就可以更好地预测碰撞损伤，在分析损伤或估损时可以更容易地进行检测。不要把原设计的应力集中件拆开，只能矫正或替换应力集中件。

4. 拉伸板件

拉伸指的是用液压矫正设备将损伤的金属件拉回其原来的形状（图7-4-2）。首先用设备将车辆固定住，然后将夹钳和链条连接到损伤的部位。开动液压系统，链条就会慢慢地将损伤部位拉正。在将车辆拉回到原尺寸的过程中，要在车身/车架基准点处进行测量。

图 7-4-2 拉伸板件

二、车身前端损坏的矫正

例如一辆汽车的左侧从前面受到了中度碰撞（图 7-4-3）。尽管左侧车架纵梁和挡泥板将要被更换，但还是必须按损伤的相反方向拉伸严重损坏的侧梁，以便将那些不需要更换的部件重新对准，然后对修理侧的翼子板挡泥板和侧梁进行维修（图 7-4-4）。

同时，修理更换侧的前翼子板挡泥板和侧梁的安装区域。在很多情况下，修理侧的整个翼子板挡泥板和侧梁仅向左边或右边略有偏斜。测量对角线的尺寸，将测量尺寸与标准尺寸相比较，就可以确定损伤的程度（图 7-4-5）。如果对翼子板挡泥板上部加强件和侧梁同时进行拉伸将更有效。

如果有严重的弯曲损伤，最好将前横梁和散热器上支架分开，然后分别修理或更换它们。

图 7-4-3 左侧前部碰撞

夹紧侧梁损伤面的内侧，在向前拉伸的同时，将弯曲部分从里向外拉或从外向里压。弯曲部分在修理完成后，尺寸应当与规范值相吻合。

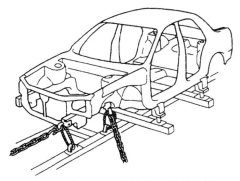

图 7-4-4 修理侧的翼子板挡泥板和侧梁

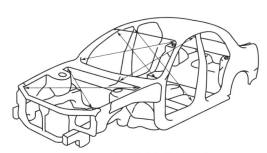

图 7-4-5 测量对角线的尺寸

在对更换侧的前挡泥板和侧梁部位进行修理时，主要的修理部位在车颈板和车颈板附件。但如果碰撞比较严重，损伤会扩散到车身前立柱，在这种情况下，车门可能关不严。

如果只是简单地夹住挡泥板侧梁的前缘进行拉伸，车身前立柱或车颈板的主要损坏是无法修理好的。在这种情况下，应当将挡泥板和侧梁切割下来，在面板的主要损伤部位夹紧，然后进行拉伸，同时注意车门的矫正状况。用这种方法可以获得较好的效果。与此同时，向前拉伸前立柱，还可以用液压顶杆从内侧推压。

在车身矫正过程中，要通过测量关键的尺寸确认修复的程度。车身底部前地板上的基准孔和前翼子板后部的安装孔是标准的参考点（图 7-4-6）。

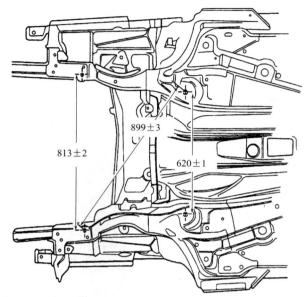

图 7-4-6　车身底部前地板上的基准孔和参考点（单位：mm）

三、车身后部损坏的矫正

与车身前部相比，车身后部的面板结构强度较弱，这部分的损伤形式可能更复杂，损伤程度可能更深。碰撞力通常会通过后纵梁的尾端或附近的面板传递，引起"上弯"部位的损坏。另外，轮罩也将变形，引起后侧围板向前移动，造成其他部件之间的间隙变化。如果碰撞非常严重，还将影响到车顶、车门或中立柱（图 7-4-7）。

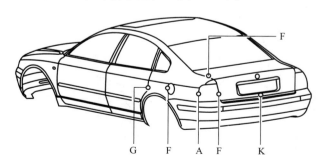

图 7-4-7　维修手册中标注的车身后部部件之间的间隙/闭合线
A—(1.0±0.3)mm；F—(3.0+1.0)mm；
G—(3.7±0.8)mm；K—(5+1)mm

将夹钳或钩子连接到后纵梁、后地板或后侧围板的后部，一边进行拉伸，一边测量车身下面每一部分的尺寸。通过车身面板的配合和间隙情况确定修理程度。

在车身后部受到较大的损伤时，如果后侧围板没有变形或变形很小，则不要对它进行拉伸。如果后纵梁被挤压到轮罩内或后车门间隙有问题，则不应拉伸后侧围板，仅通过拉伸纵梁来释放后侧围板的应力。如果夹住轮罩或车顶侧内面板并连同后纵梁一起拉伸，这样就可以将车门面板的间隙恢复正常。

四、车身侧面损坏的矫正

如果门槛板中部受到严重碰撞，地板就会变形，整个车身会呈现"香蕉"状的变形。为了修理这种损伤，可使用与拉直一根弯铁丝一样的方法，将车身的两端向外拉，而将凹进去的车身侧面向外拉，也就是采用如图 7-4-8 所示的三方向拉伸。

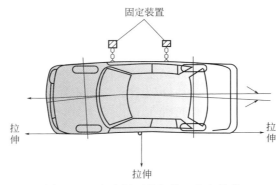

图 7-4-8　车身侧面损坏的三方向拉伸

活动梁和升降台可用作侧面固定装置，与车身的内部或外部相接触，对于比较困难的拉伸，可以将它们作为附加的固定连接装置。

当车辆的中心部分要向外拉伸时，建议从两端拉伸。如果在车身的上面向上拉伸时，则必须在相对一侧将车辆固定住。在向外拉伸车辆的中心部分时，也可以利用移动梁和升降台，将它们连接到拉塔或顶杆上进行拉伸。

第五节　车身结构件的更换

碰撞损伤的车辆根据损伤的情况不同需要不同的修理方法，主要取决于损伤性质和位置。损伤轻微的板件一般可矫正，然后用填料填平。弯曲结构板件可能需要用液压设备牵拉矫正。但是，有些板件可能严重损坏，更换板件是最适合的解决办法。

结构板件更换包括切割、测量及焊上代替严重损伤板件的新车身板件。在处理后侧围板、车架纵梁及其他焊接车身总成时，需要找到厂家的所有焊缝。为了拆卸损伤的板件，必须用动力工具将这些焊缝钻开或磨开。接着，必须将新板件装好，测量，然后焊到车上。

一、结构板件的相关概念和更换步骤

1. 结构板件

结构板件是对焊接在一起构成承载式车身框架的部件的通称。车身结构的完整性取决于

各个结构板件之间的相互连接。这些结构板件通常是以凸缘或配合面的形式相互连接在一起的，这些连接面通常位于板件的边缘，是在工厂生产期间形成的。在承载式车身结构中，结构性板件的例子有散热器支架、内翼子板挡泥板、前纵梁、翼子板挡泥板、上部加强件、地板、立柱、后侧围板、后纵梁、后备厢地板和背板（参见图2-3-4）。

2. 板件的分割

分割就是在厂家焊缝以外的位置切割部件。这可能是厂家建议的行为，也可能不是，在操作时必须特别小心。在分割部件之前要进行分析，以确保不会影响结构的完整性。

一些厂家不允许分割结构件，另外一些制造厂允许分割。对于可能降低乘客安全保护性能、车辆行驶性能或者影响关键尺寸的部位，不要进行分割。

3. 更换板件的种类和来源

更换的板件是与原厂设计相同的、整体的、未分割的板件。将这些板件焊接在一起，就可以模拟出车辆在工厂中是如何制造出来的。它们一般可以从车辆厂家购买到，有时也可以从售后市场板件生产厂购买到。

原厂更换板件是从原设备制造厂（OEM）购买到的板件。例如，如果正在修理一辆别克车，则可以从通用汽车公司购买到OEM更换板件。

售后市场更换板件是由一些较小的公司生产的，而不是由原设备制造厂生产的。这些板件的价格比原厂更换板件低一些，但可能配合得不太好，有时需要花费更多的时间进行匹配。

翻新更换板件是从废品站中的报废车上切割下来的未损伤的板件。这样的板件费用一般比新件低，并且它们同样具有原厂的腐蚀保护。利用这些板件可降低部件成本和人工费用。

局部更换的板件通常只用来更换一块面积较大的板件的某一部分或区域，这些板件用来修理那些容易锈蚀的部位是非常理想的。局部更换板件可以从许多售后市场零件厂、当地的废品站或原厂处购买到。

加工的板件是一些手工制作的修理零部件，用于修理一些小问题（例如划槽或锈孔），对于这些问题往往没有可用的新件或局部更换件。在制作这些板件时，使用的金属类型和厚度应以车辆上的金属为参照。切掉板件的损坏部分，然后将它用于制作新件的样品。

4. 更换板件的一般步骤

更换板件的一般步骤如图7-5-1所示。

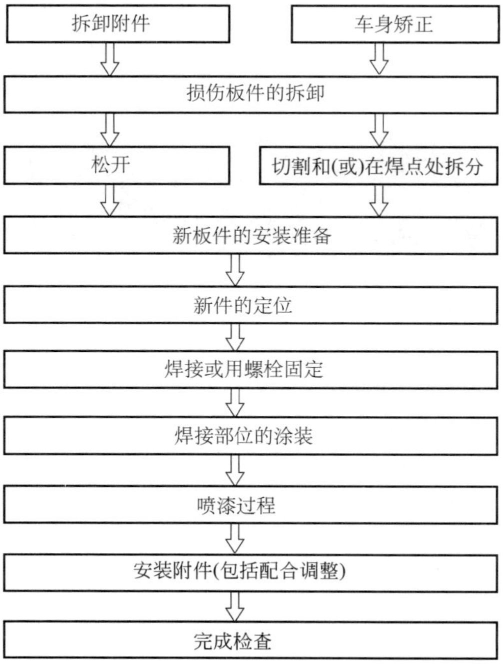

二、拆卸结构板件

车身结构板件在制造厂里一般用接触点焊连接在一起，因此拆卸板件主要涉及将焊点拆分。

焊点可以用钻削的方式钻掉，用等离子焊枪切除掉，用錾子錾掉，或者用高速砂轮磨掉。

拆除点焊板件最好的方法取决于焊点的数量、配合板的排列以及焊点的接触难度。板件更换图给出了正确安装结构板件所需的切割和

图7-5-1　更换板件的一般步骤

焊接的类型、数目和位置。原厂维修资料中提供了所有主要结构板件的更换图，这些维修图给出了原厂焊点的位置，以及零部件在必要时的切割位置。

1. 确定焊点的位置

要找到焊点的位置，通常要去除连接部位的漆膜、底涂层、密封层或其他涂层（图 7-5-2）。

方法是，用粗砂纸或者使用磨削机的砂轮去除油漆，也可用粗钢丝轮或电动刷去除焊点上的油漆。在去除油漆前，要刮掉厚厚的底涂层或石蜡密封层。不要只用氧乙炔或丙烷焊枪除油漆，因为这样可能会使金属过热。

2. 拆分焊点

在确定了焊点的位置后，使用焊点切割刀将焊点钻开（图 7-5-3）。可以使用的切割刀有两种类型：一种是钻头式的；另一种是孔锯式的。

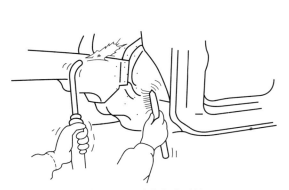
图 7-5-2　剥除车身油漆

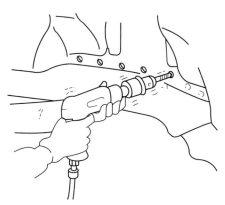
图 7-5-3　钻除车身板件焊点

高速砂轮也能用来拆分点焊板件。仅仅当钻头无法够到焊点时才采用这种方法，例如更换的板件在车身顶部，或者铆焊的焊点（以前修理留下的）太大，无法钻掉。

在钻开、烧断或磨掉所有的焊点以后，在两块板件之间打入錾子，将它们拆分开来。小心不要划伤或弯折未受损伤的板件。

三、焊接板件

1. 更换板件的准备

因为所有新部件都涂有底漆，所以焊接前这些涂层必须从焊接的接合面上清除，以使焊接电流在点焊时能正确地流动。

2. 新板件的定位

使新板件与原有的车身匹配是车身修理非常重要的一个步骤。板件不对中，将影响被修理车辆的外观和性能。

板件夹钳具有宽大的U形钳口，可以伸到板件的周围并在板件的凸缘处将它们固定住。焊接时，经常用夹钳将新板件固定到位。按需要使用适当数量的夹钳将板件牢固地固定好。

焊接时，也可用自攻螺钉将新板件固定到位，可使用带小套筒的电钻来将自攻螺钉拧入板件。只有在板件装配困难（例如在受限制区域内）的情况下，或焊接时几个板件必须定位好的情况下才使用螺钉来固定。使用螺钉固定的一个缺点就是自攻螺钉留下来的孔必须被焊住。

3. 板件位置的测量

在板件损坏严重的情况下，利用尺寸测量来确定部件正确的位置。不管是使用轨道式量规，还是计算机化测量系统，都能确保新板件在焊接前定位适当。在车身损坏轻微的情况下，一般通过检查新板件与周围板件之间的相互关系来找到板件的正确位置。

4. 用肉眼检查板件的定位

在更换非结构性的外部板件时，可用肉眼检查其与相邻的板件是否匹配，无需像更换结构板件那样精确地测量。这对机械紧固板件和焊接板件来说都是适用的。这里强调的是外观，车身轮廓线必须平齐，板件之间的间距必须均匀（图7-5-4）。

图7-5-4　检查板件的定位

四、结构件的分割

分割涉及在厂家焊缝以外的位置切割和更换板件。当需要更换车身板件时，要首先选择在厂家焊缝处进行切割。但当许多必须拆分的焊缝深处于车辆未受损伤的区域内部时，这样做是不现实的。在某些修理中，如对梁、立柱和车门槛板进行分割，可使昂贵的修理费用降低。

可被分割的承载式车身板件有以下结构类型：封闭截面结构，例如车门槛板、A柱和B柱；帽形或开口U形槽件，例如后纵梁；单层或扁平部件，例如地板和后备厢地板（图7-5-5）。

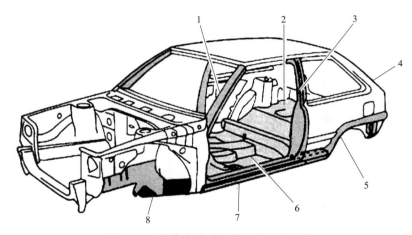

图7-5-5　维修车身时经常要分割的板件
1—A柱；2—后备厢地板；3—B柱；4—后侧围板；5—后纵梁；6—地板；7—门槛板；8—前纵梁

封闭截面部件是要求最高的构件，因为它们在承载式车身结构中提供主要的强度。它们的金属强度，比其他类型的截面物件大得多。

1. 非分割区

非分割区是在进行结构修理时不能切割部件的位置。在进行切割时有几个区域必须要避开。

不要切开部件或板件上的孔，因为这些孔经常用于测量，而且会使焊接工作变得很困难。

不要切穿任何内部加强件，即双层金属构件。如果不小心切穿了带有内部加强件的封闭截面，再也无法将该部件恢复到事故之前的强度。

应避开固定点,如悬架系统固定点、座椅安全带在地板中固定点,以及肩带 D 环的固定点。例如,当切割 B 柱时,应环绕着 D 环面做偏心切割,以避免影响固定点的加固。在决定分割的位置时,要寻找等截面的区域。

2. 分割连接的基本类型

分割连接的基本类型有三种:插入物对接;偏置对接;搭接。

3. 回收件或翻新件的使用

回收总成是从其他损坏的车辆上拆下来的未损坏的部件,通常用于车辆的维修。在碰撞修理中使用回收总成是可以理解的,原因有以下三点。

① 使用回收总成比用单独的新件需要的焊接工作少。
② 回收总成上的原厂防锈保护层损伤很小。
③ 单独的新件在焊接和装车需要的测量工作较多。

在利用回收的车身结构件时,最好用钢锯将需要的部件锯下来。但是,如果要用焊炬切割,至少要在该零件上留出 50mm 的余量,以确保切割时的热量不会扩散到连接部位,不要切穿焊接在构件内侧的加强件。在收到可供维修用的回收构件时,要检查上面是否有锈蚀。如果有大量的锈斑,则不要再利用。

4. 分割车身梁

实际上前梁和后梁都是封闭截面构件,但封闭截面有两种不同的形式。一种叫自封闭截面。这类构件一般来自制造厂或回收件,它们具有完整的四个边,有时也称为箱形截面。另一种是开口的、帽子形槽板,靠与车身构件的其他构件连接在第四个侧面上封闭。

一般使用插接物对接来修理封闭截面的梁。大多数后纵梁以及各种各样的前纵梁为帽子形槽板结构,一些帽子形槽板封闭件有些是垂直的,例如将前梁连接到侧面挡泥板上的构件;有些则是水平的,例如将后梁连接到后备厢地板上的构件。大多数情况下,当切割开口式、帽子形槽板式梁时,其焊接工艺是在搭接区域中用塞焊搭接并沿着搭接的边缘连续搭接焊。

维修手册图解(图 7-5-6)给出如何拆卸和焊接特定制造厂及车型的车门槛板。图中左侧给出了切割位置与基准点的距离,还给出了厂家焊点的数目和位置;右侧给出了如何焊接

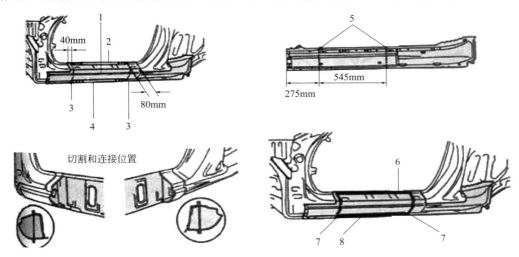

图 7-5-6 维修手册图解

1—车门槛外板;2—清除 13 个焊点;3—切割和连接位置;4—清除 15 个焊点;5—切割位置;
6—安装 13 个外侧 MIG 塞焊;7—对接焊;8—安装 15 个外侧 MIG 塞焊

车门槛板。

5. 分割车门槛板

车辆的制造厂和车型不同，车门槛板的构造也不同。车门槛板都可能装有加强件，加强件可以是间断的，也可以是连续的。开始修理作业前，应知道车门槛板属于哪一种。

参考厂家对特定制造厂和车型的车门槛板的分割的推荐程序，维修图可给出切割和连接位置、焊接拆卸位置、分割尺寸、新焊接类型和尺寸。根据损坏的状况，车门槛板可以和B柱一起更换，或者单独更换。为了切割或修理车门槛板，可采用纵向切割，用插入件对接。也可以切割车门槛板外件，用搭接的方法装上修理件。一般情况下，当安装一个回收的带有B柱的车门槛板时，或当安装回收的后侧围板时，宜采用插入件对接。一般来说，只有在安装外门槛板或其一部分时，才采用搭接工艺。保持内件完好，只切割外件（图7-5-7）。

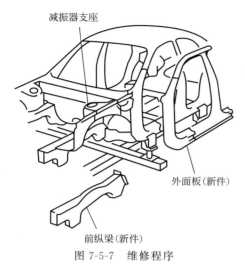

图7-5-7 维修程序

6. 分割A柱

前立柱（A柱）向上延伸到挡风玻璃边缘处。它们必须非常坚固，这样才能保护乘客的安全。A柱是箱形钢质构件，从车顶板向下伸到车身主体部分。

A柱是由两个或三个部件组成的，可能在上端、下端或上下两端进行了加固，但通常不在中间加固。因此，A柱应在中间附近切割，以避免割断任何加固件，中间附近也是最容易工作的部位。

在切割A柱时，可采用直线切割，用插入件对接或没有插入件的偏置对接。用插入件对接时，方法与上面介绍过的车门槛板的对接方法相同。注意每层金属必须在不同的位置切割，这样可以一次焊接一层或一个截面的金属。

7. 分割B柱

中立柱（B柱）是四门汽车前后门之间的车顶支架，用于加强车顶并为后门铰链提供安装点。对于切割后的B柱，可以采用两种类型的连接：插入件对接；偏置切割和搭接相结合。如果B柱的截面相对简单，仅由两个部件组成，没有内部加强件时，用插入件对接通常比较容易对中和装配，而且插入件还有利于增加强度。

一定要在安全带D环座的下部进行切割，其距离一定要足够大，以避免切断D环固定点的加强件。大部分B柱都有加强件。对B柱来说，仅在它的外件使用槽形插入件。D环固定点加强件是焊到内件上的，因此无法安置插入件。有时用回收的旧B柱和车门槛板总成作为一个整体更换更好，因为当B柱被严重碰损而必须更换时，往往车门槛板也一定受到损坏。

8. 更换泡沫填料

一些制造厂在板件内侧放置了泡沫塑料，这些材料用来增加结构件的刚性和强度，并且还会减小噪声和振动。切割和焊接会损坏这些材料，因此修理中必须更换这些泡沫塑料。有些汽车厂家在A柱、B柱和其他位置使用聚氨酯泡沫塑料，有些可能将泡沫填料当成结构件，有些可能没有。泡沫填料的作用和位置因车而异。

一些原厂替换件中已经填充了泡沫填料。如果运来的部件中没有泡沫填料或泡沫填料需要更换时，必须使用专门为这种板件设计的材料填满板件。在分割填有泡沫塑料的A柱时，一定要拆下修理部位的填料，然后在所有焊接工作都完成后再重新填好。

9. 切割地板

在切割地板时，不要在中央通道区域进行分离切割，座椅横梁和导轨只能进行整体更换，不要切穿任何加强件，例如座椅安全带的固定装置。一定要确保后部地板搭接在前部地板上，并且使汽车底部的地板边缘总是指向后方，这样可以防止道路飞溅物和水流到构件之间的接缝中。如图7-5-8所示是局部更换地板的切割位置，其中门槛和B柱已切割。

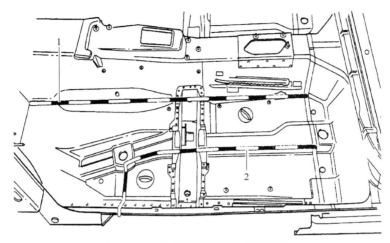

图7-5-8　局部更换地板的切割位置
1—全部更换的切割线；2—局部更换的切割线

10. 切割后备厢地板

切割后备厢地板的步骤一般与车身地板切割程序基本相同，但也有一些不同。如果碰撞后必须切割后备厢地板，通常也要将后梁切割掉（图7-5-9、图7-5-10）。在后备厢地板下面，后悬架附近通常有某种形式的横梁。只要有可能，要尽量在横梁后部凸缘的上面切割后备厢地板，要在横梁的正后方切割纵梁；像堵地板缝那样，将上部的前边缝密封好；下部边缘不一定要搭接焊，因为横梁提供了足够的强度。如果轿车的后备厢地板下面没有横梁，在这种情况下就必须对下部边缘进行搭接焊。要用底漆、密封剂和面漆覆盖底边焊缝。后备厢底边由于接近排气尾管，应进行密封处理，不要让一氧化碳侵入是非常关键的。

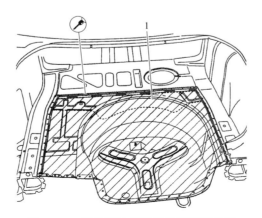

图7-5-9　后备厢地板和备胎座切割位置
图中后围板已拆下，图中1为备胎座下面的横梁，应同时切割

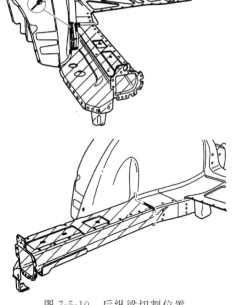

图 7-5-10　后纵梁切割位置

五、切割边梁和全车身

有些结构件具有防撞吸能区或皱褶点，它们的作用是在撞击时吸收冲击能量。在前梁或后梁上更为常见，因为在大多数碰撞中它们都首当其冲。目前，所有前梁和后梁都设计了防撞吸能区，通过外观就可以辨认出这些防撞吸能区。有些是回旋状或波纹状的表面形式，有些是凹痕或陷窝形式，还有一些是孔或缝的形式。这样做是有意的，目的是使梁在碰撞时首先在这些位置坍陷。防撞吸能区设在前悬架的前面和后悬架的后面。

不要在防撞吸能区附近进行切割。如果切割位置选择不当，可能会改变设计的吸能性能。如果一根梁遭受到较大的损坏，这根梁通常在防撞吸能区被压弯，因此，吸能区的位置通常很容易找到。如果只发生了中等程度的损坏，要非常小心。撞击能量可能没有被防撞吸能区全部耗尽，因此要注意观察可能出现损伤的其他吸能区（图 7-5-11）。

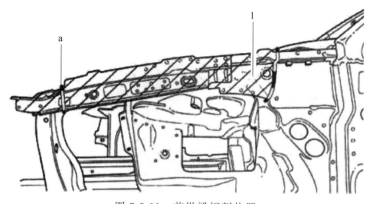

图 7-5-11　前纵梁切割位置

不能损坏内部加强板 1，可通过切割 a 进行局部修理

第六节 焊接技术

一、常用车身修理焊接技术

① MIG 焊接方法通常用于钢制承载式车身板件、中等厚度液压成形车架以及重型全框架车架的焊接。由于大量的新车型采用 HSS 结构，MIG 焊接成了碰撞修理中最常见的焊接方法。

② 惰性气体钨电弧焊（TIG）是指采用手持焊丝并且用气体保护电弧，常用于焊接铝合金车身板件。也可采用 1.2mm 以上铝焊丝的 MIG 焊焊接铝合金。TIG 焊在焊接铝方面要优于 MIG 焊接。许多汽车制造商现在采用轻质、防腐的铝合金板件（发动机罩、翼子板等等），甚至整个承载式车身结构件都可以用铝材焊接而成。要修理此类车辆，就需要焊接铝材。

③ 软钎焊或乙炔气体钎焊有时用在新型车辆上，用来连接和密封车顶板及其他大型表面板件的转角处。软的低温焊丝用于大型板件关键部位的钎焊，形成一个较为柔韧的焊缝，防止金属开裂和漏水。现代薄的高强度钢上一般不用乙炔焊，只允许采用结合了 MIG 的软钎焊。

④ 现在有些修理工作推荐采用便携式的电阻点焊，这类设备用于形成类似车辆生产焊接的点焊连接（图 7-6-1）。

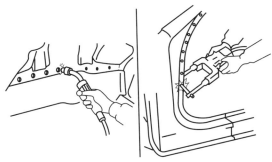

图 7-6-1 电阻点焊

⑤ 热作用区。热作用区是指焊接点周围被加热的区域，这种加热是不利的。为避免板件翘曲变形和部件的损坏，热作用区应保持在最小范围内。

散热膏（类似黏土的材料）可以放置在车身板件焊接区域的周围，缩小热作用区。热量很容易被散热膏所吸收，保持周围区域的冷却。浸水的抹布也用来盖在部件或总成上，保持其冷却，免受焊接热量。

⑥ 焊接防护毯。焊接防护毯是由防火织物制成的厚遮盖布，用来保护车辆表面免受热量、火星和飞溅的焊渣的破坏。焊接防护毯应放置在喷漆表面、玻璃、车内装饰件、暴露的塑料件以及任何可能受到焊接损坏的表面上。如果包含有熔化金属粒子的焊渣落在玻璃上，玻璃会被点蚀，造成严重的损坏。

当在车载电脑（电控装置 ECU）和传感器线路旁边进行焊接时，需要进行电子屏蔽或保护。在进行焊接操作时应按照制造商的要求，必须完全拆下 ECU 或其他计算机系统，或是松开螺栓,将其包裹在焊接防护毯中。

二、用于车身修理的 MIG 焊接

MIG 焊利用以恒定的速度自动进给的焊丝作为一个电极,母材和焊丝间产生短弧。电弧的热量将焊丝熔化,将母材连接起来。由于焊丝是以恒定的速度自动进给的,这种方法又称为半自动电弧焊。

在焊接过程中,惰性气体或活动气体用来保护焊接点,避免母材被氧化。所用的惰性气体或活动气体的类型取决于要焊接的母材。大多数的钢材焊接采用二氧化碳(CO_2)作为保护气。

对于铝材,依据合金的成分和材料的厚度,可采用纯氩气或是氩气与氦气的混合气作为保护气。用氩气混入少量氧气(4%~5%)甚至可以焊接不锈钢。

1. 焊接位置(图 7-6-2)

平焊是指工件与工作台或车间地面平行。平焊一般较容易、较快,能够得到非常好的焊接熔深。对从汽车上拆下的零部件进行焊接时,可尽量将它放在能够进行平焊的位置。

横焊是将工件转成横向,重力会将熔池拉向底部的工件。在进行横焊时,应使焊枪向上倾斜,以抵消重力对熔池的影响。

立焊是将工件垂直放置,重力趋于将熔池拉向连接点的下方。焊接垂直焊缝时,最好让电弧从接头的顶部开始,并平稳地向下拉。

仰焊是将工件转到上方,仰焊最难进行。在这个位置,存在容易造成熔池过大的危险,而且一些熔融金属会落入喷嘴而引起故障。因此在进行仰焊时,一定要使用较低的电压,同时还要尽量使用短电弧和小的焊接熔池。将喷嘴顶住工件,以保证焊丝不会移出熔池,最好能够沿着焊缝均匀地拉动焊枪。

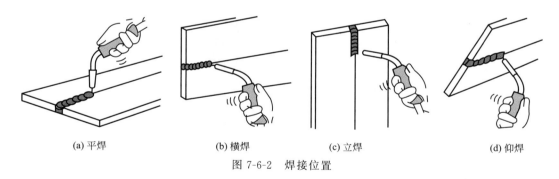

(a)平焊　　(b)横焊　　(c)立焊　　(d)仰焊

图 7-6-2　焊接位置

2. 焊接方法(图 7-6-3)

(1)定位焊　这种方法实际上是一种相对较小型的临时 MIG 点焊,在进行永久性焊接的过程中,用来取代夹紧装置或钣金螺钉。和夹紧装置或钣金螺钉一样,定位焊始终是一种临时性的措施。各焊点间的距离大小与板件的厚度有关。一般来说,其距离为板件厚度的 15~30 倍。定位焊对板件的正确定位十分关键,因此必须要精确操作。

(2)连续焊　在缓慢、稳定的向前移动中形成连续的焊缝。

(3)塞焊　塞焊是在外侧工件上被钻或冲的孔中进行的,电弧穿过此孔,熔透里面的工件,这个孔被熔化的金属填满。

(4)点焊　点焊是指当送丝定时脉冲被触发时,将电弧引入被焊的两块金属板。

(5)搭接点焊　MIG 搭接点焊法是指将电弧引入下层的金属板,并使熔融金属流入上层金属板的边缘。

（6）叠焊　叠焊就是一系列相连的或重叠的点焊，形成连续的焊缝。

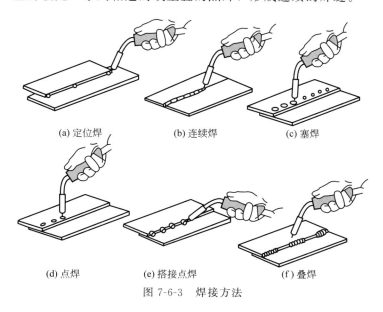

图 7-6-3　焊接方法

三、钎焊

在车身板连接、车身材料切割、板的加热整形方面，钎焊有广泛的用途（图 7-6-4）。

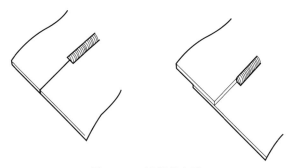

图 7-6-4　钎焊的方法

钎焊只能用在密封结构处。钎焊法在焊接过程中只熔化熔点低于母材的有色金属，而不熔化母材。汽车车身上经常使用钎焊。

钎焊类似于用粘接剂将两个物体粘在一起。在钎焊过程中，熔化的黄铜充分扩散到两层母材之间，形成牢固的熔合区。黄铜焊接处的强度小于母材的强度，但与熔化黄铜的强度相等。因此，除非车辆厂家建议使用，否则钎焊不可用于结构件的连接。

有两种类型的钎焊：软钎焊（锡焊）和硬钎焊（用黄铜或镍）。

汽车装配厂使用电弧钎焊将车顶和后侧围板连接在一起。

四、电阻点焊

电阻点焊是汽车制造商用到的最重要的焊接工艺。承载式车身结构件中有 90%～95%

的原厂焊接采用的是电阻点焊。

挤压式电阻点焊机（图7-6-5）适用于焊接承载式车身上要求焊接强度好、不变形的薄部段。常见的应用范围包括车顶、窗洞和门洞、车门槛板以及许多外部壁板。

电阻点焊的三个要素为电极压力、焊接电流和加压时间。

（1）电极压力 两个金属件之间的焊接机械强度与焊枪电极施加在金属件上的力有直接关系。焊枪电极的压力太小或电流过大都会产生焊接溅出物（内部的或外部的），而焊枪电极压力太大会引起焊点过小，并降低焊接部位的机械强度，即焊枪电极压力过高，电极压入被焊金属软化的部位过深，会降低焊接质量。

（2）焊接电流 给金属加压后通电，一股很强的电流流过焊接电极，然后流入两个金属件。在金属的接合处，温度迅速上升。如果电流不断流过，金属便熔化并熔合在一起。如电流太大或压力太小，将会产生内部溅出物。然而，如果减小电流强度或增加压力，便可使焊接溅出物减少到最小值。

图7-6-5 挤压式电阻点焊机

（3）加压时间 电流停止后，熔化的部位开始冷却，凝固的金属形成了圆而平的焊点。这种结构非常紧密，因为施加的压力合适，而产生了很高的机械强度。加压时间是一个非常重要的因素。实际的加压时间不可少于用户说明书上的规定值。

第七节
金属板件的矫正

矫正金属板件必须制定一个合理的方案。合理的维修方案可以避免大量"人为制造"的损坏，使整个维修时间最短，获得更高的效益。对金属的实际处理从大致修复开始。大致修复指的是修复最明显的损坏，使其恢复原来的部件形状。必须正确地完成大致修复，才可能成功地进行精修；如果精修过早开始，是很难做好的。

大致修复操作随着车型不同以及汽车损伤的位置不同也会不同。大致修复比较简单，如用橡胶锤敲打车门边缘。矫正较小的损伤可能只需要在金属板背面用锤子小心地敲打。在背部容易到达的金属板上，可以用锤子和垫铁或匙形铁来进行初始的大致修复；在背部区域难以到达的金属板上，可以用滑锤、凿子和焊接螺柱来修复损伤。

一、矫正金属板件的方法

1. 使用车身锤

车身锤用来反复敲击金属板的表面，作为矫正较小凸起和凹痕的方法。

矫正金属板的诀窍是在正确的时间以正确的力量敲击正确的位置。使用车身锤时，用手腕带动锤子做环形运动。正直地敲打部件，然后使锤子跳离金属板。锤子的表面必须与金属板的轮廓相匹配。在平坦的或低隆的金属板上使用平锤。在敲出弧面内侧的时候，可使用高隆锤。重锤用于大致修复，精修锤或平锤应用于最后的定型。

2. 用垫铁敲击凹痕

垫铁是一个重铁块，每一侧都有不同的形状，用于矫正金属板。在大致修复阶段，重的基铁有时也用于充当敲击工具。垫铁通常在金属板的背面充当敲击工具，有时使用垫铁比锤子更容易到达不便触及的区域。可以用垫铁敲击有凹痕金属板的背面，使凹下的部件抬起并且使弯折处展开。垫铁的轮廓必须与受损区域背面的轮廓相匹配，这样使用垫铁进行敲击，才能迫使金属回到原来的形状。如果用不正确的表面敲击金属板，如垫铁的尖边，则会对金属板造成进一步损伤。用锤进行精确敲击，一边从垫铁处轻轻敲击，一边观察金属板的正面，确定正在敲击的位置，逐渐地增加敲击力以抬起凹陷处，几次中等力度的敲击通常比几下重敲要好。用垫铁进行多次位置正确的敲击会更好地控制金属板恢复原状的过程。

3. 铁锤在垫铁上的敲击法

（1）正对敲击法　正对敲击法用于对较小面积损坏的金属板进行锤击，使其平滑。垫铁放在损伤处的背面，锤子在垫铁顶部的正上方敲击金属板。这样在垫铁和锤头之间的金属板上作用一个收缩力，小块损伤金属板就在垫铁和锤子之间被锤平（图 7-7-1）。铁锤在垫铁上矫正法需要不断地、一点点地移动锤子和垫铁的位置，每次敲击应与下一次有重叠。通过不断地移动铁锤和垫铁的敲击位置，就可以平稳地将金属板的损伤整平。一般从凹痕的外侧开始修复，逐渐地向损伤部位的中部接近。

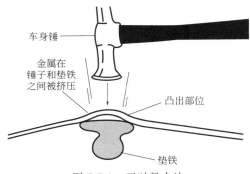

图 7-7-1　正对敲击法

使用正对敲击法时，垫铁和锤头的形状必须与金属板要恢复的形状相配。如果要矫正的部位是平坦的，那么垫铁表面和锤头也必须是平面的。如果金属板是弧形，那么垫铁和锤头也必须是弧形，以匹配金属板的形状。当用锤子敲击损伤处时，抵着垫铁的金属板变平并且很小的区域变成锤子表面和垫铁表面的形状。

将垫铁牢牢地固定在金属板背面。轻轻地敲击衬有垫铁的位置，锤子会回跳。铁锤在垫铁上轻轻地敲击，这种方法适用平整小而浅的凹痕或凸起。铁锤在垫铁上用力地敲击，这种方法适用于延展金属板。为了敲平凸起，用垫铁抵在金属板的背面，正好放在凸起的后面，然后从正面用锤子敲打。锤子在敲打垫铁时会产生轻微的回弹，垫铁随后会敲击金属板的背面。随着垫铁施加在金属板上力的增大，整平作用跟着加强。用铁锤在垫铁上重击时，锤子和垫铁之间的金属受到猛烈冲击。这促使金属变薄，并向外伸展，表面积会略微增大。所有用于伸展金属的敲击都应重而精确。

（2）偏置敲击法　偏置敲击法用于同时升高凹入部位和降低占起部位。用锤子将金属板朝放置垫铁的一侧轻轻敲击，这种方法通常用在初始矫正期间对较大变形区域的大致修复和成形。在这个工序中，用手将垫铁放在金属板背面最底部的下面，然后用锤子敲击垫铁附近的凸出部位，锤子要偏向垫铁的一侧，而不是直接敲打垫铁的顶部。

一般按照损伤形成的相反顺序，用锤子和垫铁来轧平凹陷或凸起。正常情况下，必须朝着中部轧平损伤部位。从损伤部位的外侧开始，然后向中部处理。如果金属板弯折较大，则可以使用偏置敲击法。将垫铁放在金属板背面的低点，然后用锤子敲击高点。这样可使高点下降，低点上升，而不必拉伸金属板。锤子敲击将使高点向下推，而垫铁产生的回弹会迫使低点向上。

如果金属板上有隆起，也可以使用偏置敲击法。使用平锤，由轻至中等力度地敲击隆起部位的外端。锤子的敲击逐渐地使隆起部位的末端下降。垫铁的压力迫使沟槽的端部向上，逐渐地向中部处理。随着压力的释放，金属板有回到原来位置的倾向。垫铁还可以当作驱动工具使用，帮助修复损伤。

一旦受损部位已经恢复到原来的基本形状，使用正对敲击法使较小的受损区域恢复平滑，然后准备进行精修程序。

4. 撬起凹痕

使用尖角（不必尖锐）的工具撬起金属板凹痕方法有很多种。撬起凹痕通常包括用车身锤的尖头或带有弧形尖头的长杆来最终修复非常小区域的损伤。车身锤尖经常用于去除维修区的所有小的高点。用锤子的尖头非常轻地仔细敲击可消除维修区内仍然凸起的任何凹痕。长的尖头工具也可以用于撬起金属板凹痕，用在垫铁和匙形铁不能触及的区域。

汽车车门是一个很好的例子。有时，工具的尖头可以通过排水孔或车门衬垫后面的钻孔插入，这样就不必为了拉出凹痕而拆下内侧车门装饰件或在外车门板上钻孔，在不破坏漆面而去除凹痕时可以使用尖头工具。

用尖头工具撬时，小心不要施加过大的力，避免拉伸金属。深的褶皱区域应由浅至深地进行矫正，从最先接触的点或最低点开始，慢慢地撬起皱曲部位。对于较大的凹痕，使用扁平头工具，而不用尖头工具，一边撬低的拉伸区，一边向下轻敲压缩区。

5. 用铁锤和垫铁修整凹痕

对于轻微凹痕，通常使用铁锤和垫铁，按照凹痕发生的相反顺序"轧平"来进行修正。消除凹痕时，按照损伤的相反顺序，从外侧开始朝着凹陷部位的中部轧平。在凹沟的下面损伤程度微小的外端将垫铁紧紧地固定住。可以使用平锤，在最靠近垫铁的隆起部位的外端由轻到中等力度敲击（不在垫铁上敲击）。锤子的敲击会逐渐地使隆起部位的末端降低。手臂加在沉重垫铁上的压力迫使凹沟的末端向上抬起，然后在凹沟的另一端和相邻隆起部位重复相同的步骤。

使用不在垫铁上敲击法时，要按照由外侧至隆起和凹沟的中部或弯曲程度最大的位置的方向。释放隆起和凹沟上的压力后，周围的弹性金属会趋向回复到原来的位置。垫铁还可以当作驱动工具来使用，使凹沟向上抬起。然而，如果向上敲击凹沟时垫铁没有移动，则隆起和凹沟上还有过多的压力，或者两者上都有，必须用垫铁进一步敲击以减小拉力。

一旦受损部位已经恢复到原来的基本形状，就用铁锤在垫铁上轻轻敲击的方法，使受损区域恢复平滑，然后准备进行精修或填充程序。

6. 用匙形铁矫正凹痕

用匙形铁矫正金属薄板的方法有很多。可以用匙形铁撬起凹痕，也可以用锤子敲击某种类型的匙形铁来撬起凹痕。对于难以接触的部位，可以将匙形铁当垫铁使用，一些匙形铁甚至可以用来取代锤子。

通常用锤子和平头匙形铁进行弹性敲击。平头匙形铁质量较轻且顶部稍微隆起，使用时，将其牢牢地抵住高的隆起或弯折处，然后用锤子的圆头或凹陷矫正锤敲击匙形铁。敲击力由匙形铁传送到大面积的弯折或隆起部位，这样可减小金属拉伸的可能性。弹性敲击时，一定要在匙形铁上保持稳固的压力，绝不允许其发生跳振。匙形铁的压力是矫正力的一部分，从隆起（铰折）的末端开始，朝着隆起部位上的高点进行修整，一侧完成后换至另一侧。

匙形铁可用作锤子的补充或与敲击用的匙形铁配合使用。使用长柄匙形铁，常常可以到达锤子或垫铁无法到达的位置。向下敲击高处区域时，可以用匙形铁在张力区域施加压力，还可以使用匙形铁在大致修复阶段向上撬起金属板，或起出深的凹痕。一旦用匙形铁或垫铁将凹痕大致修平，就可以使用车身锤精修受损部位。

二、除漆

根据损伤的程度和类型，经常不得不在矫正金属板的损伤时磨去油漆。通常用圆盘打磨机来完成这项工作，应当研磨比维修区域稍大些的面积以去除油漆（图7-7-2）。

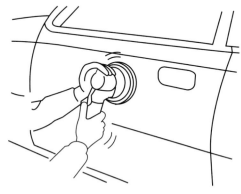

图 7-7-2　除漆

三、拉出凹陷

1. 拉出凹陷的方法

凹陷可以用许多工具拉出：吸杯、拉杆、凹陷拉出器和点焊凹陷拉出器。凹陷拉出器的作用是拉出难以触及或其他方法无法拉出的简单凹陷。凹陷拉出器可能是车身修理最常使用的工具之一，其原因之一就是汽车车身的结构和防腐保护日趋复杂，由于内部板焊在里面和车窗的机械装置，许多金属板的内部无法进入。从内部开始修复简单凹陷必须将板件拆开，与此相比，使用凹陷拉出器和焊钉或吸杯常常可花费更少的时间。

凹陷拉出器的弯头或滑锤对于矫正金属板边缘是非常方便的。它们都可以轻易到达金属板的边缘周围。凹陷拉出器可用平头和圆头，必须选择与要矫正部件的形状相配的头部。

吸杯可用于拉出大的、浅的凹痕。将安装部位打湿，然后装上吸杯。如果用手抓住，则直接向外拉吸杯的把手。如果吸杯装在滑锤上，则快速敲击以拉出凹痕。

真空吸杯使用分置式能源（分离真空泵或空气压缩机气流）在杯内产生负压（真空）。因为吸杯紧紧地压在金属板上，所以这样可以增加拉力。大而深的凹痕可以用真空吸杯来拉出。

避免在要重新使用的金属板上钻孔或冲孔，只有在金属板要被折换掉或在特殊的情况下才打孔。

2. 点焊式凹陷拉出器

点焊式凹陷拉出器可以从前面去除钢板上的凹痕，而不必钻孔。电阻式点焊工具发出的高温使金属拉头或销钉与钢板熔合在一起，这样可使凹陷从正面拉出，而不必触及钢板的背面。

第八节 收缩金属和应力释放

为了消除金属板上被损坏和拉伸部位的应变或应力，需要收缩金属。在车辆碰撞过程中，金属可能会被拉伸。当用拉出器或锤子进行矫正时，受损部位仍存在应力或应变。这是因为被拉伸的金属不能再适合相同的面积。当试图最后矫正时，金属板会凹进或隆起。

如果发生应变的位置填有车身填料，那么道路的颠簸会使金属板发出啪啪的噪声。应变区域经过长时间运动后，车身填料会裂开或脱落，最后不得不重新修理。

1. 拉伸金属和收缩原理

被拉伸的金属是指金属由于碰撞而厚度变薄，表面积变大。如果金属板在碰撞中严重受损，通常在褶皱比较厉害的位置会受到拉伸。相同的区域有时在矫正处理时也会受到轻微拉伸。大多数拉伸可沿着直接损坏部位的隆起处、凹槽和褶皱找到。当金属板上存在拉伸延展后的金属板形状区域时，不可能将其矫正回复到原来的形状（图7-8-1）。

进行收缩之前，尽可能将受损区域矫正回原来的形状，然后可以准确地判断出受损区域是否受到拉伸。如果受到拉伸，金属板通常会凹进去或鼓出来。如果受到拉伸，必须收缩金属。

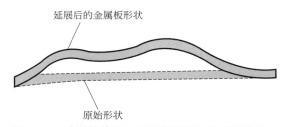

图7-8-1 受到拉伸的金属必须进行收缩以释放应力

将金属板上翘曲部位中部的一小块区域加热至暗红色以释放应力。随着温度的升高，钢板的加热区域开始收缩并且试图向加热区以外的地方膨胀（圆形）。因为周围区域的金属既冷又硬，所以金属板无法膨胀，于是产生很大的压力载荷。如果继续加热，金属的膨胀将集中在赤热部位，金属被压力向外压迫。这使金属板变厚，于是压力载荷减轻。如果在这种情况下突然冷却赤热区域，钢会收缩并且表面积会比加热前小。

多种焊接工具都可以用于加热收缩金属，最常用的是氧乙炔焊炬。

2. 用气体焊炬进行收缩

用气体焊炬收缩时，可以对拉伸区域或凸起部位的一小块地方进行加热，使它变成鲜红色。先收缩拉伸区的最高点，然后是次高点，以此类推。重复操作，直到此区域全部缩回至原来的位置。收缩或加热的范围都由待收缩部位多余金属的量来决定。加热范围越大，热量越难控制。收缩的平均范围是一元硬币大小的面积范围。平坦的金属板很容易发生翘曲，所以一定要小范围地进行收缩。应采用很小范围的加热来清除金属平板上的"油壶"。"油壶"用于形容拉伸很轻微的金属板区域。此部位可以按下去。然而，一旦压力消失，它便弹回，好像油壶底部一样。

加热时通常使用中性焰，将焰心向下移动至距离金属板在3.2mm以内，然后保持稳定，直到金属开始变红。然后，慢慢地环状向外移动，直到整个加热区域变为鲜红色。当热量进入金属板的一小块区域，金属受热膨胀。加热点周围的较冷金属阻止膨胀力。随着温度增加，受热金属开始变软，加热位置的变软金属隆起并形成一个凸起。由于金属板表面凸起并且金属顶部先受热，所以金属板通常是凸起而不是凹下。当顶部开始隆起时，受热部位的其余金属跟着隆起。用焊炬小心地加热车身板上的变形区域后，首先使用锤子和垫铁敲击加热部位。因为金属在加热时比较软，所以敲击加热部位会迫使金属拉伸处的分子回到一起，使金属上的凸起或高点降下（图 7-8-2）。

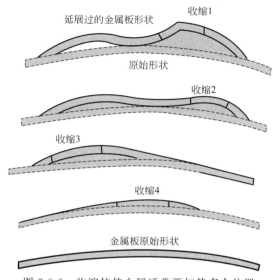

图 7-8-2　收缩拉伸金属通常要加热多个位置

降下加热部位后，系统地进一步处理受损区域的周围（图 7-8-3）。逐渐用锤子将金属板上的高点越敲越小。准确地轻轻敲击，将金属板恢复原状，不要在金属板上留下锤痕。处理修理区域，直到其变得足够平滑，可以涂用车身填料。此过程中，不必用垫铁支撑金属，除非金属发生塌陷。如果必须支撑，只能将垫铁轻轻地放在金属板下面。一旦金属板上的红色消失，便可以用偏置敲击法或铁锤在垫铁上轻轻敲击的方法，对加热位置周围区域进行修整。

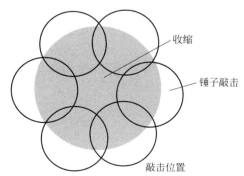

图 7-8-3　用锤子在加热区周围敲击从而使金属收缩

很难精确地确定每一处加热部位金属的收缩量。在某个位置的金属收缩量可能远远多于相同大小位置的收缩量。一旦收缩区完全冷却，经常会出现过量收缩。如果加热部位收缩过量，那么最后一次收缩部位的金属常常会塌陷或拉平。

收缩区域周围的金属有时候会被拉出原来的轮廓。

3. 打褶

打褶包括使用铁锤和垫铁在拉伸区域产生一些"褶"以收缩表面，与加收缩金属不同，打褶是处理拉伸金属的另一种方法（图 7-8-4）。

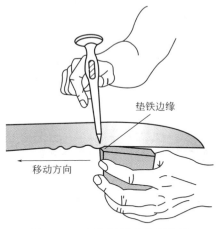

图 7-8-4　高点打褶来收缩金属

打褶会使该金属部位比其他部位稍低一些，应该用车身填料将低点填平，然后锉平并磨光。

第九节　车身的填补

一、车身填料

车身填料的成分为树脂和塑料的混合物，它能够将金属板上的小凹痕填充得非常结实（图 7-9-1）。

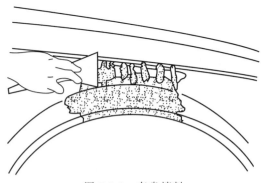

图 7-9-1　车身填料

应用范围：只有在损坏金属板凸起、拉出、撬起或凹下的程度至少在原来轮廓的 3mm 以内时，才可以使用填料。

车身填料局限性如下。

(1)大的板件（如发动机罩、后备厢盖和车门面板）填料不能涂得太厚或涂抹面积太大，否则振动会使其出现裂缝或脱落。

(2)在承载式车身的半结构性板件（后侧围板和车顶板）上涂覆填料时也要特别小心。

(3)门槛板、车轮轮罩的后底部以及其他一些容易被飞石、石片碎块撞击的部位。

1. 车身填料的成分

车身填料由树脂、添加剂和溶剂组成。传统填料的基本材料是滑石粉。在防水填料中，用玻璃纤维或金属微粒代替滑石粉作为颜料。

特点：硬化或固化过程中产生一种不会收缩也不会软化的分子结构。

2. 车身填料硬化剂

为了加速干燥过程，厂家提供一种化学催化剂，这种液体的或膏状的催化剂称为硬化剂。硬化剂的基本成分是过氧化物，过氧化物中的氧会急剧加速车身填料的硬化过程。

3. 原子灰

特点：原子灰用于填充维修区细小断面上的很小的表面缺陷。因为使用车身填料常常会产生小孔和划痕，可以使用原子灰快速整平这些缺陷，使工作量最小。单组分原子灰直接从管子中挤出来进行涂覆，然后慢慢地硬化。它们是用来填充小缺陷的，可以使表面光滑。

单组分原子灰可以很好地形成薄边；原子灰只能用来填充非常浅的划痕和小孔。大多数原子灰的最大填充深度只有0.8mm。

二、使用车身填料

1. 填充前的表面预处理

① 用油脂清除剂清洗维修区域以除去石蜡、硅树脂、道路柏油和油脂。

② 研磨缺陷区域以去除旧的油漆。除去待填充区域周围70～100mm范围内的油漆（图7-9-2）。

③ 用压缩空气和抹布清洁表面，除去所有灰尘和污垢。

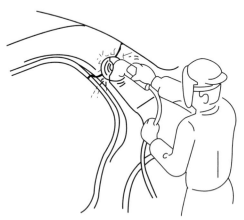

图7-9-2　打磨要涂抹车身填料的区域

2. 混合填料和硬化剂

混合之前，确保填料和硬化剂是兼容的。将填料放到一块光滑干净的混合板上。根据车身填料容器上的标签指示添加硬化剂。典型的情况是，混合车身填料时加入2%的硬化剂。

即 100 质量份车身填料中加入 2 质量份硬化剂。这可以为涂抹修整填料提供正常的硬化时间。如果硬化剂使用过量，则会造成填料硬化过度。加入过量的硬化剂会产生过多的气体，导致小孔出现。另外，小孔会导致油漆褪色、黏合不良以及打磨性能下降。填料中加入的硬化剂不足可能导致填料硬化不足。加入的硬化剂过少会使填料发软、有黏性，这样的填料不会硬化或良好地与金属黏合，也不能整齐地打磨或形成薄边。用干净的原子灰刀或刮刀，来回刮动，充分将填料和硬化剂混合在一起，使颜色均匀。

3. 涂覆车身填料

将混合后的填料迅速涂到彻底清洁以及打磨良好的表面。第一层应涂抹得紧密、厚度较薄。用力将填料压入打磨时产生的划痕中，使黏合力最大。应当将填料涂抹的形状与车身轮廓匹配并略高出周围表面。千万不要厚厚地只涂一层填料，这是一种常见的错误，可以造成填料出现裂缝、小孔，并且不能良好地黏合到车身上。涂抹车身填料时，薄薄地涂上一层或多层，将车身表面上剩下的低点填上。

涂抹填料时，确保金属板表面完全干燥并且没有灰尘。如果将填料涂到沾有灰尘或湿的表面上，那么车身填料可能不会牢牢地与车身黏合。车身填料不能黏合到光滑的、未打磨的金属板上。金属板必须经过打磨，这样车身填料才能与其黏合。避免在低温下使用填料，因为如果温度较低，车身填料不会很好地硬化。

三、锉削与打磨车身填料

1. 锉削填料

概念：锉削是用车身粗齿锉将刚刚涂抹的填料上凸起的高点或边缘除去。

时机：要等到填料处于半硬状态，等待时机。

判断：如果用指甲划过填料时会留下坚硬的白色痕迹，则可以锉削。

程度：当填料稍微高于期望平面时，停止锉削，这样可以留出足够的填料用来磨平锉痕和形成薄边。如果锉削量过多，必须重新涂抹填料。

2. 打磨填料

打磨工具：用非常粗的砂纸磨去所有的锉痕。打磨块或空气锉适用于打磨较大的平坦表面。盘式打磨机或双作用打磨机适合打磨小表面（图 7-9-3）。

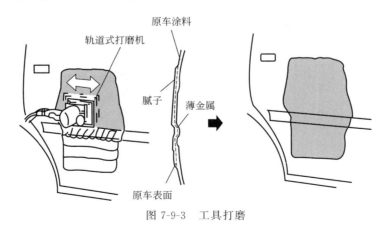

图 7-9-3 工具打磨

在打磨填料时，通常使用下面的打磨程序。

打磨顺序：粗砂纸→中等砂纸→细砂纸，使其稍微高于期望平面。

修薄边：用平坦的细砂纸向下手工打磨（图7-9-4）或工具打磨表面，使其平滑。

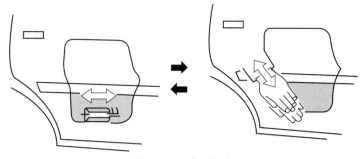

图7-9-4　手工打磨

3. 吹去打磨尘屑

步骤：打磨之后，用高压气枪吹去尘屑，然后用抹布擦拭维修区域。

作用如下。

① 可使维修区更明显，还可以除去可能遮住表面小孔的打磨尘屑，必须填充这些孔和剩下的磨痕。

② 将维修区域吹干净还可以确保下一层填料良好地黏合。

4. 检查填料的修整

仔细检查填料。打磨的同时用手检查表面是否平滑。

目的如下。

① 油漆不会隐藏缺陷，只会使它们更明显。检查是否有凹坑、凹点、擦伤以及其他必须再次填充的表面缺陷。检查填料上是否有高点和低点。

② 如果发现填料中露出小面积金属，说明板件没有完全修补好。

5. 涂抹第二层填料

为了填高第一层填料或填充剩下的表面缺陷，常常需要涂抹第二层填料。在第一层上面涂抹第二层填料。

作用：可以确保在抛光后不会出现波浪不平。

注意事项：当填料完全硬化后，再涂一层填料。

6. 车身填料修薄边

目的：车身填料的修薄边是对维修区域进行打磨，以使维修部位的边界与未维修的表面平齐。

方法：通常要对维修部位进行手工打磨，并打磨到未损伤区。如果从剖视图的侧面看，填料应直接延伸到车身面板的未损伤区域，并且相互齐平。

7. 填料区上底漆

如果确定填料已经是光滑的并且完全修平了，那么接下来应将该区域上底漆。必须用遮挡物盖住车身，以防底漆喷到其他部位。所有要涂底漆的表面必须都被打磨并清洁。通常在填料和裸露的金属板上面喷上自蚀底漆或环氧树脂底漆。

8. 涂抹原子灰

涂抹原子灰的作用：当底漆干燥时，常常会显示出车身填料上看不见的微小凹痕。

小孔和划痕可以用原子灰来填平（使用聚酯型油灰），使用方法如下。

① 将油灰和硬化剂混合在一起。

② 将少量的油灰放到干净的橡胶刷上。

③ 将填料的所有凹痕和其他缺陷都涂上薄薄的一层油灰。单向地快速刮动。
④ 橡胶刷刮过后，表面很快变干。油灰完全干燥后，用细砂纸将其打磨光滑。
注意事项如下。
① 在油灰中的溶剂完全挥发以前就进行打磨，会导致漆面上产生磨痕。
② 只打磨油灰，直到油灰与底漆表面平齐，同时避免磨透底漆。
③ 涂抹油灰时刮动次数要少。反复刮动会使油灰脱离填料。

四、修理漆面缺陷

一些缺陷可以使用抛光膏来修整，如粉笔或摩擦产生的痕迹。抛光膏可以去除损伤表面的油漆，使油漆露出光泽而不必重新喷漆。

其他过深的缺陷（如刮伤）无法用抛光膏来消除。如果刮伤穿透了底漆并露出了下面的金属，那么必须进行打磨，再上底漆，最后喷漆。

另外，那些不能进行抛光但未触及金属的深度刮痕常常可以用双组分油灰来进行填充。

1. 修理油漆刮伤（未露出金属）

① 用清除蜡和油脂的溶剂来洗涤并清洁维修区域。
② 然后轻轻地打磨要进行表面修整的整个板子。轻轻地打磨会使漆层变得粗糙，这样维修材料可以粘到原有的油漆上。
③ 粗磨完成后，用压缩空气或柔软的棉布清洁打磨过的区域，然后用黏性的布擦拭。如果刮伤过深，不能形成薄边，则在上面涂抹原子灰。

2. 修理刻痕（露出金属）

形成条件：较小的撞击和擦伤常常会在汽车漆面上留下刻痕和划痕。旁边经过的汽车带起的石子会破坏漆面，使下面的金属板暴露出来。侧面撞击也会导致刮伤和凹槽。

一旦裸露的金属板暴露在空气中，必须用自蚀底漆或环氧树脂底漆涂上以防喷上新漆之前生锈。

修理步骤如下。
① 首先，用溶剂对维修区域进行清洗和脱蜡。
② 用干净的毛巾或抹布向下擦拭维修区域。
③ 将破裂漆面的粗糙边缘打磨至表面光滑并形成薄边。当打磨过的区域摸起来很光滑时，转用细砂纸，磨去所有剩下的划痕。
④ 吹去打磨形成的尘粒，然后用黏性布擦拭维修区域。
⑤ 涂一层底漆腻子填高该区域并填充所有不均匀的薄边。底漆腻子干燥后，涂上一层雾状的其他颜色或对比色的引导漆。用磨块进行打磨，找出低点。
⑥ 如果需要的话，用双组分原子灰填充上低点或凹痕。为了获得非常光滑的表面，最后必须进行打磨和喷涂底漆，然后表面可以开始喷漆。

3. 修理凹痕（损伤到金属）

概念：有一种表面缺陷，除了进行填充外，有时需要轻度的钣金加工，这种表面缺陷称为凹痕。

造成的原因：凹痕通常是由于不小心开门引起的小的凹陷。当金属板受到另一扇车门的撞击时，会产生一个很浅的凹陷。在这个小的凹陷拉伸区还常常伴随产生一个压缩隆起区。

处理步骤如下。
① 维修深的凹痕时，首先要对表面进行清洗和脱蜡。
② 然后用轻型的气动磨光机磨处理维修区域的漆层。上下打磨，去除油漆。

③ 清洁完金属板后，轻轻涂上一层车身填料。等待填料硬化，然后用砂纸将填料打磨光滑。

④ 凸起的金属区域需要敲平。低点处需要再次使用车身填料或双组分原子灰。

⑤ 一旦凹痕已经被完全地填充并修平，那么周围的油漆边缘必须修薄边。

注意：一些油灰经过调配，可以涂在硬化的油漆上，这样可以节省时间并避免向下打磨到裸露的金属、穿透出厂时的防腐层。

第十节 喷漆和补漆

一、面涂和底涂

底涂为面漆提供了一个坚实的基础。如果将漆直接喷在没有底涂的裸车身基材上（金属、玻璃纤维或塑料），漆面有可能起皮或者看上去很粗糙。底涂还有防锈作用并能填充细小的划痕和板件中的其他缺陷。

典型的喷面漆前的底涂程序如下。

(1) 喷涂部位　在所有裸金属车身表面喷涂磷化底漆或环氧底漆以改进黏合力和防蚀保护。只对裸金属表面喷涂磷化底漆或环氧底漆，不对车身填料或塑料零件喷涂。

(2) 底漆腻子　如果需要增加漆膜厚度，使经过深度打磨的修理部位与原漆面平齐，则可在整个修理部位（车身填料、磷化底漆、上光原子灰）喷涂底漆腻子。

(3) 密封剂　在所有底漆与腻子上喷涂密封剂以免底漆与腻子显露或渗入面漆。可能时，应按车身漆色对密封剂进行着色。

(4) 黏合促进剂　在未修理的但经过打毛的原漆面喷涂透明的黏合促进剂以避免新漆起皮或脱落。在密封部位不必喷涂黏合促进剂。

面涂的基本程序如图 7-10-1 所示。

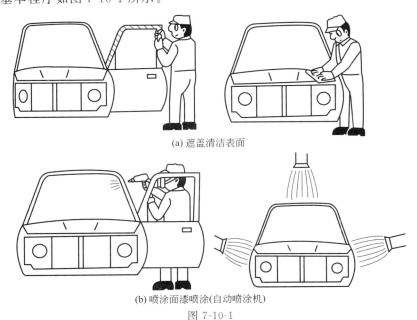

(a) 遮盖清洁表面

(b) 喷涂面漆喷涂(自动喷涂机)

图 7-10-1

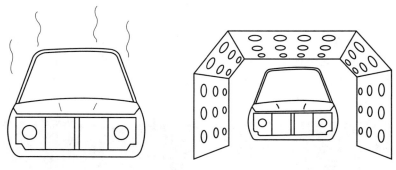

(c) 固化烤漆(干燥)

(d) 外观检查

图 7-10-1　汽车面漆喷漆基本程序

面涂分类如下。
① 单级漆——色漆无清罩层。
② 双级漆——基层/清罩层。
③ 三级漆——基色漆、带粉片中涂和清罩层。
④ 多级漆——多道不同的涂层。

二、漆面修复材料的准备

漆面修复的种类：局部漆面修复、板件漆面修复、整车重新喷漆。

必须订购或调配喷漆材料。还必须检查车上原有哪些漆，以前是否做过漆面修复。如果准备进行局部或板件漆面修复，一定要按原漆色购买和调配，使新喷的面漆色与原漆色完全一致。

1. 检查汽车以前是否做过漆面修复

检查的目的：如果补过漆，需要清理旧漆。

有三种方法确定汽车以前是否做过漆面修复，如下所示。

（1）打磨法　打磨要喷漆板件的边直到露出裸金属。如果汽车以前补过漆，那么在原漆膜上可以看到附加的底漆与面漆层。

（2）测量漆膜厚度法　如果比正常的漆膜厚，一般表明补过漆。

新车的标准漆膜厚度：美国产汽车为 $4\sim6$ mil（1mil＝25.40μm，下同）；欧产汽车为 $5\sim8$ mil；亚洲产汽车为 $4\sim6$ mil。可以使用漆膜厚度测量仪来测量漆膜厚度。检查所有要喷漆的板件，如果测量表明漆膜厚度为正常值的 2 倍（超过 $12\sim15$ mil），表明汽车可能重新喷过漆。喷新漆前需要清理旧漆，以减少漆膜厚度。

（3）直观检查表　仔细检查汽车，看有无漆面修复的迹象。查找遮盖条生成的漆道、过喷和其他修补迹象。如果漆面修复够专业水平，所有修复迹象可能掩饰得都很好，很难看出汽车是否重新喷过漆。

2. 确定旧漆的类型

可能是原厂漆，也可能经过修复采用了其他类型的漆。

确定漆面类型的方法有涂溶剂法、硬度法和清罩层法。

（1）涂溶剂法　如果溶解，则是风干漆；如果不溶解，则可能是烘干漆或双组分漆。

（2）硬度法　风干漆软，烘干漆硬。

（3）清罩层法　有清罩层，打磨粉末无色；否则相反。

3. 漆色调配

漆色调配有以下两种方式。

① 查找铭牌。

② 车漆手册中的色片与实际汽车的漆色做一下比较。

a. 需要先找到汽车铭牌（VIP），记下铭牌上所示的原厂漆代码。

b. 车漆手册中的色片与实际汽车的漆色做一下比较，外购或在修理厂调配。

4. 选择漆的溶剂

漆的溶剂有两种基本类型：还原剂——用来稀释目前氨基瓷漆基材料；稀释剂——过去用来稀释旧式硝基材料。有的油漆产品称为"即喷漆"，不需要稀释，可以用容罐直接喷涂。

5. 喷涂温度与湿度

汽车喷漆有两个重要的影响因素：温度和湿度。其中温度更为关键。如果喷漆房没有全时温度控制系统，则需要在调漆时使用不同的还原剂，通过化学上的措施来补偿温度和湿度的影响。

6. 调和溶剂

调和溶剂有助于喷涂时新漆溶入旧漆。在给调和后的修理部位喷清罩层时，常使用调和溶剂。调和溶剂比普通溶剂的侵蚀性强，能够侵入旧漆层。调和溶剂可以溶解旧漆，使其与清罩层更密切配合。调和溶剂有助于两种漆流更平滑地溶在一起。例如，在进行后侧围板与车顶的调和时，在帆板处的清罩层即新旧清罩层汇合处应使用调和溶剂。调和溶剂有助于交界处的羽化，使新旧清罩层融合在一起，防止调和部位漆面的光滑性出现差异。

7. 调配漆料

印在漆罐标签或产品说明书上的漆料调配说明中给出了漆产品中应加的各种成分（溶剂、固化剂、弹性剂等）的比例，给出的可能是百分比。百分比还原意味着每种成分以一定比例或质量份添加。例如，50%还原意味着1质量份还原剂（溶剂）须与2质量份漆混合。按体积份混合意味对于一定体积的漆料或其他材料，须加定量的另一种材料。

三、涂施底涂

1. 底漆的作用

① 使裸基底材料（钢、铝、SMC、玻纤复合材料、或塑料）能够接受和黏附色层。要按基底材料选择底漆（图7-10-2）。

图 7-10-2　涂施底涂

② 环氧和磷化底漆可以在金属板件上提供最大的黏附力并生成一个耐蚀防锈的基础。

2. 喷涂步骤

① 往裸金属面上涂施底漆。

② 涂施密封剂。

四、闪干时间

① 闪干时间是指新喷涂的底漆、密封剂或面漆涂层部分干燥可进行下一道喷涂所需的时间。

② 决定闪干时间的因素：随所喷的漆料、喷漆房温度与湿度而异。

③ 一般推荐的闪干时间是 10～20min。提高喷漆房温度可以使大多数漆料的闪干时间缩短 5～10min。

五、基层/清罩层修理

判断修理方法：在对基层/清罩层漆面修理进行评估时，要仔细检查与损坏部位相邻的漆面。如出现粉化、暗淡或其他损伤，新漆很难做到与旧漆相配。

试着抛光一小块旧漆面，看能否打出颜色和光泽，如不能，则需进行整车重喷。

1. 基层/清罩层局部修理

基层/清罩层面漆的局部修理一般包含以下步骤。

① 用车身填料修补板件的微小缺陷。

② 正确打磨和打毛要喷漆的所有表面。

③ 在修理部位涂施底涂系统（底漆与密封剂）。

④ 在原厂漆而不是密封剂上喷黏合促进剂。

⑤ 在修理部位喷两道或三道色漆，并与周围的旧漆调和。

⑥ 在整个板件上喷 2 道或 3 道氨基清漆。

注意以下几点。

① 修理部位新喷的色漆层的边缘需进行调和以便与旧漆相配。

② 尽管要对整个板件喷清罩层，但仍视为局部修理。

③ 对于基层/清罩层型的修理，原来正常的漆面在修理后仍露在外面。

2. 喷色漆

应喷 2～3 道色漆；色漆层要比清罩层喷得轻；喷金属色漆时，常使用非常轻的雾层。

3. 色漆层的调和

为了与车上的旧漆相配，必须注意色漆的调和，让修理部位周边渐薄。还要尽可能地保留旧漆外露，只在需要的地方喷色漆。

4. 喷金属色漆

不仅颜色要相符，漆中金属粉的密度也要一致。需要较高技巧，价格不同。

5. 喷涂清罩层

最好给整个板件喷涂清罩层。通常是给所修的板件喷 2 道或 3 道清罩层。注意闪干时间。

6. 喷涂三级漆面

首先喷涂不带云母粉的基层色漆；然后在基层色漆上喷带半透明云母粉的珠光中涂；最后在云母层上喷氨基瓷漆清罩层。

六、喷涂单级漆

1. 优点

单级漆不用清罩层就有光泽，与表面暗淡的色漆层不一样。有时采用单级漆来加快修理，降低成本，不必在单级漆上喷涂清罩层。

喷单级漆比喷基层/清罩层漆省时间，挥发性有机物的含量低。漆料的浪费少，所需的清理时间也少。

2. 缺点

① 单级漆可以配出基层/清罩层纯色漆，但很难与金属漆相配。
② 调和单级漆只限于小部位或不显眼部位（沿车身底部或靠近车身边缘）。

3. 应用

调和车身型线处的纯色漆时，不必喷翼子板的上部，因为这里的漆比较显眼，这样有助于避免在漆色和纹理差异方面的问题。

七、板件漆面修理

板件漆面修理是给整个板件喷涂色漆和清罩层。整个板件重新喷漆，不做调和。

大多数纯色漆都可以与板件修理相配。对于难配的漆色（特别是金色与银色珠光漆与金属漆），有时需要在与未修理板件相汇处进行清罩层调和（图7-10-3）。

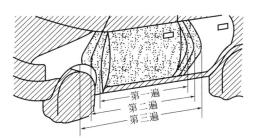

图 7-10-3　每涂一遍逐渐扩大喷涂范围以使调和区域光滑

1. 板件金属漆面修理

如果板件两端损坏或整个板件重新喷漆，则调和区域可能要蔓延到两侧的相邻板件上。

2. 板件纯色漆面修理

进行全板件修理时，要对不喷漆的部位进行遮盖。还必须保证新喷的漆色与旧漆几乎完全一致。

板件喷漆是为了修理有确定分界线（如车门或翼子板间隙）的全板件漆面。对整块板件喷涂正常的涂层。但在后侧围板与车顶板之间不能对整块板件进行喷漆的部位，还需要进行漆膜调和。

八、整车漆面修理

整车漆面修理属于高成本大型修理，需要相当的时间和成本。以下情况一般需要进行整车漆面修理。

① 汽车车身一半以上表面需要喷漆。
② 经过大型碰撞修复后，车上焊装了几块新板件，为了使所有板件漆色一致。

③ 汽车漆面老化（漆面无光、开裂、起皮、剥落或磨损）。

进行整车喷漆时，有时要对板件缝隙进行背面遮盖，车底表面不喷漆。而在修复老爷车或整车改换漆色时，需要将所有饰件、玻璃以及大多数螺栓紧固的零件拆下，以便将所有表面都喷到（板件前后与边缘），这种修理费用很贵。

九、塑料件的漆面修复

特点：塑料件一般需使用一种特殊的塑料底漆。如使用普通底漆，有可能出现鼓起或脱皮的问题。

半刚性塑料件，如保险杠，漆里还需要加弹性添加剂以防止漆面开裂。

汽车塑料件一般都可以使用普通喷漆系统作面漆。有的厂家推荐在色漆中加弹性剂，在清罩层中不加。因为添加剂可能影响漆的光泽。而有的厂家的说法正好相反。

第十一节 塑料件的修理

塑料件包括保险杠、翼子板喇叭口、保险杠左右弧形接板、翼子板挡泥板、格栅开口板、防飞石护板、仪表板、装饰板、燃油管、车门面板、后侧围板和发动机部件。

比起更换，许多塑料件维修起来更经济，特别是在如果部件不必拆下的情况下。

擦伤、裂缝、凹槽、撕裂和刺穿都是可维修的。必要时，一些塑料件还可以在变形之后重新修整回它们的原来形状。

塑料件的背面有时会印有符号以表示塑料的种类。

一、塑料的种类

汽车结构中常见的塑料件有两种类型：热塑性塑料和热固性塑料。

热塑性塑料在加热时变软或熔化，而在冷却时则变硬。热塑性塑料可以用塑料焊机进行焊接，也可以进行黏合维修。

热固性塑料在热量、催化剂或紫外线的作用下会发生化学变化。热固性塑料硬化后形成永久形状，不能通过反复加热和使用催化剂进行改变。

热固性塑料通常用挠性零件维修材料来进行维修。一般情况下，用化学黏合方法修理热固性塑料。

二、塑料的识别

一种方法是通过压印在零部件上的国际标准符号或 ISO 码进行识别，许多制造商使用这些符号。符号或缩略语加工在零部件背面的一个椭圆内，这种方法的问题是必须拆下零件来读取符号。

如果无法用符号确定塑料件，车身维修手册会给出汽车上使用的塑料的信息。车身维修手册常常列出专用的塑料种类。

进行焊条黏附测试或用试凑法在零部件的隐蔽部位或损坏部位进行焊接。试几种不同的焊条，直到一种能够黏着为止。

另一种确定塑料的方法是塑料件挠性测试。用手弯曲塑料件，与塑料件样本的挠性进行比较，然后采用最符合基本材料特性的维修材料。

三、塑料件的维修

1. 维修与更换的原则

如果在弧形接板或大的塑料板上有小的裂缝、撕裂、凹槽或孔，而这些部件难以更换、成本较高或不易取得，说明维修是合理的。上述部件如果大面积损坏，或者翼子板喇叭口、塑料装饰件等便宜且易更换的部位发生损坏，则可以进行更换。

2. 结构件和装饰件

为了高质量地修复损坏，必须够得着整个损坏区域。如果够不着，则必须拆下零部件。零件还必须进行表面整修。

有两种方法维修塑料件：使用化学黏合剂；进行塑料焊接。

（1）化学黏合剂黏合法　黏合维修法有氰基丙烯酸酯黏合法和双组分法两种，双组分法最常用，双组分是树脂和硬化剂。

并不是所有的塑料件都可以进行焊接，但除了很少的情况外，黏合剂可以用在几乎所有的情况下。

（2）塑料件的焊接　塑料焊接是利用热源和塑料焊条来连接或维修塑料件（图7-11-1）。

塑料焊接和金属焊接的不同：焊接塑料件时，材料在热量和压力的适当结合下熔合在一起。

成功的焊接需要压力和热量都保持恒定且比例平衡。焊条上压力过大往往会拉伸焊缝；而温度过高会使塑料烧焦、熔化或变形。

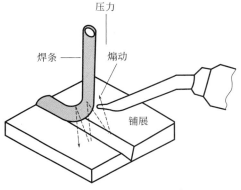

图7-11-1　塑料件的焊接

四、修理聚乙烯材料

聚乙烯是一种柔软的具有弹性的薄塑料，经常涂在泡沫填料上。为了安全，泡沫结构上的聚乙烯通常用在内部件上。

常见的聚乙烯部件有仪表板、肘靠、车门内部装饰件、座罩和车顶外罩。

仪表板或装有衬垫的仪表板很贵，更换起来比较耗时。所以，最好对它们进行修理。

1. 聚乙烯部件凹痕的修复

在碰撞修理中，泡沫仪表板、肘靠和其他带衬垫的内部件的表面凹痕是常见的。这些凹痕往往可以按下面的步骤用加热的方法来修复。

① 用湿海绵或湿布浸入凹痕大约半分钟，使凹痕区域保持潮湿。

② 使用加热喷枪加热凹痕周围的区域，加热喷枪距离表面250～300mm。从外侧开始，不停地环状移动加热喷枪。

③ 将维修区域加热至大约50℃。不要过度加热聚乙烯，因为它会起泡。一直加热，直到维修区域摸起来烫手。如果可以，用数字温度计测量表面温度。

④ 戴上手套，按磨仪表板。朝着凹痕中间压维修材料。维修区域可能需要不止一次地加热和按磨。有时只需要加热就可以修复损伤。

⑤ 当凹痕被削除后，用湿海绵或湿布快速冷却该区域。

⑥ 在部件上使用聚乙烯或防腐剂处理。

2. 通过加热恢复塑料件的形状

许多弯曲、拉伸或变形的塑料件常常可以用加热的方式进行校正，例如挠性保险杠外罩和汽车内部包有聚乙烯的泡沫件，这是因为塑料的记忆特性，也就是说，塑料件总是会保持或恢复至原来的形状。如果塑料轻微地弯曲或变形，对它进行加热就可以使其恢复到原来的形状。

按照下列程序重新修整变形的保险杠外罩。

① 用热肥皂水彻底地清洗外罩。

② 用塑料清洁剂进行清洗。仔细地清除所有的柏油、机油、油脂以及内层涂漆。

③ 用浸水的抹布或海绵浸湿维修区域。

④ 直接加热变形部位。使用集中热源，如加热灯或高温加热喷枪。当罩板的另一侧摸起来烫手时，说明已经加热得差不多了。

⑤ 如有必要，使用油漆刮板或木块帮助修整部件。

⑥ 用海绵或抹布浸上冷水快速冷却维修区域。

参 考 文 献

[1] 顾惠烽. 汽车常见故障 识别·检测·诊断·分析·排除. 北京：化学工业出版社，2019.
[2] 李林. 汽车维修技能 1008 问. 北京：机械工业出版社，2013.
[3] 姚科业. 汽车传感器 识别·检测·拆装·维修（双色图解精华版）. 北京：化学工业出版社，2017.
[4] 周晓飞. 汽车维修从入门到精通. 北京：化学工业出版社，2018.